Anreizsysteme der Banken als Treiber von Kreditzyklen

Christoph Mölleken

Anreizsysteme der Banken als Treiber von Kreditzyklen

Springer Gabler

Christoph Mölleken
Leipzig, Deutschland

Dissertation Universität Erfurt, 2019 u.d.T.: Christoph Mölleken: „Begrenzte Rationalität und Anreizsysteme der Banken als Treiber von Kreditzyklen".

ISBN 978-3-658-29833-3 ISBN 978-3-658-29834-0 (eBook)
https://doi.org/10.1007/978-3-658-29834-0

Die Deutsche Nationalbibliothek verzeichnet diese Publikation in der Deutschen Nationalbibliografie; detaillierte bibliografische Daten sind im Internet über http://dnb.d-nb.de abrufbar.

Springer Gabler ist ein Imprint der eingetragenen Gesellschaft Springer Fachmedien Wiesbaden GmbH und ist ein Teil von Springer Nature.
Die Anschrift der Gesellschaft ist: Abraham-Lincoln-Str. 46, 65189 Wiesbaden, Germany

Vorwort

Diese Arbeit entstand während meiner Tätigkeit als wissenschaftlicher Mitarbeiter am Lehrstuhl für Makroökonomie der Universität Erfurt. Mein Dank gilt zuallererst meinem Doktorvater Prof. Dr. Tobias F. Rötheli, der mich stets unterstützt und entscheidend zu meiner fachlichen sowie persönlichen Entwicklung beigetragen hat. Er hat zahlreiche Versionen der einzelnen Kapitel gelesen und durch andauernde Anregungen entscheidend zur Entstehung und Verbesserung der Arbeit beigetragen. Prof. Dr. Dominik Maltritz danke ich für die Übernahme des Zweitgutachtens.

Bei den folgenden Kollegen der Staatswissenschaftlichen Fakultät möchte ich mich ebenfalls für zahlreiche Anmerkungen und Diskussionen bedanken: Robert Fritzsch, Christoph Hindermann, Fabian Kleine, Sebastian Köhlerschmidt und Jannick Plaasch. Constanze Falk bin ich zu besonderem Dank verpflichtet. Sie hat mehrere Versionen der Arbeit gelesen und mich während meiner Promotion unablässig unterstützt. Ich möchte außerdem meiner Familie, insbesondere meiner Mutter, für die anhaltende Unterstützung und den Glauben an mich danken.

Inhaltsverzeichnis

Tabellenverzeichnis

Abbildungsverzeichnis

1 Einführung und Zusammenfassung der Ergebnisse

Der Beginn der globalen Finanzkrise hat zu einem erneuten Interesse an der Verknüpfung zwischen dem Finanzsektor und der Realwirtschaft geführt. Dabei hat sich ebenfalls eine gestiegene Aufmerksamkeit gegenüber den Auswirkungen von Kreditzyklen auf die gesamtwirtschaftliche Entwicklung herausgebildet. Gemäß dem Konzept des Kreditzyklus wechseln sich Phasen der Kreditexpansion und der Kreditkontraktion ab, wobei unterschiedliche Ansichten über die Auswirkungen der Veränderungen des Kreditvolumens auf die Realwirtschaft bestehen (Schularick und Taylor, 2012; Rötheli, 2014). Während Kreditzyklen bis in die Mitte des 20. Jahrhunderts lediglich als Begleiterscheinungen von konjunkturellen Schwankungen betrachtet wurden, betonen neuere Ansätze die Bedeutung überproportionaler Variationen des Kreditangebotes. Gemäß dieser Sichtweise nimmt das Kreditangebot im Aufschwung überproportional zur gesamtwirtschaftlichen Entwicklung zu, während im Abschwung ein übermäßiger Rückgang des Kreditangebotes erfolgt. Kreditzyklen stellen demnach autonome Prozesse dar, die zu einer Verstärkung von konjunkturellen Schwankungen sowie exogenen Schocks führen und sogar Auslöser von Finanz- und Bankenkrisen sein können.

Zur Erklärung von Kreditzyklen existieren eine Vielzahl an unterschiedlichen theoretischen Konzepten. Kindleberger (2000) analysiert anhand historischer Ereignisse und den Arbeiten von Minsky (1982, 1986) systematische Veränderungen der Kreditvergabe und deren Bedeutung für das Aufkommen und die Verbreitung von Finanz- und Bankenkrisen. Als Auslöser für die ineffizienten Schwankungen des Kreditvolumens identifiziert Kindleberger (2000) wechselnde Phasen des Überoptimismus und des Überpessimismus, die durch eine fehlerhafte Einschätzung von Kreditrisiken charakterisiert sind. Ein anderer prominenter Ansatz stellt das Konzept des Finanzakzelerators dar, welches die Wechselwirkung zwischen der Kreditvergabe und dem Wert der hinterlegten Sicherheiten betont (Bernanke und Gertler, 1995; Kiyotaki und Moore, 1997). Dabei führen dynamische Interaktionen zwischen dem Marktwert der Sicherheiten und der Kreditvergabe zu ei-

C. Mölleken, *Anreizsysteme der Banken als Treiber von Kreditzyklen*,
https://doi.org/10.1007/978-3-658-29834-0_1

nem Dominoeffekt, bei dem exogene Schocks zu überproportionalen Schwankungen des Outputs und des Kreditvolumens führen. Daneben werden verschiedene Formen von Herdenverhalten zur Erklärung von Kreditzyklen berücksichtigt, in denen das Verhalten von Banken miteinander korreliert (Bikhchandani et al., 1992; Rajan, 1994). Weitere Ansätze betonen die Bedeutung des Wettbewerbs zwischen Banken um Marktanteile (Rötheli, 2001; Ruckes, 2004) sowie talentierte Mitarbeiter (Bannier et al., 2013) auf überproportionale Variationen des Kreditangebotes.

Diese Arbeit beschäftigt sich mit den Auswirkungen begrenzter Rationalität und dem Anreizsystem der Banken auf Kreditzyklen. Dabei wird analysiert, welchen Einfluss das Bonussystem in unteren sowie mittleren Hierarchieebenen in Banken auf die Entstehung und die Dynamik von Kreditzyklen besitzt. Die Bedeutung und Verbreitung von Anreizsystemen hat in den letzten Jahrzehnten stetig zugenommen, wobei sich insbesondere im Bankensektor eine umfangreiche Bonuskultur herausgebildet hat, die sich auf allen Hierarchieebenen widerspiegelt (Clementi et al., 2009; Conyon et al., 2011). So ist der Anteil an Beschäftigten, die gemäß einer variablen Entlohnung vergütet werden, in den USA seit dem Ende der 1970er Jahre bis zur Jahrtausendwende von 45 auf 60 Prozent angestiegen, wobei das Verhältnis im Finanz-, Versicherungs- und Immobiliensektor mit 65 Prozent am höchsten ausfällt (Lemieux et al., 2009). Für GB lässt sich eine ähnliche Tendenz beobachten. Dabei hat sich der Anteil an Betrieben, in denen eine leistungsorientierte Vergütung erfolgt, zwischen 1984 und 2004 von 41 auf 55 Prozent erhöht (Bloom und Van Reenen, 2011). Mit dem Aufkommen der globalen Finanzkrise hat sich insbesondere in der Öffentlichkeit eine heftige Debatte über das Anreizsystem im Bankensektor entwickelt, wobei argumentiert wird, dass hohe Bonuszahlungen zu einer übermäßigen Risikoaufnahme führen (Rajan, 2008; Blinder, 2009; Taleb, 2009). Neben anekdotischer Evidenz sowie einzelnen Unternehmens- und Feldexperimenten existieren bisher jedoch nur wenige Untersuchungen, in denen die Bedeutung des Bonussystems auf die Kreditvergabe berücksichtigt wird. Ausgehend von dieser Forschungslücke liefert die vorliegende Arbeit eine systematische Analyse über die Auswirkungen des Anreizsystems in unteren sowie mittleren Hierarchieebenen auf die Dynamik von Kreditzyklen.

Die vorliegende Arbeit ist in fünf Kapitel untergliedert. Im Anschluss an diese Einführung erfolgt ein Literaturüberblick. Dabei werden verschiedene theoretische Konzepte zur Erklärung von Kreditzyklen vorgestellt, wobei zwischen Ansätzen vollständiger und begrenzter Rationalität unterschieden wird. Aufseiten vollständiger Rationalität wird das Konzept des Finanzakzelerators, die Bedeutung von Herdenverhalten und des Bankenwettbewerbs sowie die Rolle des Anreizsystems im Bankensektor analysiert. Unter Berücksichtigung begrenzter Rationalität wird der Einfluss von übermäßigem Optimismus und Pessimismus sowie einer begrenzten Gedächtniskapazität der Wirtschaftssubjekte zur Erklärung überproportionaler Variationen der Kreditvergabe herangezogen.

In Kapitel 3 wird ein theoretisches Modell zur Erklärung von Kreditzyklen präsentiert. In dem Modell hängt die Menge der angebotenen Kredite von dem Bonussystem der Kreditreferenten ab, die in den Banken beschäftigt werden. Die Kreditreferenten erhalten pro vergebenen Kredit eine Prämie, wobei sich ihr Aufgabenbereich aus dem Prozess der Kreditwürdigkeitsprüfung sowie der Vermarktung und dem Vertrieb von Kreditanträgen zusammensetzt. Ausgehend von dem Anreizsystem und dem Tätigkeitsbereich der Kreditreferenten besteht ein Tradeoff zwischen der Menge an vergebenen Krediten und der Qualität der Kreditwürdigkeitsprüfung. Dabei nimmt mit einem Anstieg der Prämie sowohl das Kreditangebot als auch die Ausfallwahrscheinlichkeit der vergebenen Darlehen zu. Neben dem Anreizsystem der Kreditreferenten hängt die Ausfallwahrscheinlichkeit der Darlehen ebenfalls von dem Marktrisiko ab. Bei den Krediten handelt es sich um Annuitätendarlehen mit einer Laufzeit von mehreren Perioden, wobei sich das Gleichgewicht auf dem Kreditmarkt in jeder Periode durch den Schnittpunkt von Angebot und Nachfrage ergibt. Der gesamtwirtschaftliche Output wird durch die aggregierte Nachfrage bestimmt. Das theoretische Modell stellt einen Beitrag zur Erklärung von Kreditzyklen unter begrenzter Rationalität dar.

Die Dynamik des theoretischen Modells wird in den anschließenden zwei Kapiteln mit den Ergebnissen empirischer Analysen verglichen. Dabei hängt die Entwicklung verschiedener Größen des Modells von dem Konjunkturzustand ab, der entweder einen Auf- oder einen Abschwung annimmt. Im Zuge der Untersuchung wird die Hypothese überprüft, dass das Anreizsystem der Kreditreferenten die Dynamik von Kreditzyklen erklärt. Aufgrund der Kreditlaufzeit von mehreren Perioden wird die Modelldynamik anhand von Simulationen analysiert.

In Kapitel 4 wird untersucht, inwiefern sich der Verlauf verschiedener Größen über den Konjunkturzyklus für die USA durch die Dynamik des theoretischen Modells aus Kapitel 3 erklären lässt. In der Analyse wird die Entwicklung des BIPs, des Kreditvolumens, der Kreditquote sowie der Profit- und der Ausfallrate des Bankensektors mit den Ergebnissen von Modellsimulationen verglichen. Dabei werden die empirischen Zeitreihen zuerst über den Konjunkturzyklus charakterisiert und anschließend verschiedene Szenarien für die Dynamik des Modells betrachtet. Ausgehend von der Gegenüberstellung des Verlaufs der empirischen und der simulierten Zeitreihen wird deutlich, dass ein Großteil der charakteristischen Eigenschaften der fünf Größen hinsichtlich des Timings, der Abweichungen, der Volatilität und der Synchronität mit dem Konjunkturzyklus durch die Dynamik des theoretischen Modells erklärt werden kann. Das Anreizsystem in unteren sowie mittleren Hierarchieebenen kommt demnach zur Erklärung von Kreditzyklen in den USA in Frage.

Im letzten Kapitel der Arbeit wird die Dynamik von Kreditzyklen in mehreren Ländern analysiert. Dabei wird untersucht, inwiefern sich empirisch signifikante Unterschiede in der Zins- und Kreditvolatilität zwischen den USA, Kanada, GB, Australien, Deutschland und Frankreich durch nationale Verschiedenheiten im Anreizsystem des Bankensektors erklären lassen. Der Vergleich der Ergebnisse der empirischen Analyse mit der Dynamik des theoretischen Modells erfolgt erneut durch Modellsimulationen. Als Approximation für die Unterschiede im Bonussystem der Kreditreferenten werden empirische Angaben über das Anreizsystem des Führungspersonals für die sechs Länder berücksichtigt. Dabei wird deutlich, dass sich ein Großteil der signifikanten Unterschiede in der Volatilität des Zinssatzes, des Kreditvolumens und der Kreditquote zwischen den Ländern durch

Verschiedenheiten im Bonussystem der Kreditreferenten erklären lässt. Gleichzeitig liefert die Untersuchung Hinweise dafür, dass das Anreizsystem im Bankensektor für mehrere Länder ein Treiber von Kreditzyklen ist.

Insgesamt verdeutlicht die Analyse, dass sich die Dynamik von Kreditzyklen in mehreren Ländern durch das Bonussystem der Kreditreferenten erklären lässt. Die Ergebnisse der Untersuchung decken sich mit anekdotischer Evidenz sowie einzelnen Unternehmens- und Feldexperimenten. Gleichzeitig deuten die Ergebnisse der Analyse darauf hin, dass das Anreizsystem in den Banken komplementär zu verschiedenen Ansätzen zur Erklärung von Kreditzyklen ist. Das Bonussystem in unteren sowie mittleren Hierarchieebenen des Bankensektors kommt demnach als Treiber von Kreditzyklen in Frage.

2 Ursachen von Kreditzyklen

2.1 Einleitung

Dieses Kapitel beschäftigt sich mit den unterschiedlichen theoretischen Konzepten zur Erklärung von Kreditzyklen. In der Literatur werden verschiedene Ansätze über die Relevanz von Kreditzyklen auf die gesamtwirtschaftliche Entwicklung unterschieden (Rötheli, 2014). Der hierbei schwächste Ansatz geht davon aus, dass die Kreditvergabe proportional zur konjunkturellen Entwicklung erfolgt. Dabei nimmt die Kreditvergabe im Aufschwung zu und geht im Abschwung wieder zurück, da die Nachfrage der Haushalte und der Unternehmen nach Darlehen positiv von der gesamtwirtschaftlichen Entwicklung abhängt. Aus dieser Sichtweise stellen Kreditzyklen lediglich Begleiterscheinungen des konjunkturellen Verlaufs dar (Bridel, 1987). Ein stärkerer Ansatz betont hingegen eine übermäßige Variation der Kreditvergabe. Demnach nimmt die Kreditvergabe im Aufschwung überproportional zur gesamtwirtschaftlichen Entwicklung zu, wodurch ebenfalls Projekte mit einem negativen Kapitalwert finanziert werden. Im Abschwung ergibt sich eine umgekehrte Entwicklung, bei der selbst potentielle Kreditnehmer mit einem positiven Kapitalwert keine Finanzierung mehr erhalten. Gemäß dieser Sichtweise werden konjunkturelle Schwankungen durch die Veränderungen der Kreditmenge verstärkt, wobei überproportionale Variationen der Kreditvergabe im Auf- bzw. Abschwung als Kreditboom (*Credit Boom*) bzw. Kreditklemme (*Credit Crunch*) bezeichnet werden. Der stärkste Ansatz über die Bedeutung von Kreditzyklen besagt, dass eine überproportionale Zunahme der Kreditvergabe im Aufschwung die Gefahr eines Abschwungs oder einer Finanzkrise erhöht. Dabei ist eine exzessive Ausweitung der Kreditvergabe direkt mit dem Auftreten und der Schwere von Finanzkrisen verknüpft (Jordà et al., 2013; Aikman et al., 2015).

Während der erste Ansatz unumstritten ist, deutet eine Vielzahl an empirischen Analysen daraufhin, dass Variationen der Kreditvergabe überproportional zur gesamtwirtschaftlichen Entwicklung ausfallen (Asea und Blomberg, 1998; Lown und Morgan, 2006; Schularick und Taylor, 2012). In Anlehnung an diese Ergebnisse wird im weiteren Verlauf der Arbeit der zweite Ansatz berücksichtigt, wonach

C. Mölleken, *Anreizsysteme der Banken als Treiber von Kreditzyklen*,
https://doi.org/10.1007/978-3-658-29834-0_2

Kreditzyklen durch überproportionale Variationen der Kreditvergabe charakterisiert sind. Erste Analysen von Kreditzyklen finden sich bereits bei Juglar (1862) sowie Mills (1867) und stehen historisch vor einer systematischen Untersuchung von Konjunkturzyklen.[1] Bei Mills (1867) werden Schwankungen der Kreditvergabe durch zyklische Veränderungen der Gemütslage von Wirtschaftssubjekten ausgelöst. In einem Abschwung, der durch Misstrauen und einen übermäßigen Pessimismus gekennzeichnet ist, ergibt sich eine niedrige Kreditvergabe, wobei selbst potentiellen Kreditnehmern mit einem positiven Kapitalwert kein Vertrauen entgegengebracht wird. Erst mit einem Aufschwung kommt es zu einer Verbesserung des Gemütszustandes, wodurch die Kreditmenge zunimmt. Dabei verbreitet sich ein zunehmender Optimismus, der ein Verblassen der Erinnerungen an den vorangegangenen Abschwung zur Folge hat. Mit einem anhaltenden Aufschwung setzt ein zunehmender Überoptimismus ein, bei dem die Ökonomie in eine Phase der Spekulation übergeht, in der Kreditmittel in Projekte mit einem negativen Kapitalwert fließen. Durch einen exogenen Schock oder einer Verlangsamung des wirtschaftlichen Wachstums treten erste Kreditausfälle auf, die zu einer Panik unter den Wirtschaftsakteuren führen. Ein Abschwung setzt ein und der exzessive Optimismus wird wieder von Misstrauen und Überpessimismus abgelöst.

Während frühere Arbeiten die Variationen des gesamtwirtschaftlichen Kreditvolumens vorrangig auf Änderungen der Kreditnachfrage zurückführen, stellen neuere Ansätze das Kreditangebot in das Zentrum der Betrachtung. Demnach besitzt das Angebot an Krediten einen unabhängigen Einfluss auf das Kreditwachstum, wobei Schwankungen des Kreditangebotes eng mit Variationen der Standards zur Kreditvergabe verknüpft sind (Rajan, 1994; Asea und Blomberg, 1998; Berlin, 2009).[2] Dabei werden im Aufschwung zu niedrige Kreditstandards umgesetzt, wodurch selbst Projekte mit einem negativen Kapitalwert eine Finanzierung erhalten. Im Abschwung findet eine umgekehrte Entwicklung statt, bei der die Stan-

1 Für eine Analyse von Kreditzyklen bei Juglar vgl. Niehans (1992).

2 Kreditstandards stellen die Nebenabreden eines Kreditvertrages dar. Dazu zählen das Ausmaß der Kreditwürdigkeitsprüfung, der Umfang der geforderten Sicherheiten sowie die Höhe der Risikoprämie und der Kreditobergrenze (Böttcher, 2014, S. 40).

dards zur Kreditvergabe angehoben werden, wobei selbst potentielle Kreditnehmer mit einem positiven Kapitalwert nicht mehr finanziert werden. Die Variationen von Kreditstandards werden durch verschiedene empirische Untersuchungen bestätigt. So können Asea und Blomberg (1998) bei der Analyse von 1,65 Millionen individuellen Kreditverträgen US-amerikanischer Banken zwischen 1977 und 1993 indirekt systematische Variationen in den Standards der Kreditvergabe von Banken feststellen. Die Autoren zeigen, dass Banken im Abschwung die Risikoprämie und die geforderten Sicherheiten anheben, während sich im Aufschwung eine umgekehrte Entwicklung ergibt. Lown und Morgan (2006) finden bei der Untersuchung von Bankumfragen in den USA von 1968-1984 und 1990-2000 direkte Hinweise auf systematische Variationen der Kreditstandards. Dabei nehmen die Standards im Aufschwung ab und steigen im Abschwung wieder an, wobei die Kreditstandards einen negativen signifikanten Einfluss auf das zukünftige Kredit- und Outputniveau besitzen.

Die theoretischen Konzepte zur Erklärung von Kreditzyklen lassen sich in zwei Gruppen unterteilen (Rötheli, 2014). Der erste Ansatz geht von einem vollkommen rationalen Verhalten der Wirtschaftssubjekte aus. Dabei optimieren die Akteure unter Berücksichtigung verschiedener Nebenbedingungen eine vorgegebene Zielfunktion, wobei alle verfügbaren Informationen in der Erwartungsbildung berücksichtigt werden.[3] Unter der Annahme vollkommener Rationalität ergeben sich Kreditzyklen durch Imperfektionen auf Kapitalmärkten in Form von Informationsasymmetrien, pekuniären Externalitäten oder einer beschränkten Haftung der Kreditnehmer, wobei sich eine Vielzahl an unterschiedlichen Theorien herausgebildet haben. Einer der bekanntesten Ansätze stellt das Konzept des Finanzakzelerators dar. Dabei besteht aufgrund einer beschränkten Haftung der Kreditnehmer eine Wechselwirkung zwischen dem Marktwert der hinterlegten

---

[3] Diese Sichtweise auf menschliches Verhalten wird häufig als *as-if*-Argument bezeichnet und geht auf Friedman (1953, S. 20-21) zurück. Demnach ist es unerheblich, ob die Akteure bei ihren Entscheidungen bewusst dem unterstellten Optimierungskalkül unterliegen. Vielmehr ist von Bedeutung, dass die Handlungen der Akteure durch rationales Verhalten approximiert werden können. Die Modellierung rationaler Erwartungen geht wesentlich auf die Arbeiten von Muth (1960, 1961) zurück.

Sicherheiten und der Kreditvergabe. Andere Ansätze betonen die Bedeutung von Herdenverhalten, Bankenwettbewerb oder Prinzipal-Agent-Problemen.

Der zweite Ansatz zur Erklärung von Kreditzyklen geht von einer begrenzten Rationalität der Wirtschaftssubjekte aus. Hierbei wird der Entscheidungsprozess der Akteure von kognitiven Limitationen, zeitlichen Begrenzungen sowie sozialen und psychologischen Faktoren beeinflusst. Die Abweichungen, die sich dabei vom Konzept der vollkommenen Rationalität ergeben, treten systematisch auf.[4] Kreditzyklen lassen sich bei diesem Ansatz auf das begrenzt rationale Verhalten der Wirtschaftssubjekte zurückführen und sind nicht an das Vorhandensein von Imperfektionen auf Kapitalmärkten gebunden. Überproportionale Variationen des Kreditangebotes ergeben sich hierbei durch abwechselnde Phasen des Überoptimismus und des Überpessimismus oder einer begrenzten Gedächtniskapazität der Akteure.

Ausgehend von der Unterteilung der beiden Ansätze werden in den folgenden Abschnitten verschiedene Theorien zur Erklärung von Kreditzyklen analysiert. Dabei werden die zugrundeliegenden Mechanismen erläutert und empirische Evidenz aufgezeigt. Aufgrund der Fülle an theoretischen Ansätzen und empirischen Untersuchungen über Kreditzyklen ist die vorliegende Analyse zwangsläufig selektiv und beschränkt sich auf eine Auswahl an verschiedenen Ansätzen.[5] Abschnitt 2.2 fasst die Ansätze zur Erklärung von Kreditzyklen unter Berücksichtigung vollkommener Rationalität zusammen, während Abschnitt 2.3 Konzepte bei begrenzter Rationalität verdeutlicht. Das Kapitel endet mit einer Zusammenfassung.

---

4 Die Ursprünge des Konzeptes der begrenzten Rationalität gehen im Wesentlichen auf die Beiträge von Simon (1955, 1956) zurück.

5 Ein Ansatz der im Folgenden nicht analysiert wird, stellt das Konzept der Systemrelevanz (*Too Big to Fail*) dar, in dem die Banken in Antizipation staatlicher Interventionen Fehlanreizen in ihrer Risikoaufnahme unterliegen. Für einen Überblick vgl. Kaufman (2002) sowie Stern und Feldman (2004).

2.2 Vollkommene Rationalität

In Abschnitt 2.2.1 wird das Konzept des Finanzakzelerators erläutert, welches die Wechselwirkung zwischen dem Wert der hinterlegten Sicherheiten und den Möglichkeiten zur Kreditaufnahme betont. Anschließend werden die Auswirkungen pekuniärer Externalitäten analysiert. In Abschnitt 2.2.3 wird die Bedeutung von Herdenverhalten in Form von Informationskaskaden verdeutlicht. Danach werden die Implikationen eines kurzfristigen Zeithorizontes in Verbindung mit Herdenverhalten auf überproportionale Variationen der Kreditvergabe betont. Abschnitt 2.2.5 analysiert die Auswirkungen des Bankenwettbewerbs auf das Kreditangebot. Der letzte Abschnitt beschäftigt sich mit den Ursachen des Anreizsystems im Bankensektor auf die Entstehung von Kreditzyklen.

2.2.1 Finanzakzelerator

Einer der bekanntesten Ansätze zur Erklärung von Kreditzyklen stellt das Konzept des Finanzakzelerators dar, bei dem die Kreditaufnahme von dem Marktwert der hinterlegten Kreditsicherheiten begrenzt wird.[6] Ausgehend von einer beschränkten Haftung potentieller Kreditnehmer erfolgt die Kreditvergabe nur gegen Sicherheiten in Form von Anlagevermögen, welches gleichzeitig zur Produktion eingesetzt wird. Dabei ergibt sich ein endogenes Kreditlimit, bei dem die Höhe der Kreditaufnahme von dem Marktwert des Anlagevermögens bestimmt wird. Veränderungen der Kreditaufnahme sind hierbei mit Variationen der Vermögenswerte korreliert, wobei sich Schwankungen in der Kreditvergabe und dem Marktwert der hinterlegten Sicherheiten gegenseitig verstärken. Dabei ergeben sich mit dem Auftreten temporärer exogener Schocks durch die Interaktion der beschränkten Kreditaufnahme mit der Anpassung der Vermögenswerte überproportionale und persistente Schwankungen des Outputs und der Kreditmenge.

---

6 Das Konzept des Finanzakzelerators ist eng mit dem sogenannten *Balance Sheet Channel* verknüpft, der wiederum einen Teil des *Credit Channels* darstellt. Der *Credit Channel* beschreibt die Auswirkungen der Geldmarktpolitik auf die Realwirtschaft (Bernanke und Gertler, 1995).

Eine prominente Formulierung des Konzeptes des Finanzakzelerators findet sich bei Kiyotaki und Moore (1997), die ein dynamisches Gleichgewichtsmodell entwickeln. In dem Modell setzt sich die Bevölkerung aus zwei Gruppen zusammen. Die erste Gruppe verfügt über eine Produktionsfunktion mit konstanten Skalenerträgen, während die zweite Gruppe eine Produktionsfunktion mit abnehmenden Skalenerträgen aufweist. Die Erzeugung des gesamtwirtschaftlichen Outputs erfolgt durch eine konstante Menge an Anlagevermögen (z. B. Land), welches auf einem Spotmarkt gehandelt wird, auf dem in jeder Periode Markträumung erfolgt. Aufgrund der Unterschiede in ihrer Produktivität agieren die Mitglieder der ersten Gruppe als Kreditnehmer und sind bestrebt, Fremdkapital aufzunehmen, während die Angehörigen der zweiten Gruppe als Kreditgeber fungieren. Die Rückzahlung von Verbindlichkeiten kann durch die Gläubiger nicht erzwungen werden, womit die Schuldner über eine beschränkte Haftung verfügen.[7] Die Aufnahme von Fremdkapital ist an die Hinterlegung von Sicherheiten in Form von Anlagevermögen gebunden, welches gleichzeitig zur Produktion eingesetzt wird. Die Kreditvergabe wird somit von dem Marktwert des hinterlegten Anlagevermögens bestimmt, der auf dem Spotmarkt bestimmt wird. In Abwesenheit exogener Schocks ergibt sich ein stabiles Steady-State-Niveau, welches durch ein endogenes Kreditlimit charakterisiert ist. Dabei erfolgt im Vergleich zur First-Best-Situation eine zu niedrige Kreditvergabe, wobei keine Angleichung der Grenzproduktivität zwischen den Kreditnehmern und den Kreditgebern stattfindet.[8] Ausgehend vom Steady-State führt ein unerwarteter, negativer und temporärer Produktivitätsschock zu einer direkten Reduzierung des Outputs und setzt zudem einen stationären sowie einen dynamischen Multiplikator in Gang.[9] Mit einer Reduzierung des Outputs nimmt der Wert des Anlagevermögens ab, was zu einer

7 Die Berücksichtigung einer beschränkten Haftung geht auf die Arbeiten von Hart und Moore (1994) zurück, welche die begrenzte Durchsetzbarkeit von Finanzverträgen zwischen Kreditnehmern und Kreditgebern analysieren. Eine beschränkte Haftung ergibt sich beispielsweise durch die Unteilbarkeit von Humankapital oder dadurch, dass der Kreditgeber den Kreditnehmer nicht zur Arbeit zwingen kann.

8 Eine First-Best-Lösung ergibt sich nur auf perfekten Märkten. Das Nichterreichen der First-Best-Lösung stellt eine generelle Folge von Finanzmarktimperfektionen dar und ist kein spezifisches Merkmal des Modells von Kiyotaki und Moore (1997).

9 Denkbar sind ebenfalls Technologie- oder Verteilungsschocks sowie Änderungen im Wert der Schuldverpflichtungen der Kreditnehmer.

Verringerung der Kreditvergabe führt. Gleichzeitig ergibt sich aufgrund der niedrigeren Kreditnachfrage in Verbindung mit dem Prozess der Markträumung ein zusätzlicher Rückgang der Vermögenswerte. Dieser Mechanismus beschreibt den statischen Multiplikator, der sich unter Berücksichtigung der gegenwärtigen Entwicklung einstellt. Die Auswirkungen des Schocks werden zusätzlich dadurch verstärkt, dass die Akteure die zukünftige Entwicklung auf den Märkten in ihre Entscheidungen mit einbeziehen. Es ergibt sich ein dynamischer Multiplikator, bei dem die Wirtschaftssubjekte die Auswirkungen der niedrigeren Kreditaufnahme in der gegenwärtigen Periode auf die Wertentwicklung des Anlagevermögens und den Anpassungen des endogenen Kreditlimits in den zukünftigen Perioden berücksichtigen. Die Antizipation der zukünftigen Entwicklung führt zu einem weiteren Rückgang des Wertes von Anlagevermögen in der Schockperiode, der einen zusätzlichen negativen Effekt auf den Output und die Menge an vergebenen Krediten besitzt. Ausgehend von den dynamischen Interaktionen zwischen den Veränderungen des Marktwertes des Anlagevermögens und den Anpassungen des endogenen Kreditlimits ergibt sich ein Dominoeffekt, bei dem ein negativer temporärer Schock zu einem überproportionalen und persistenten Rückgang des Outputs und der vergebenen Kreditmittel führt. Dieser Prozess kehrt sich erst dann um, wenn der Wert des Anlagevermögens die Schulden der Kreditnehmer übersteigt, wobei sich das ursprüngliche Steady-State-Niveau mehrere Perioden nach dem Auftreten des temporären Schocks wieder einstellt. Bei einem positiven temporären Schock ergibt sich eine umgekehrte Entwicklung.

Neuere Ansätze verknüpfen das Konzept des Finanzakzelerators mit der Bilanzposition von Kreditinstituten (Chen, 2001). Das Kreditangebot der Banken wird hierbei von dem Marktwert ihres Eigenkapitals bestimmt, welches aufgrund von Informationsasymmetrien zwischen den Banken und den Einlegern gehalten werden muss.[10] Dabei müssen die Banken einen Teil ihres Eigenkapitals bei der Kreditvergabe einsetzen, um so Depositen von potentiellen Einlegern zu erhalten. Mit einem negativen exogenen Schock nimmt der Wert bzw. der relative Anteil

---

10 Die Banken können dabei entscheiden, ob sie die Handlungen der Kreditnehmer durch kostenintensives Monitoring überwachen wollen, wobei die Anreize dafür mit einer höheren Beteiligung in Form von Eigenkapital ansteigen.

des eingesetzten Eigenkapitals der Banken an den ausgegebenen Krediten ab, was die Attraktion von Depositen erschwert und einen langanhaltenden Rückgang des Kreditangebotes zur Folge hat. Wie im Modell von Kiyotaki und Moore (1997) führen dabei temporäre Schocks über die Bilanzposition der Banken zu überproportionalen und persistenten Abweichungen des Outputs und der Kreditvergabe vom Steady-State-Niveau.

Die Bedeutung des Konzeptes des Finanzakzelerators wird durch verschiedene empirische Studien bestätigt. So können Bernanke et al. (1991) anhand der Rezession Anfang der 1990er Jahre in den USA zeigen, dass eine positive Korrelation zwischen dem Kreditwachstum und der Kernkapitalquote, welche die durch Eigenmittel gedeckte Risikoposition der Banken angibt, besteht. Kishan und Opiela (2000) können ebenfalls für die USA von 1980-1995 anhand individueller Bilanzdaten von über 13.000 Geschäftsbanken nachweisen, dass das Kreditangebot kleinerer Banken mit weniger Eigenkapital stärker auf exogene Schocks reagiert. Dieses Ergebnis ist ebenfalls ein Hinweis auf die Bedeutung der Bilanzposition von Banken auf die Kreditvergabe. Eine weitere Implikation des Konzeptes des Finanzakzelerators stellt ein *Flight to Quality* dar. Dabei beschränken die Banken in einer Rezession ihre Kreditvergabe auf qualitativ hochwertige Kreditnehmer, wodurch insbesondere Kreditnachfrager mit einer schwachen Bilanzposition bzw. einem geringen Anteil an Eigenkapital keine Darlehen mehr erhalten. Bernanke et al. (1996) testen diese Implikation anhand von individuellen Unternehmensdaten für die USA von 1977-1991. Dabei zeigt sich, dass kleinere Unternehmungen, die eher von einer beschränkten Haftung betroffen sind, stärkeren zyklischen Schwankungen unterliegen als große Firmen. Almeida et al. (2006) untersuchen die Auswirkungen von Schocks anhand des Immobilienmarktes für 26 Länder über einen Zeitraum von 1970-1999. Die Autoren kommen zu dem Ergebnis, dass Länder mit einem höheren durchschnittlichen Verschuldungsgrad stärker auf Einkommensschocks reagieren, was als zusätzliches Anzeichen für die Bedeutung des Finanzakzelerators interpretiert werden kann. Lein et al. (2016) analysieren knapp 20.000 kleine und mittelständische Schweizer Unternehmen zwischen 1998 und 2011. Dabei zeigt sich, dass die Finanzierungskosten der Unternehmungen positiv von ihrem Verschuldungsgrad abhängen, wobei konjunkturelle Schwankungen im Durchschnitt um einen Faktor von 2,25 verstärkt werden.[11]

Ungeachtet der empirischen Evidenz und der weiten Verbreitung des Ansatzes eignet sich das Konzept des Finanzakzelerators eher zur Analyse von Auswirkungen exogener Schocks als zur Erklärung ineffizienter Schwankungen der Kreditmenge. Die überproportionalen Schwankungen des Outputs und des Kreditangebotes stellen lediglich ein Resultat der begrenzten Haftung der Kreditnehmer dar und ergeben sich nicht durch eine Veränderung der Kreditstandards (Gourinchas et al., 2001). Ineffiziente Fluktuationen des Kreditangebotes, bei denen selbst Darlehen mit einem negativen bzw. positiven Kapitalwert finanziert bzw. abgelehnt werden, können demnach nicht erklärt werden. Krishnamurthy (2003) zeigt zudem, dass sich unter Einführung eines zusätzlichen Marktes, auf dem sich die Akteure gegen unvorhergesehene Ereignisse absichern können, keine überproportionalen Abweichungen durch exogene Schocks erfolgen. Ausgehend von der Kritik am Konzept des Finanzakzelerators wird im nächsten Abschnitt ein weiterer Ansatz zur Erklärung prozyklischer Schwankungen des Kreditangebotes erläutert. Dabei handelt es sich um eine direkte Erweiterung des Konzeptes des Finanzakzelerators, bei dem sich übermäßige Fluktuationen der Kreditvergabe durch das Auftreten pekuniärer Externalitäten ergeben.

2.2.2 Pekuniäre Externalitäten

Die Berücksichtigung pekuniärer Externalitäten knüpft direkt an das Konzept des Finanzakzelerators an, wobei sich die Wirtschaftssubjekte durch das Abschließen von Finanzverträgen vor exogenen Schocks absichern können. Bei der Festlegung der privaten Finanzverträge werden jedoch nicht die Auswirkungen der daraus resultierenden Transaktionen auf den Gleichgewichtspreis des Anlagevermögens

[11] Im Gegensatz dazu kommen Kocherlakota (2000) sowie Cordoba und Ripoll (2004) anhand von Simulationen zu dem Ergebnis, dass die Auswirkungen exogener Schocks in Verbindung mit dem Konzept des Finanzakzelerators relativ gering ausfallen. Dabei wird der Effekt des dynamischen Multiplikators durch eine automatische Anpassung des Konsums, der Investitionen sowie von Zinsvariationen abgemildert.

berücksichtigt, wodurch sich pekuniäre Externalitäten ergeben. Während im Gegensatz zur First-Best-Lösung weiterhin aufgrund der beschränkten Haftung eine zu niedrige Kreditaufnahme erfolgt, ergibt sich bei einem Schock im Vergleich zu einer Second-Best-Lösung ex ante eine ineffiziente Kreditaufnahme, die ex post zu überproportionalen und persistenten Schwankungen des Outputs und des Kreditvolumens führt.[12] Im Gegensatz zum Konzept des Finanzakzelerators besteht somit die Möglichkeit von Wohlfahrtssteigerungen, indem die anfängliche Kreditaufnahme reduziert wird.

Der erste theoretische Ansatz zur Erklärung von Kreditzyklen mithilfe pekuniärer Externalitäten stammt von Lorenzoni (2008). Dieser entwickelt ein Modell über drei Perioden, in dem in der zweiten Periode ein exogener Schock eintritt. Die Bevölkerung setzt sich aus Kreditnehmern (Unternehmern) und aus Kreditgebern (Konsumenten) zusammen, wobei erstere eine höhere Produktivität aufweisen. Die Kreditnehmer unterliegen einer beschränkten Haftung, wodurch die Aufnahme von Fremdkapital von dem Marktwert des Anlagevermögens bestimmt wird, der sich auf einem Spotmarkt ergibt. Beginnend mit Periode eins erfolgt die Aufnahme von Fremdkapital, welches zur Produktion in Anlagevermögen eingesetzt wird. Die Höhe der Erträge in Periode zwei hängt neben der Menge an zuvor investiertem Kapital ebenfalls von der Art des exogenen Schocks ab. Bei einem positiven Schock ergeben sich zusätzliche Erträge, während ein negativer Schock den Output verringert. Die Auswirkungen des Schocks auf die Produktion hängen in beiden Fällen positiv von der Höhe des eingesetzten Kapitals ab. Die Verwirklichung zusätzlicher Erträge führt zu weiteren Nettoinvestitionen in Periode zwei, während ein negativer Schock eine teilweise Veräußerung des Anlagevermögens zur Folge hat. Anders als beim Konzept des Finanzakzelerators schließen die Kreditnehmer in der ersten Periode zusätzlich zustandsabhängige Verträge ab. In den Finanzverträgen wird die Höhe des Darlehens in Periode eins und die entsprechenden Rückzahlungen in Abhängigkeit des realisierten Zustandes festge-

12 Das Konzept des Second-Best geht auf die Arbeit von Lipsey und Lancaster (1956) zurück. Dabei lassen sich ausgehend von bereits vorliegendem Marktversagen durch Interventionen Wohlfahrtssteigerungen erzielen.

legt. Sowohl die Kreditnehmer als auch die Kreditgeber verhalten sich vollkommen rational, wobei die Kreditnehmer polypolistisch agieren. Dabei werden die Auswirkungen der festgelegten individuellen Transaktionen in Abhängigkeit des Schocks auf die Entwicklung der gleichgewichtigen Marktpreise nicht berücksichtigt, wodurch sich pekuniäre Externalitäten ergeben. Ausgehend von diesen Annahmen erfolgt im Vergleich zur First-Best-Lösung weiterhin eine zu geringe Kreditaufnahme. Gleichzeitig zeigt Lorenzoni (2008), dass im Vergleich zur Second-Best-Lösung ex ante eine ineffiziente Kreditvergabe stattfindet, die ex post zu einer exzessiven Volatilität des Outputs und der Kreditmenge führt. Eine Reduzierung der Kreditvergabe in der ersten Periode würde dabei zu einer Pareto-Verbesserung führen, die einen Anstieg der gesamtwirtschaftlichen Wohlfahrt zur Folge hat.[13]

Da sowohl beim Konzept des Finanzakzelerators als auch unter pekuniären Externalitäten Schocks zu übermäßigen Fluktuationen des Outputs und der Kreditmenge führen, können die Hinweise auf Verstärkungen exogener Veränderungen aus Abschnitt 2.2.1 ebenfalls als Indiz für das Modell von Lorenzoni (2008) interpretiert werden. Zusätzliche empirische Hinweise, die eine Trennung der beiden Ansätze ermöglichen, liegen jedoch bisher nicht vor. Zudem lassen sich weiterhin ineffiziente Schwankungen des Kreditangebotes, bei denen selbst Darlehen mit einem negativen bzw. positiven Kapitalwert finanziert bzw. abgelehnt werden, nicht erklären.

2.2.3 Informationskaskaden

Ein anderer Ansatz zur Erklärung von Kreditzyklen stellt das Konzept des rationalen Herdenverhaltens in Form von Informationskaskaden dar.[14] Ausgehend von einem sequentiellen Entscheidungsprozess können die Wirtschaftssubjekte dabei lediglich die Handlungen der anderen Marktteilnehmer, jedoch nicht deren

---

13 Für die Darstellung des Konzeptes pekuniärer Externalitäten unter Einbeziehung eines Bankensektor vgl. Gersbach und Rochet (2017).

14 Für einen Überblick über weitere Formen von rationalem Herdenverhalten auf Finanzmärkten vgl. Devenow und Welch (1996).

zugrunde liegenden Informationen beobachten. Unter Berücksichtigung der Annahme, dass das beobachtete Verhalten der anderen Akteure potentielle Informationen über den Zustand der Ökonomie beinhaltet, werden private Informationen ignoriert bzw. ersetzt, was zu einem ineffizienten Marktgleichgewicht führt. Auf das Konzept der Kreditzyklen übertragen wird unter Informationskaskaden das Kreditangebot einer Bank von dem beobachteten Angebot anderer Kreditinstitute beeinflusst. Dabei werden private Informationen über die Risikoeinschätzung potentieller Kreditnehmer ignoriert, was sowohl im Auf- als auch im Abschwung zu einer ineffizienten Kreditvergabe führen kann (Berlin, 2009).

Eines der ersten Modelle zur Beschreibung von rationalem Herdenverhalten in Form von Informationskaskaden stammt von Banerjee (1992). Dabei verfügt lediglich ein Teil der Akteure über private Informationen und die Reihenfolge der Entscheidungen ist exogen vorgegeben. Unter Beobachtung des Verhaltens anderer Marktteilnehmer schließt sich ein Wirtschaftssubjekt ohne private Informationen immer der Entscheidung seines Vorgängers an. Für Individuen mit privaten Informationen ergibt sich ein potentieller Konflikt zwischen den eigenen Informationen und dem beobachteten Verhalten der anderen Akteure, der ab einer gewissen Menge an wahrgenommenen gleichgerichteten Handlungen zu einer Vernachlässigung der eigenen Informationen führt. Dabei stellt sich stabiles Herdenverhalten in Form von Informationaskaskaden ein, welches selbst durch das Aufkommen neuer Informationen nicht gebrochen werden kann.

Bikhchandani et al. (1992) entwickeln ein Modell, in dem alle Agenten über private Informationen verfügen. Dabei ergibt sich ebenfalls die Möglichkeit von Informationskaskaden, die jedoch wesentlich fragiler sind. So kann bereits die abweichende Entscheidung eines einzelnen Individuums oder das Aufkommen neuer öffentlicher Informationen zu einer Unterbrechung des korrelierten Verhaltens führen. Zudem zeigen Bikhchandani et al. (1992), dass die Entstehung von Informationskaskaden ebenfalls unter Berücksichtigung einer endogen festgelegten Reihenfolge der Entscheidungen möglich ist, sofern nicht alle Akteure über gleich viele Informationen verfügen und ein verzögertes Verhalten mit Kosten verbunden ist. Sowohl im Modell von Banerjee (1992) als auch bei Bikhchandani et al. (1992) verhindert das Aufkommen von Informationskaskaden die Aggregation aller verfügbaren Informationen in einer Ökonomie, was zu einem ineffizienten Marktgleichgewicht führt.

Avery und Zemsky (1998) entwickeln in Anlehnung an Bikhchandani et al. (1992) ein Modell mit einem flexiblen Preismechanismus, bei dem die Handlungen der Akteure Einfluss auf die Preisentwicklung besitzen. Die Autoren zeigen, dass sich unter variablen Preisen und einer eindimensionalen Unsicherheit die Akteure bei ihren Entscheidungen immer nach ihren privaten Informationen richten, womit sich kein Herdenverhalten ergibt. Erst unter Berücksichtigung multidimensionaler Unsicherheit, beispielsweise durch die Hinzunahme von Ungewissheit über zusätzliche exogene Schocks, stellt sich erneut die Möglichkeit von Informationskaskaden ein.

Die Bedeutung von korreliertem Verhalten auf die Entwicklung des Kreditangebotes wird zumindest teilweise von empirischen Studien bestätigt. So kann Rötheli (2001) bei der Analyse des Kreditvergabeverhaltens drei großer Schweizer Banken über einen Zeitraum von 1987-1996 korreliertes Verhalten feststellen. Er zeigt zudem mithilfe von Simulationen, wie sich ausgehend von den Ergebnissen der ökonometrischen Untersuchung zyklische Schwankungen im aggregierten Kreditangebot ergeben können. Nakagawa und Uchida (2007) untersuchen das Kreditangebot von 140 japanischen Banken von 1975 bis 2002 und können ebenfalls Hinweise auf gegenseitige Abhängigkeiten im Verhalten finden. Liu (2012) kann für Geschäftsbanken in den USA zwischen 1976-2010 Herdenverhalten nachweisen, wobei die Korrelation während eines Abschwungs stärker ausgeprägt ist und häufiger bei kleineren Banken auftritt. Im Gegensatz zu diesen Ergebnissen kann Böttcher (2014) bei der Untersuchung der fünf größten deutschen Kreditinstitute über einen Zeitraum von 1956-2006 kein ausgeprägtes Herdenverhalten feststellen. Die Autorin kommt lediglich zu dem Ergebnis, dass sich einzelne Banken in ihrem Kreditvergabeverhalten paarweise imitieren (Böttcher, 2014, S. 141).

Eine Schwierigkeit bei der empirischen Untersuchung von korreliertem Verhalten besteht darin, dieses von Clustering zu unterscheiden (Hirshleifer und Teoh,

2003). Dabei wird das Verhalten der Akteure unabhängig voneinander durch exogene Faktoren beeinflusst, die in der empirischen Analyse nicht berücksichtigt werden. Zudem stellen die empirischen Hinweise auf korreliertes Kreditvergabeverhalten kein eindeutiges Indiz für Informationskaskaden dar. So ergibt sich unter Berücksichtigigung der Anreize von Bankmanagern, ihre Reputation auf dem Arbeitsmarkt zu beeinflussen, ebenfalls die Möglichkeit von Herdenverhalten. Dieser Ansatz wird von Rajan (1994) aufgegriffen und gesondert in Abschnitt 2.2.4 betrachtet. Eine weitere Erklärung für korreliertes Verhalten stellen strategische Interaktionen zwischen Banken auf einem Wettbewerbsmarkt dar. Weitet beispielsweise ein Kreditinstitut sein Kreditangebot aus, laufen die verbleibenden Banken Gefahr, Marktanteile zu verlieren, was zu einer Anhebung des Kreditangebotes der restlichen Marktteilnehmer führt (Rötheli, 2001; Ruckes, 2004). Die Bedeutung strategischer Interaktionen wird in Abschnitt 2.2.5 analysiert. Die Ergebnisse der empirischen Untersuchungen lassen sich außerdem aus verhaltensökonomischer Sicht interpretieren (Shiller, 1995). Dabei ergibt sich gleichgerichtetes Verhalten durch konventionelle Normen, Medien oder Konformitätszwänge, die auf kulturelle sowie biologische Faktoren zurückzuführen sind. Die Verbreitung von Informationen wird zudem von psychologischen Faktoren beeinflusst. So neigen Menschen eher dazu, sich in ihrer Argumentation gegenseitig zu bestärken oder zu Gruppen zusammenzuschließen, die homogene Meinungen, Empfindungen oder Ansichten aufweisen. Ein reibungsloser Diffusionsprozess von Informationen scheint ausgehend von dem beobachteten Verhalten anderer Marktteilnehmer dadurch über alle Gruppen hinweg als unwahrscheinlich.

2.2.4 Das Modell von Rajan

Ein anderer prominenter Ansatz zur Erklärung von Kreditzyklen stammt von Rajan (1994) und betont die Bedeutung eines kurzfristigen Optimierungshorizontes in Verbindung mit Herdenverhalten. Hierbei legen Bankmanager Wert auf ihre Reputation auf dem Arbeitsmarkt, weshalb die Standards zur Kreditvergabe auf Grundlage eines kurzfristigen Zeithorizontes festgelegt werden. Dabei kann sich bereits durch ein einzelnes Kreditinstitut ein Kreditboom ergeben, bei dem Projekte mit einem negativen Kapitalwert finanziert werden. Unter Einbeziehung weiterer Banken hängt die Reputation der Bankmanager ebenfalls von dem Verhalten der anderen Marktteilnehmer ab, was zu Herdenverhalten führt. Die Bankmanager legen die Standards der Kreditvergabe dabei in Abhängigkeit des Verhaltens anderer Marktteilnehmer fest, was zu einer möglichen Kreditklemme führt, bei der selbst potentielle Kreditnehmer mit einem positiven Kapitalwert keine Finanzierung mehr erhalten.

Im Modell von Rajan (1994) existieren talentierte und untalentierte Bankmanager. Diese unterscheiden sich in ihren Fähigkeiten, potentielle Kreditnehmer mit einem positiven und einem negativen Kapitalwert auseinanderzuhalten. Die Bankmanager maximieren die Erträge aus dem Kreditgeschäft und ihre Reputation in Form der Einschätzung des Arbeitsmarktes über ihre Fähigkeiten. Die Gewinne der Banken hängen neben den Fähigkeiten der Manager ebenfalls vom realisierten Zustand der Ökonomie ab, der entweder normal oder schlecht ausfällt. Ein schlechter Zustand führt dazu, dass die unterschiedlichen Fähigkeiten der Bankmanager an Bedeutung verlieren, wodurch sowohl talentierte als auch untalentierte Manager einen niedrigen Ertrag erzielen. Die restlichen Akteure in der Ökonomie besitzen keinerlei Informationen über den Zustand der Ökonomie oder das Talent der Kreditmanager, weshalb die Einschätzung beider Faktoren auf Grundlage der beobachteten Erträge aus dem Kreditgeschäft erfolgt.[15] Ausgehend von der bestehenden Informationsasymmetrie zwischen den Wirtschaftssubjekten versuchen die Manager, die Wahrnehmung der Märkte über ihre Fähigkeiten positiv zu beeinflussen. Dabei werden in einem normalen Zustand Kredite mit einem negativen Kapitalwert finanziert, was zu einer ineffizienten Ausweitung des Kreditangebotes führt. Der Versuch der Bankmanager, ihre Reputation zu erhöhen, erfolgt zu Lasten übermäßiger zukünftiger Kreditausfälle. Die überproportionale Ausweitung der Kreditvergabe in einem normalen Zustand ergibt sich bereits unter Berücksichtigung einer einzelnen Bank. Rajan (1994) zeigt zudem, wie das Kreditangebot der Banken von dem Verhalten anderer

[15] Die Einschätzung über den Zustand der Ökonomie und die Fähigkeiten der Bankmanager erfolgt ebenfalls vollkommen rational.

Marktteilnehmer abhängt, was zu Wechselwirkungen zwischen den Bankmanagern in Form von Herdenverhalten führt. Dabei versuchen untalentierte Banker sich als talentierte Manager auszugeben, was als Mimikry-Verhalten bezeichnet wird. Die Anreize für die Umsetzung niedriger Kreditstandards hängen neben dem Verhalten der anderen Bankmanager ebenfalls von der Einschätzung der restlichen Akteure über den Zustand der Ökonomie und den Fähigkeiten der Manager ab. Wenn viele Banken hohe Erträge erzielen, geht die Öffentlichkeit eher von einem normalen ökonomischen Zustand aus. Ein negatives Einkommen wird dabei direkt auf das Talent des Bankmanagers zurückgeführt, was Anreize für Mimikry-Verhalten verstärkt. Im Gegensatz dazu deuten eine Vielzahl an negativen Erträgen im Bankensektor auf einen schlechten Zustand der Ökonomie hin, in dem die unterschiedlichen Fähigkeiten der Manager an Bedeutung verlieren. Die negativen Erträge werden demnach nicht mit dem Talent der Kreditmanager verknüpft, was Anreize für eine korrelierte Anhebung der Kreditstandards schafft und eine Kreditklemme bedingt. In diesem Zustand können sich die Manager ohne Einbußen ihrer Reputation auf die Verwaltung und die Abschreibung notleidender Kredite beschränken, wobei selbst potentielle Kreditnehmer mit einem positiven Kapitalwert keine Finanzierung erhalten. Für die Reputation der Bankmanager ist es somit besser, konventionell zu versagen als unkonventionell erfolgreich zu sein.[16] Dabei werden Phasen einer ineffizienten Ausweitung des Kreditangebotes (Kreditboom), in denen die Bankmanager versuchen ihre Reputation zu erhöhen, von Phasen einer übermäßigen Reduzierung des Kreditangebotes abgelöst (Kreditklemme), in denen die vorangegangene Aufblähung des Kreditangebotes korrigiert wird.

Neben der bereits aufgezeigten Evidenz für korreliertes Verhalten von Marktteilnehmern ergeben sich für das Modell von Rajan (1994) zusätzliche spezifische empirische Implikationen. Demnach beinhalten Informationen über den Ertrag einer Bank Hinweise auf den Zustand der Ökonomie und damit auch über die Beschaffenheit anderer Banken. Rajan (1994) testet diese Implikation anhand von

16 Ein solches Verhalten wurde bereits von Keynes (2009, S. 134) verdeutlicht: „Weltliche Weisheit lehrt, daß es besser für den Ruf ist, konventionell zu versagen, als unkonventionell erfolgreich zu sein."

Bankdaten von Neuengland. Er kommt zu dem Ergebnis, dass die öffentliche Bekanntgabe der *Bank of New England* massiver Kreditverluste im Dezember 1989 eine veränderte Marktbewertung ähnlicher Banken zur Folge hatte. Daneben kann Rajan (1994) für einen Zeitraum von 1986-1992 ein gleichgerichtetes Verhalten bei den Abschreibungen von Kreditverlusten für Banken aus Neuengland feststellen. Hertzberg et al. (2010) finden zudem Hinweise darauf, dass die Einschätzung potentieller Kreditnehmer durch Kreditreferenten von deren Sorge um ihre Reputation beeinflusst wird. Die Autoren analysieren die Daten für die Kreditentscheidungen von 100 Kreditreferenten einer US-amerikanischen Bank von 1997-2004. Es zeigt sich, dass mit steigender Gefahr Reputation zu verlieren, die Kreditreferenten eine wahrheitsgetreuere Einschätzung über die Kreditwürdigkeit von Schuldnern liefern, während unter Abwesenheit potentieller Reputationseinbußen zu niedrige Kreditstandards umgesetzt werden.[17]

2.2.5 *Bankenwettbewerb*

Ein weiterer Erklärungsansatz für überproportionale Variationen des Kreditangebotes ergibt sich unter Berücksichtigung strategischer Interaktionen von Banken auf einem Wettbewerbsmarkt. Die Kreditinstitute konkurrieren hierbei um potentielle Kreditnehmer, wobei die Kreditstandards der Banken von der antizipierten Strategie der Konkurrenten beeinflusst werden. Verschiedene Phasen des Konjunkturzyklus sind dabei mit einer unterschiedlichen Wettbewerbsintensität verbunden. Während im Aufschwung der Konkurrenzdruck ansteigt und zu rückläufigen Kreditstandards führt, ergibt sich im Abschwung eine umgekehrte Entwicklung, bei der eine niedrige Wettbewerbsintensität hohe Kreditstandards zur Folge hat. Ausgehend von den strategischen Interaktionen zwischen den Banken in Verbindung mit konjunkturellen Veränderungen ergeben sich dabei ineffiziente Veränderungen des Kreditangebotes. Im Gegensatz zum Ansatz der Infor-

17 Die Gefahr an Reputation einzubüßen ergibt sich dadurch, dass die Kreditreferenten einem Rotationssystem ausgesetzt sind, bei dem sich in regelmäßigen Abständen die Wahrscheinlichkeit erhöht, dass die Kreditreferenten neuen Schuldnern zugewiesen werden.

mationskaskaden aus Abschnitt 2.2.3 können die Banken die festgelegten Kreditstandards und das Verhalten anderer Kreditinstitute nicht beobachten, sondern antizipieren die Handlungsstrategie ihrer Konkurrenten.

Eines der ersten Modelle zur Veranschaulichung des Zusammenhangs zwischen dem Bankenwettbewerb und dem Kreditangebot stammt von Ruckes (2004). In dem Modell konkurrieren mehrere Banken um ein konstantes Angebot an potentiellen Kreditnehmern, deren Qualität ex ante unbekannt ist. Die Kreditnachfrager gehören entweder einer guten oder einer schlechten Gruppe an, wobei der relative Anteil an guten Kreditnehmern positiv vom Konjunkturzustand abhängt. Die Unsicherheit der Banken über die Qualität der potentiellen Kreditnehmer kann durch kostenintensives Screening verringert werden, welches jedoch nur mit einer gewissen Wahrscheinlichkeit ein informatives Signal liefert. Die Genauigkeit des Signals lässt sich durch eine höhere Screening-Aktivität verbessern, ist jedoch gleichzeitig mit steigenden Kosten verbunden. Die Banken konkurrieren über den angebotenen Kreditzins miteinander, wobei sich ein Kreditnehmer immer für den Kreditvertrag mit dem niedrigsten Zinssatz entscheidet. Die Screening-Aktivität und die Handlungen der Konkurrenten können nicht beobachtet werden. Ausgehend von diesen Annahmen lässt sich zeigen, dass das Ausmaß des Screenings und die umgesetzten Kreditstandards der Banken von dem Konjunkturzustand und der antizipierten Strategie der Konkurrenten abhängen. Im Abschwung wird ein niedriger Screening-Aufwand betrieben, da aufgrund des geringen Anteils guter Kreditnachfrager nur eine kleine Wahrscheinlichkeit besteht, einen guten Schuldner zu ermitteln. Gleichzeitig erhalten lediglich gute Kreditnachfrager, die eindeutig mithilfe eines Signals identifiziert werden, ein Darlehen. In dieser Phase des Konjunkturzustandes besteht zwischen den Banken aufgrund des geringen Kreditangebotes eine niedrige Wettbewerbsintensität. Ausgehend von einer Verbesserung des Konjunkturzustandes nimmt der relative Anteil an guten Kreditnachfragern kontinuierlich zu, was zu einem Anstieg der Wettbewerbsintensität und einem umgekehrt U-förmigen Verlauf hinsichtlich der Screening-Aktivität führt. Dabei nimmt anfangs das Ausmaß des Screenings zu, während sich ab einem gewissen Anteil an guten Kreditnachfragern eine umgekehrte Entwicklung einstellt. Hierbei besitzt ein informatives Signal aufgrund des hohen Anteils guter Kreditnachfrager und der Gefahr, potentielle Kreditnehmer an Konkurrenten zu verlieren, nur noch einen geringen zusätzlichen Nutzen. Die Banken verringern dabei ihre Screening-Intensität sowie ihre Kreditstandards, wodurch alle Kreditnachfrager ein Darlehen erhalten, die nicht eindeutig als schlecht identifiziert werden konnten. Es kommt zu einer Zunahme des Kreditangebots in Verbindung mit einer höheren Wettbewerbsintensität zwischen den Banken, wobei zunehmend auch qualitativ schlechte Kreditnehmer eine Finanzierung erhalten.

Während bei Ruckes (2004) der Wettbewerb um ein begrenztes Angebot an potentiellen Kreditnehmern entscheidend für eine Veränderung der Kreditstandards ist, betonen Dell'Ariccia und Marquez (2006) die Bedeutung von Informationsasymmetrien zwischen Banken auf einem Wettbewerbsmarkt bei einer veränderlichen Kreditnachfrage. Dabei verfügt jede Bank über private Informationen hinsichtlich der Kreditwürdigkeit einer begrenzten Menge an potentiellen Kreditnehmern. Gleichzeitig existiert eine Gruppe an unbekannten Kreditnachfragern, über die keine Informationen vorhanden sind und deren Menge positiv vom Konjunkturzustand abhängt. Die potentiellen Kreditnehmer unterscheiden sich in gute bzw. schlechte Nachfrager mit einem positiven bzw. negativen Kapitalwert. Die Banken betreiben kein Screening, sondern fordern Sicherheiten für die Kreditvergabe, um sich gegen eventuelle Kreditausfälle abzusichern. Dell'Ariccia und Marquez (2006) zeigen, dass die Kreditstandards in Form der geforderten Sicherheiten vom Konjunkturzustand und dem Ausmaß der Informationsasymmetrie zwischen den Banken abhängen. Ausgehend von einem Abschwung ist die Menge an unbekannten Kreditnachfragern gering. In diesem Zustand ergibt sich eine hohe Wahrscheinlichkeit, dass eine Bank selbst oder einer ihrer Konkurrenten die Qualität der Kreditnachfrager aufgrund privater Informationen korrekt einschätzen kann. Zwischen den Banken besteht eine niedrige Informationsasymmetrie, die zu einer geringen Wettbewerbsintensität führt. Dabei werden die geforderten Sicherheiten von den Banken so gewählt, dass sich ein separierendes Gleichgewicht ergibt, bei dem lediglich gute Kreditnachfrager ein Darlehen erhalten.[18] Im Aufschwung steigt der Anteil an unbekannten Kreditnachfragern an, was zu einer Zunahme der Informationsasymmetrie und der Wettbewerbsintensität zwischen den Banken führt. Dabei nimmt die Wahrscheinlichkeit ab, dass eine Bank oder einer ihrer Konkurrenten mithilfe privater Informationen die Qualität der potentiellen Kreditnehmer einschätzen kann. Bei dem Versuch von der gestiegenen Kreditnachfrage zu profitieren und ihre Marktanteile auszuweiten, passen die Banken ihre Kreditstandards in Form der verlangten Sicherheiten an. Es ergibt sich ein Pooling-Gleichgewicht auf dem Kreditmarkt, in dem sowohl gute als auch schlechte Kreditnachfrager ein Darlehen erhalten. Der Übergang von einem separierenden Gleichgewicht zu einem Pooling-Gleichgewicht führt zu einem Kreditboom, bei dem ein überproportionaler Anstieg der Kreditvergabe im Verhältnis zur Zunahme der Kreditnachfrage erfolgt. Gleichzeitig nehmen die Kreditstandards in Form der verlangten Sicherheiten ab, wodurch ebenfalls Kreditnehmer mit einem negativen Kapitalwert eine Finanzierung erhalten.

Sowohl im Modell von Ruckes (2004) als auch bei Dell'Ariccia und Marquez (2006) lässt sich lediglich ein Kreditboom erklären. Eine Kreditklemme, in der selbst potentielle Kreditnehmer mit einem positiven Kapitalwert keine Finanzierung mehr erhalten, wird nicht berücksichtigt.[19]

Ausgehend von den Modellen von Ruckes (2004) sowie Dell'Ariccia und Marquez (2006) ergeben sich verschiedene empirische Implikationen von Bankenwettbewerb auf die Dynamik von Kreditzyklen. Eine Schlussfolgerung stellt ein gleichgerichtetes Verhalten der Banken dar, wodurch die empirischen Hinweise auf Informationskaskaden aus Abschnitt 2.2.3 ebenfalls als Evidenz für strategische Inter-

---

18 In einem separierenden Gleichgewicht werden die Kreditverträge so konstruiert, dass ausgehend von den geforderten Sicherheiten eine Selbstselektion zwischen guten und schlechten Kreditnachfragern erfolgt. In einem Pooling-Gleichgewicht erfolgt hingegen keine Selbstselektion und alle Kreditnehmer erhalten einen einheitlichen Kreditvertrag.

19 Eine Ausnahme stellt das Modell von Gorton und He (2008) dar, in dem die strategischen Interaktionen von Banken in einem wiederholenden Spiel zu endogenen Kreditklemmen führen können. Dabei lassen sich jedoch überproportionale Ausweitungen des Kreditangebotes in Form von Kreditbooms nicht erklären.

aktionen zwischen Banken interpretiert werden können. Der Wettbewerb zwischen Kreditinstituten stellt demnach eine Alternative zur Erklärung von gleichgerichtetem Verhalten durch Informationskaskaden dar. Eine weitere Implikation stellt ein *Flight to Quality* dar, bei dem in einer Rezession die Kreditvergabe vor allem an sichere Kreditnehmer erfolgt, die als qualitativ hochwertig eingestuft werden. Empirische Hinweise darauf wurden bereits beim Konzept des Finanzakzelerators in Abschnitt 2.2.1 betrachtet.

2.2.6 Anreizsysteme

Der Beginn der globalen Finanzkrise hat insbesondere in der Öffentlichkeit zu einer heftigen Debatte über das Anreizsystem im Finanzsektor geführt, wobei überwiegend hohe Bonuszahlungen in den unteren sowie mittleren Hierarchieebenen kritisiert wurden (Rajan, 2008; Blinder, 2009; Clementi et al., 2009; Taleb, 2009; Tett, 2009).[20] Dabei wird argumentiert, dass im Falle eines Erfolges hohe Prämien ausgezahlt werden, während bei einem Misserfolg keine Haftung erfolgt, was Anreize für eine übermäßige Risikoaufnahme schafft. Unter der Annahme vollkommener Rationalität ergibt sich die Notwendigkeit von Bonuszahlungen im Bankensektor aufgrund von Informationsasymmetrien zwischen einem Auftraggeber (Prinzipal) und einem Vertreter (Agent), was als Prinzipal-Agent-Problem bezeichnet wird.[21] Zur Umgehung dieses Dilemmas wählt der Prinzipal ein anreizkompatibles Bonussystem, bei dem sich der Agent freiwillig entsprechend den Vorstellungen des Prinzipals verhält. Ausgehend von der Notwendigkeit anreizkompatibler Vertragsstrukturen im Bankensektor haben sich in den letzten Jahren verschiedene Ansätze zur Erklärung von Kreditzyklen entwickelt.

Eines der ersten Konzepte zur Veranschaulichung dieser Problematik stammt von Heider und Inderst (2012). Die Autoren entwickeln ein Modell mit mehreren Ban-

---

20 Für eine Darstellung des Anreizsystems in den Führungsetagen des Finanzsektors vgl. Conyon et al. (2011).

21 Für eine Einführung in die Prinzipal-Agent-Problematik im Finanzsektor vgl. Bannier (2006).

ken (Prinzipal), in denen Kreditreferenten bzw. Sachbearbeiter (Agenten) beschäftigt werden.[22] Die Kreditreferenten kontaktieren potentielle Kreditnehmer und ermitteln gleichzeitig weiche Informationen, die nicht von den Banken beobachtet werden können.[23] Die weichen Informationen liefern Hinweise über die Qualität der potentiellen Kreditnehmer, die entweder einen positiven oder einen negativen Kapitalwert aufweisen. Neben den weichen Informationen werden ebenfalls harte Informationen zur Einschätzung der Kreditnachfrager berücksichtigt, die öffentlich bekannt sind. Während der Aufgabenbereich der Kreditreferenten die Kontaktierung und Einschätzung potentieller Kreditnehmer umfasst, erfolgt die abschließende Entscheidung zur Kreditvergabe durch die Banken. Dadurch ergibt sich ein internes Prinzipal-Agent-Problem, bei dem die Banken versuchen, die Anreizstruktur für die Kreditreferenten so zu wählen, dass möglichst viele potentielle Kreditnehmer kontaktiert werden und die Sachbearbeiter die weichen Informationen offenbaren. Die Banken konkurrieren zusätzlich um ein begrenztes Angebot an potentiellen Kreditnehmern miteinander. Dabei hängt die Wahrscheinlichkeit, dass ein Kreditreferent bei einem konstanten Anreizsystem einen potentiellen Kreditnehmer ermittelt, negativ von der Wettbewerbsintensität auf dem Kreditmarkt ab. Heider und Inderst (2012) zeigen, dass die gewählte Anreizstruktur für die Kreditreferenten von der Wettbewerbsintensität zwischen den Banken abhängt. Bei einem niedrigen Wettbewerbsdruck berücksichtigen die Banken sowohl weiche als auch harte Informationen bei ihrer Kreditvergabeentscheidung. Dabei wird ein Anreizsystem umgesetzt, bei dem die Kreditreferenten einen leistungsunabhängigen Grundlohn und eine Prämie pro vergebenen Kredit mit einem positiven Kapitalwert erhalten. Ausgehend von einem hohen Wettbewerbsdruck berücksichtigen die Banken bei ihrer Kreditvergabeentscheidung nur noch harte Informationen, was zu einer Anpassung des Anreizsystems für die Kreditreferenten führt. Diese erhalten eine Prämie pro vergebenen Kredit, die unabhängig von der Qualität der Schuldner ausgezahlt wird,

22 Für eine detaillierte Beschreibung des Aufgabenbereichs von Kreditreferenten vgl. Kapitel 3.

23 Weiche Informationen beinhalten vor allem die charakterlichen sowie persönlichen Merkmale potentieller Schuldner, während sich harte Informationen auf die Vermögenslage oder die Einhaltung bisheriger Verbindlichkeiten beziehen (Hartmann-Wendels et al., 2010, S. 523 ff.).

während ein Grundlohn von null festgelegt wird. Mit einer Anpassung des Anreizsystems nehmen die Kreditstandards ab und es werden mehr Darlehen vergeben, wobei der Anteil an Krediten mit einem negativen Kapitalwert zunimmt. Ein Anstieg der Wettbewerbsintensität führt im Modell von Heider und Inderst (2012) somit zu einer Ausweitung der vergebenen Kredite bei einem gleichzeitigen Rückgang der durchschnittlichen Kreditqualität. Zudem liefern die Autoren eine rationale Begründung dafür, wieso Banken bei steigendem Wettbewerb höhere Bonuszahlungen garantieren und dabei wissentlich eine Verschlechterung der Kreditstandards hinnehmen.[24]

Myerson (2014) entwickelt ein Modell, in dem sich systematische Schwankungen in der Kreditvergabe ohne das Aufkommen exogener Schocks ergeben. Im Modell werden Finanzagenten mit einer Karrieredauer von mehreren Perioden von einer Gruppe von Geldgebern (Prinzipal) zur Verwaltung ihres Vermögens rekrutiert. Die Höhe des zu verwaltenden Vermögens bzw. die Kreditvergabe und die Anzahl der rekrutierten Agenten werden von den Geldgebern in jeder Periode neu bestimmt. Die Agenten legen das Vermögen in Projekte mit einer einheitlichen Laufzeit von einer Periode an. Dabei besteht die Gefahr, dass das Vermögen ineffizient verwaltet wird und die Agenten einen Teil zur Erhöhung ihres privaten Konsums veruntreuen, was von den Geldgebern nicht beobachtet werden kann. Die Erträge aus den einzelnen Projekten hängen neben dem Verhalten der Agenten ebenfalls negativ von der Höhe der gesamtwirtschaftlichen Investitionen ab, die sich aus der Zahl der beschäftigten Agenten und der Höhe des zu verwaltenden Vermögens ergibt. Ausgehend von diesen Bedingungen besteht ein dynamisches Moral-Hazard-Problem, bei dem die Geldgeber das Anreizsystem so festlegen, dass die Agenten das zu investierende Vermögen nicht veruntreuen. Die Agenten erhalten dabei erst am Ende ihrer Karriere Bonuszahlungen, deren Höhe von den realisierten Erträgen über ihre komplette Laufbahn abhängt. Ausgehend von diesem dynamischen Moral-Hazard-Problem zeigt Myerson (2014), dass sich dynamische Gleichgewichte ergeben können, die durch regelmäßige zyklische

24 Bannier et al. (2013) entwickeln ein Modell, in dem aufgrund der nicht Beobachtbarkeit der Fähigkeiten der Bankmanager ein Anstieg der Wettbewerbsintensität zwischen den Banken um fähige Mitarbeiter zu einer ineffizienten Ausweitung des Kreditangebots führt.

Schwankungen der gesamtwirtschaftlichen Investitionen bzw. der Kreditvergabe gekennzeichnet sind.[25]

Aufgrund der mangelnden Verfügbarkeit von Daten für die Entlohnung in der unteren sowie mittleren Personalebene des Bankensektors existieren nur wenige empirische Studien, die Hinweise für die Bedeutung des Anreizsystems auf das Kreditangebot liefern. Agarwal und Ben-David (2014) zeigen anhand eines Unternehmensexperimentes einer US-amerikanischen Bank aus dem Jahr 2005, dass die Einführung einer Prämie pro vergebenen Kredit sowohl zu einem Anstieg der Kreditvergabe als auch einer Zunahme der Kreditausfallrate geführt hat. Als Grund für die Einführung des Anreizsystems nannte die Bank einen steigenden Wettbewerbsdruck durch andere Kreditinstitute. Acharya et al. (2014) analysieren die Auswirkungen des Anreizsystems unterhalb der Führungsebene von 2003-2006 auf das Risiko sowie den Wert US-amerikanischer Bankholdinggesellschaften während der Finanzkrise.[26] Dabei zeigt sich, dass Banken mit einem elastischeren Bonussystem während der Finanzkrise höheren Risiken ausgesetzt waren. Die Autoren können zudem Hinweise dafür finden, dass eine Zunahme der Wettbewerbsintensität zwischen den Banken zu höheren Bonuszahlungen geführt hat.

25 Das Steady-State-Gleichgewicht ergibt sich im Modell von Myerson (2014) lediglich unter Berücksichtigung spezifischer Bedingungen, wobei das dynamische Gleichgewicht keine Tendenz zum Steady-State aufweist.

26 Bankholdinggesellschaften stellen Unternehmungen dar, die mehrere Banken kontrollieren. Bekannte Beispiele in den USA sind Citigroup Inc., Goldman Sachs oder JPMorgan Chase und für Deutschland die Commerzbank AG oder die Deutsche Bank AG.

2.3 Begrenzte Rationalität

Neben Ansätzen vollkommener Rationalität lassen sich Kreditzyklen ebenfalls unter Berücksichtigung begrenzter Rationalität erklären, wobei im Folgenden zwei Ansätze unterschieden werden. Im nächsten Abschnitt wird der Kindleberger-Minsky-Ansatz erläutert, welcher die Bedeutung wechselnder Phasen des Überoptimismus und des Überpessimismus betont. In Abschnitt 2.3.2 wird das Konzept der *Institutional Memory Hypothesis* veranschaulicht. Dabei unterliegen die Wirtschaftssubjekte einer begrenzten Gedächtniskapazität, was zu überproportionalen Variationen der Kreditvergabe führt.

2.3.1 Kindleberger-Minsky-Ansatz

Eine der ersten detaillierten Beschreibungen von Kreditzyklen findet sich bei Kindleberger (2000). Dieser entwickelt auf Basis der Arbeiten von Minsky (1982, 1986) sowie der Analyse historischer Ereignisse einen Ansatz, bei dem Phasen des Überoptimismus bezüglich der wirtschaftlichen Entwicklung von Phasen des Überpessimismus abgelöst werden. Dabei ergibt sich im Aufschwung eine zu niedrige Risikoeinschätzung, die zur Umsetzung unzureichender Kreditstandards führt, wodurch selbst Projekte mit einem negativen Kapitalwert finanziert werden. Im Abschwung stellt sich eine umgekehrte Entwicklung ein, bei der aufgrund einer übermäßigen Anhebung der Standards zur Kreditvergabe selbst potentielle Kreditnehmer mit einem positiven Kapitalwert keine Finanzierung mehr erhalten. Die überproportionalen Variationen des Kreditangebotes werden zusätzlich durch Wechselwirkungen mit der Kreditnachfrage verstärkt.

Ausgehend von einer Kreditklemme, die durch eine zu pessimistische Einschätzung bezüglich der zukünftigen wirtschaftlichen Entwicklung charakterisiert ist, unterliegen die Banken einer übertriebenen Risikoeinschätzung. Dabei lehnen die Kreditinstitute aufgrund zu hoher Kreditstandards ebenfalls Kreditanträge ab, die sich auf Projekte mit einem positiven Kapitalwert beziehen und die unter einer korrekten Risikoeinschätzung eine Finanzierung erhalten würden. Erst mit einer Verbesserung der wirtschaftlichen Rahmenbedingungen nimmt die Risikoeinschätzung der Banken ab, was zu einer Verringerung der Kreditstandards führt.

Aufgrund der verbesserten Rahmenbedingungen und der gestiegenen Kreditvergabe realisieren die Banken steigende Gewinne, was zu einem weiteren Rückgang der Risikoeinschätzung in Verbindung mit einem zunehmenden Optimismus führt. Die Ausweitung des Kreditangebotes wird von einer steigenden Wettbewerbsintensität sowie einer zunehmenden Innovationstätigkeit im Bankensektor begleitet. Aufseiten der Kreditnehmer führt eine Verbesserung der ökonomischen Situation ebenfalls zu einer Neueinschätzung zukünftiger Erträge, was die Bereitschaft zur Kreditaufnahme erhöht. Dabei lassen sich drei verschiedene Finanzierungsarten unterscheiden, die durch ein unterschiedliches Verhältnis an kurzfristig erwartetem Betriebseinkommen und aufgenommenen Verbindlichkeiten gekennzeichnet sind (Minsky, 1982, S. 20 ff.). Die erste Form stellt das sogenannte *Hedge Finance* dar, bei dem das kurzfristige Betriebseinkommen der Unternehmen die laufenden Zinszahlungen und die erforderlichen Rückzahlungen zur Begleichung der Schuldenlast übersteigen. Im Rahmen der zweiten Finanzierungsart betreiben Unternehmungen *Speculative Finance*, wenn das kurzfristige Betriebseinkommen gerade ausreicht, um die anfallenden Zinszahlungen zu begleichen. Eine Tilgung der Schuldenlast ist hierbei ohne die Aufnahme neuer Kredite nicht möglich. Die letzte Art der Finanzierung wird als *Ponzi Finance* bezeichnet. Dabei können bereits anfallende Zinszahlungen laufender Kreditverträge nicht ohne die Aufnahme von neuem Fremdkapital oder der Liquidierung von Anlagevermögen beglichen werden. Sowohl *Speculative* als auch *Ponzi Finance* stellen eine nicht nachhaltige Form der Kreditaufnahme dar, da beide Finanzierungsarten in unterschiedlichem Ausmaß von der Bereitschaft der Banken zur erneuten Kreditvergabe abhängen. Mit einer Verbesserung der wirtschaftlichen Situation in Verbindung mit rückläufigen Kreditstandards weiten die Unternehmen aufgrund gestiegener Profitmöglichkeiten ihre Kreditnachfrage aus, wobei immer mehr Unternehmen vom Bereich des *Hedge Finance* zum *Speculative* bzw. zum *Ponzi Finance* übergehen. In dieser Phase des Kreditzyklus ergibt sich eine Abwärtsspirale, bei der die sinkende Risikoeinschätzung in Verbindung mit einem anhaltenden Rückgang der Kreditstandards zur Realisierung steigender Gewinne führt, die sowohl für die Kreditnehmer als auch die Kreditgeber eine erneute Reduzierung der erwarteten Risiken zur Folge hat. Der Optimismus geht in einen Überoptimismus über, der durch eine zu niedrige Risikoeinschätzung charakterisiert ist. Die Banken und die Unternehmen versuchen dabei von den antizipierten Gewinnsteigerungen zu profitieren, wodurch ebenfalls Projekte mit einem negativen Kapitalwert finanziert werden. Es stellt sich ein Kreditboom ein, der zu einer zunehmenden Instabilität des Finanzsystems führt und die Gefahr einer Krise erhöht.

Beginnend mit einer Verlangsamung der wirtschaftlichen Entwicklung oder dem Auftreten eines exogenen Schocks bleiben spekulative Gewinne aus, was zu einem abrupten Ende des Überoptimismus führt. Dabei kann ein Teil der Unternehmen aus dem Bereich des *Ponzi Finance* seinen Verbindlichkeiten nicht mehr nachkommen. Die Banken realisieren daraufhin erste Kreditausfälle und korrigieren ihre Risikoeinschätzung nach oben, was zu einem Anstieg der Kreditstandards führt. Durch die Anhebung der Standards zur Kreditvergabe können weitere Unternehmen ihre Verpflichtungen nicht mehr begleichen, wobei zunehmend auch Projekte aus dem Bereich des *Speculative Finance* betroffen sind. Die Banken korrigieren daraufhin ihre Risikoeinschätzung erneut nach oben, was zu einer weiteren Anhebung der Kreditstandards führt. Es ergibt sich eine Aufwärtsspirale, bei der die Anhebung der Kreditstandards zu einer Zunahme der Kreditausfälle führt, die wiederum höhere Standards impliziert. Die Banken versuchen dabei ihre Verluste, die ein Ergebnis aus der übermäßigen Kreditvergabe während des Kreditbooms darstellen, abzuschreiben und sich zu rekapitalisieren. Gleichzeitig werden immer mehr Vermögenswerte liquidiert, was jedoch deren Marktwert weiter verringert und zu einem zusätzlichen Anstieg der realen Schuldenlast der Kreditnehmer führt.[27] Aufgrund der anhaltenden Realisierung steigender Verluste stellt sich ab einem gewissen Punkt ein Überpessimismus ein, bei dem aufgrund zu hoher Kreditstandards selbst potentielle Kreditnehmer mit einem positiven Kapitalwert keine Finanzierung mehr erhalten. Die Ökonomie befindet sich erneut in einer Kreditklemme, die durch eine zu hohe Risikoeinschätzung geprägt ist.

---

[27] Diese Entwicklung wird auch als Paradox der Entschuldung bezeichnet (Yellen, 2009) und geht auf das Konzept der Deflationsspirale von Fisher (1933) zurück. Dabei erscheint es aus individueller Sicht sinnvoll, durch den Verkauf von Vermögenswerten die eigene Schuldenlast zu verringern, was jedoch gesamtwirtschaftlich zu einem Anstieg der realen Schuldenlast führt.

Als Hauptursache für Änderungen in der wirtschaftlichen Entwicklung identifiziert Kindleberger (2000, S. 14) exogene Schocks, z. B. technische Innovationen, Veränderungen politischer und monetärer Rahmenbedingungen sowie die Liberalisierung von Märkten. Gleichzeitig kann sich mit einem anhaltenden Überoptimismus eine inhärente Instabilität des Finanzsektors ergeben, die ab einem gewissen Punkt zu einer endogenen Verschlechterung der wirtschaftlichen Entwicklung führt und die Gefahr von Finanzkrisen erhöht (Minsky, 1986, S. 279 ff.).

Kindleberger (2000) verdeutlicht die Bedeutung systematischer Phasen des Überoptimismus und des übermäßigen Pessimismus für den Verlauf von Kreditzyklen anhand einer Vielzahl historischer Krisen. Ein bekanntes Beispiel stellt die Immobilienblase in Japan von 1985-1989 dar (Kindleberger, 2000, S. 114 ff.). Beginnend mit einem Anstieg des Wirtschaftswachstums Anfang der 1950er Jahre nahmen die Immobilienpreise in den 70er und 80er Jahren insbesondere in den Ballungszentren stark zu. Gleichzeitig wurde die Deregulierung der Finanzmärkte vorangetrieben und das Geldangebot ausgeweitet.[28] Im Zuge dieser Entwicklung stellte sich ein übermäßiger Optimismus ein, der den Preisanstieg noch verstärkte und zur Entstehung einer Aktien- und Immobilienblase führte. Diese platzten, als die japanische Regierung Ende 1989 aufgrund ihrer Befürchtung, weiter steigende Immobilienpreise könnten zu einer Störung des sozialen Friedens führen, eine gesetzliche Obergrenze für die Wachstumsrate von Immobilienkrediten für japanische Banken einführte. Die Immobilien- und Aktienpreise brachen daraufhin ein und der exzessive Optimismus wurde durch einen übermäßigen Pessimismus ersetzt, der eine mehrjährige Phase der wirtschaftlichen Stagnation einleitete.

Während Kindleberger (2000) eine Vielzahl an historischen Beispielen zur Verdeutlichung systematischer Variationen der Kreditstandards aufgrund begrenzt rational handelnder Akteure liefert, wählen Reinhart und Rogoff (2009) ein systematischeres Vorgehen. Die Autoren analysieren Finanzkrisen in mehr als 130 Ländern über einen Zeitraum von 200 Jahren. Als Hauptursache für das systematische Auftreten von Finanzkrisen, die häufig mit einer exzessiven Ausweitung

28 Die Ausweitung des Geldangebots war ein Resultat des Versuchs der japanischen Zentralbank, die Aufwertung des japanischen Yen zu begrenzen.

des Kreditvolumens verknüpft sind, identifizieren die Autoren Phasen überschwänglichen Optimismus (Reinhart und Rogoff 2009, S. 15). Dabei verbreitet sich regelmäßig die Fehleinschätzung, dass eine erneute Krise aufgrund von Finanzinnovationen, Änderungen regulatorischer Vorschriften oder des Lernprozesses der Wirtschaftsakteure aus vorangegangenen Ereignissen abgewendet werden kann, was erneut zu einer übermäßigen Risikoaufnahme führt.

2.3.2 Institutional Memory Hypothesis

Ein weiterer Ansatz zur Erklärung von Kreditzyklen stammt von Berger und Udell (2004) und wird als *Institutional Memory Hypothesis* bezeichnet. Gemäß dieser Theorie nehmen mit einer Zunahme des zeitlichen Abstandes zur letzten Kreditpleite die durchschnittlichen Fähigkeiten der Kreditreferenten bzw. Sachbearbeiter zur Beurteilung der Qualität potentieller Kreditnehmer ab. Eine Kreditpleite stellt hierbei einen Zustand übermäßiger Kreditausfälle dar, der eine signifikante Verschlechterung der Bankbilanz zur Folge hat. Die Abnahme der Fähigkeiten der Kreditreferenten zur Einschätzung der Qualität von Kreditnehmern führt zu einem Rückgang der Kreditstandards. Es kommt zu einem Kreditboom, bei dem ebenfalls Projekte mit einem negativen Kapitalwert finanziert werden. Erst mit einer erneuten Kreditpleite nehmen die Fähigkeiten zur Einschätzung potentieller Schuldner wieder zu. Dabei müssen die Kreditreferenten aufgrund der vorangegangenen Fehlentscheidungen jedoch einen Großteil ihrer Zeit zur Verwaltung notleidender Kredite aufbringen, wodurch selbst Projekte mit einem positiven Kapitalwert keine Finanzierung mehr erhalten und sich eine Kreditklemme einstellt. Die fortschreitende Verschlechterung in den Fähigkeiten der Kreditreferenten zur Einschätzung potentieller Kreditnehmer ergibt sich durch eine begrenzte Gedächtniskapazität in Verbindung mit einer Veränderung des Anteils erfahrener Kreditreferenten.

Beginnend mit dem Ende einer Kreditpleite sind die Erkenntnisse aus den vorangegangen Kreditausfällen noch frisch im Gedächtnis der Kreditreferenten verankert. Dabei lassen sich ex post die Auswirkungen der vorangegangenen Kreditentscheidungen beobachten, was zu einer besseren Einschätzung weicher (qualitativer) Informationen führt sowie eine gezielte Unterscheidung guter Projekte mit einem positiven Kapitalwert und schlechter Projekte mit einem negativen Kapitalwert ermöglicht.[29] Mit einer Zunahme des zeitlichen Abstandes zur letzten Kreditpleite nehmen die durchschnittlichen Fähigkeiten der Kreditreferenten zur Einschätzung qualitativer Informationen ab, was durch zwei Faktoren verursacht wird. Zum einen lassen die individuellen Eindrücke der Kreditreferenten an die Lektionen aus der vorangegangenen Kreditpleite nach. Dabei verblassen die Erinnerungen daran, welche weichen Informationen entscheidend für die Qualitätseinschätzung potentieller Kreditnehmer sind. Zum anderen werden erfahrene Kreditreferenten von Konkurrenten abgeworben oder wechseln in höhere Positionen und scheiden somit aus der Gruppe der Sachbearbeiter aus. Die frei gewordenen Stellen können nur durch unerfahrenere Kreditreferenten besetzt werden, die noch nicht dem Lerneffekt hoher Kreditausfälle ausgesetzt waren. Die Verschlechterung der Fähigkeiten der Kreditreferenten zur Einschätzung der Qualität potentieller Kreditnehmer führt zu einem Rückgang der Kreditstandards. Dabei kommt es zu einer überproportionalen Ausweitung des Kreditangebotes, wobei ebenfalls Darlehen mit einem negativen Kapitalwert eine Finanzierung erhalten. Mit dem Einsetzen einer Kreditpleite kehrt sich diese Entwicklung um. Die Kreditreferenten können dabei die Auswirkungen ihrer vorangegangenen Entscheidungen beobachten, was es ihnen ermöglicht, qualitative Informationen zur Beurteilung potentieller Kreditnehmer besser einzuschätzen. Die unerfahrenen Kreditreferenten sind erstmals einem Lerneffekt ausgesetzt, während die erfahrenen Sachbearbeiter einer Auffrischung ihrer Erinnerungen an die letzte Kreditpleite unterliegen. Es kommt zu einer Anhebung der Kreditstandards und die Sachbearbeiter konzentrieren sich vorrangig auf die Abwicklung und die Überwachung problematischer Kreditverträge, die vor der Kreditpleite vergeben wurden. Die höheren Kreditstandards und die Abkehr von der Vergabe neuer Darlehen hin zur Verwaltung notleidender Kredite kann dazu führen, dass selbst Kredite mit einem positiven Kapitalwert keine Finanzierung mehr erhalten und sich eine Kreditklemme einstellt.

Obwohl der Rückgang der Fähigkeiten der Kreditreferenten zur Einschätzung der Kreditqualität zu einer ineffizienten Kreditvergabe führt, kann es nach Berger und

---

29 Für eine Unterscheidung zwischen weichen und harten Informationen vgl. Fußnote 23.

Udell (2004) aus Sicht der Bankleitung dennoch sinnvoll sein, diese Entwicklung nicht durch eine Anhebung der Kreditstandards für quantitative Informationen auszugleichen. So ermöglicht eine Kreditpleite eine bessere Einschätzung der Fähigkeiten der Kreditreferenten, was zu einer Verringerung von Prinzipal-Agent-Problemen führt. Darüber hinaus kann es sich unter Berücksichtigung fester Bank-Kunden-Beziehungen langfristig sogar lohnen, zeitweise Projekte mit einem negativen Kapitalwert zu finanzieren, da die Erträge über die gesamte Dauer der Beziehung positiv ausfallen.[30]

Berger und Udell (2004) testen die *Institutional Memory Hypothesis* anhand von individuellen Bankdaten für die USA über einen Zeitraum von 1980-2000. Sie kommen zu dem Ergebnis, dass der zeitliche Abstand zur letzten Kreditpleite einen positiven und signifikanten Einfluss auf das Kreditwachstum besitzt, wobei kleinere Banken eher von einer Verschlechterung der Fähigkeiten der Kreditreferenten betroffen sind. Die Autoren können zudem zeigen, dass der signifikante Anstieg des Kreditwachstums ebenfalls unter Einbeziehung der gesamtwirtschaftlichen Entwicklung auftritt und damit neben der konjunkturellen Entwicklung erfolgt. Chen et al. (2012) kommen bei der Untersuchung individueller Bankdaten für Taiwan über einen Zeitraum von 1991-2007 ebenfalls zu dem Ergebnis, dass das Kreditwachstum positiv und signifikant von dem Abstand zur letzten Kreditpleite abhängt.

Rötheli (2012a) entwickelt ein Modell, in dem die subjektive Einschätzung von Bankmanagern über die Eintrittswahrscheinlichkeit des Konjunkturzustandes durch einen Bayes-Schätzer erfolgt. Ähnlich wie bei Berger und Udell (2004) verfügen die Bankmanager dabei über eine begrenzte Gedächtniskapazität. Die Ökonomie befindet sich entweder in einem Auf- oder einem Abschwung, wobei der Übergang zwischen den beiden Konjunkturzuständen durch einen Markov-Prozess beschrieben wird. Rötheli (2012a) verdeutlicht die Implikationen des Modells anhand von Simulationen mit den Konjunkturangaben für die USA, die zur Ermittlung der mittleren Länge eines Auf- bzw. Abschwungs und zur Bestimmung der objektiven Übergangswahrscheinlichkeit zwischen den beiden Zuständen

---

30 Für eine Übersicht über die Bedeutung von Bank-Kunden-Beziehungen vgl. Boot (2000).

verwendet werden. Dabei zeigt sich, dass die Bankmanager in einem Abschwung einem übermäßigen Pessimismus hinsichtlich der Eintrittswahrscheinlichkeit eines Aufschwungs unterliegen, was zu einer übertriebenen Einschätzung von Kreditrisiken führt. Mit einem anhaltenden Aufschwung ergibt sich hingegen ein Überoptimismus, bei dem die Ausfallrisiken von Krediten zu niedrig eingestuft werden, da die Eintrittswahrscheinlichkeit eines Abschwungs unterschätzt wird. Ausgehend von einer begrenzten Gedächtniskapazität der Banker werden demnach die Verluste aus Kreditausfällen im Aufschwung unterschätzt und im Abschwung überschätzt. Darüber hinaus lässt sich zeigen, dass bereits ein geringer Anteil an Bankmanagern mit einer begrenzten Gedächtniskapazität ausreicht, um ineffiziente Schwankungen in der gesamtwirtschaftlichen Kreditvergabe herbeizuführen (Rötheli, 2012b). Die Ergebnisse von Rötheli (2012a, 2012b) liefern demnach ebenfalls Evidenz für die Bedeutung einer begrenzten Gedächtniskapazität des Bankensektors auf überproportionale Variationen der Kreditvergabe.

2.4 Zusammenfassung

In diesem Kapitel wurden verschiedene Theorien zur Erklärung von Kreditzyklen analysiert, wobei zwischen Ansätzen vollständiger und begrenzter Rationalität unterschieden wurde. Kreditzyklen stellen überproportionale Variationen des Kreditangebotes dar, die zu einer Verstärkung konjunktureller Schwankungen führen. Im ersten Teil der Analyse wurden Konzepte unter Berücksichtigung vollkommener Rationalität untersucht. Dabei ergeben sich überproportionale Schwankungen der Kreditvergabe durch Imperfektionen auf Finanzmärkten, wobei eine Vielzahl an verschiedenen Ansätzen bestehen. Einer der bekanntesten Mechanismen stellt das Konzept des Finanzakzelerators dar, welches die Wechselwirkung zwischen der Kreditvergabe und dem Marktwert der hinterlegten Sicherheiten betont. Dabei führen temporäre exogene Schocks zu überproportionalen und persistenten Schwankungen des Outputs und der Kreditmenge. Ein anderer Ansatz unterstreicht die Bedeutung von Herdenverhalten, bei dem die Entscheidungen der Banken von den beobachteten Handlungen der anderen Marktteilnehmer abhängen, was zur Vernachlässigung privater Informationen führt. Die Auswirkungen von korreliertem Verhalten lassen sich ebenfalls in Verbindung mit einem kurzfristigen Optimierungshorizont von Bankmanagern betrachten. Dabei legen die Manager Wert auf ihre Reputation auf dem Arbeitsmarkt, was im Abschwung zu einer ineffizienten Reduzierung des Kreditangebotes und im Aufschwung zu einer übermäßigen Ausweitung der Kreditvergabe führt. Daneben können sich überproportionale Erhöhungen der Kreditvergabe im Aufschwung ebenfalls durch eine Zunahme der Wettbewerbsintensität zwischen Banken um potentielle Kreditnehmer sowie talentierte Mitarbeiter ergeben. Ein letzter Ansatz berücksichtigt die Bedeutung des Anreizsystems im Bankensektor. Dabei ergeben sich überproportionale Variationen im Kreditangebot aufgrund der Notwendigkeit anreizkompatibler Vertragsstrukturen, die durch Prinzipal-Agent-Problemen verursacht werden.

Im zweiten Teil des Kapitels wurde die Bedeutung von begrenzt rationalem Verhalten analysiert. Dabei wird der Entscheidungsprozess der Wirtschaftssubjekte von kognitiven Limitationen sowie sozialen und psychologischen Faktoren beeinflusst, wobei zwei Ansätze unterschieden wurden. Gemäß der ersten Sichtweise ergeben sich Kreditzyklen durch das systematische Auftreten von Phasen des Überoptimismus und des Überpessimismus. Dabei stellt sich im Aufschwung eine zu niedrige Risikoeinschätzung ein, was zu einer überproportionalen Anhebung des Kreditangebotes führt, während im Abschwung eine umgekehrte Entwicklung stattfindet. Der zweite Ansatz geht von einer begrenzten Gedächtniskapazität der Wirtschaftssubjekte aus. Demnach nehmen mit zunehmendem Abstand zur letzten Kreditpleite die Fähigkeiten der Akteure zur Einschätzung der Qualität von Kreditnehmern ab, was zu einer übermäßigen Ausweitung der Kreditvergabe führt. Die Fähigkeiten zur Einschätzung potentieller Schuldner steigen erst mit einer Realisierung hoher Kreditverluste wieder an.

Neben der Beschreibung der theoretischen Konzepte wurde ebenfalls analysiert, inwiefern die verschiedenen Ansätze durch empirische Untersuchungen gestützt werden. Ausgehend von vollkommen rationalem Verhalten der Marktakteure werden insbesondere das Konzept des Finanzakzelerators sowie korreliertes Verhalten durch empirische Analysen bestätigt. Im Gegensatz dazu lassen sich für die Auswirkungen der Wettbewerbsintensität auf die Variationen des Kreditangebotes nur indirekte Hinweise finden, während der Einfluss des Anreizsystems im Bankensektor auf die Kreditvergabe zum Großteil durch anekdotische Evidenz sowie einzelne Unternehmens- und Feldexperimente gestützt wird. Unter Berücksichtigung begrenzter Rationalität wird die Bedeutung von wechselnden Phasen des Überoptimismus und des Überpessimismus durch eine Vielzahl an historischen Beispielen belegt. Die Auswirkungen einer begrenzten Gedächtniskapazität der Wirtschaftssubjekte auf die Risikoeinschätzung wird durch vereinzelte empirische Untersuchungen bestätigt.

Ausgehend von der Tatsache, dass es sich beim Kreditzyklus um ein komplexes Phänomen handelt, erscheint es jedoch zweifelhaft, dass lediglich einer der betrachteten Ansätze als alleinige Ursache von überproportionalen Variationen der Kreditvergabe in Frage kommt. Vielmehr kann davon ausgegangen werden, dass sich ein Teil der unterschiedlichen Mechanismen gegenseitig verstärken und in verschiedenem Ausmaß im Auf- oder Abschwung auftreten (Rötheli, 2012a).

3 Modell mit Anreizsystem und mehrperiodischen Kreditverträgen

3.1 Einleitung

In diesem Kapitel wird ein theoretisches Modell zur Erklärung von Kreditzyklen präsentiert. In dem Modell erfolgt die Kreditvergabe durch Kreditreferenten bzw. Sachbearbeiter, die eine Prämie pro vergebenen Kredit erhalten. Der Aufgabenbereich der Sachbearbeiter setzt sich aus mehreren Tätigkeiten zusammen und beinhaltet sowohl den Prozess der Kreditwürdigkeitsprüfung potentieller Schuldner als auch die Vermarktung und den Vertrieb von Kreditanträgen. Ausgehend von dem Anreizsystem und dem Tätigkeitsbereich der Kreditreferenten besteht ein Trade-off zwischen der Menge an vergebenen Darlehen und der Qualität der Kreditwürdigkeitsprüfung. Dabei nimmt mit einem Anstieg der Prämie die Menge an vergebenen Krediten zu, während die durchschnittliche Qualität der Kreditwürdigkeitsprüfung abnimmt, was zu einem Anstieg der Ausfallwahrscheinlichkeit der vergebenen Darlehen führt. Bei den Krediten handelt es sich um Annuitätendarlehen mit einer Laufzeit von mehreren Perioden. Das Kreditmarktgleichgewicht ergibt sich in jeder Periode durch den Schnittpunkt von Kreditangebot und Kreditnachfrage. Der gesamtwirtschaftliche Output wird durch die aggregierte Nachfrage bestimmt.

Das präsentierte Modell stellt einen Beitrag zur Erklärung von Kreditzyklen unter begrenzter Rationalität dar, wobei das Hauptaugenmerk auf dem Anreizsystem der Kreditreferenten liegt. Das Interesse an den Auswirkungen des Bonussystems auf den Verlauf des Kreditangebotes und die Aufnahme von Risiken hat seit dem Beginn der Finanzkrise 2007 stark zugenommen (Rajan, 2008; Taleb, 2009; Agarwal und Ben-David, 2014). Dabei wird das Bonussystem in unteren sowie mittleren Hierarchieebenen häufig als Ursache für eine übermäßige Risikoaufnahme angesehen. Unter Berücksichtigung vollständiger Rationalität existieren bereits einige Modelle, welche die Bedeutung des Anreizsystems im Bankensek-

C. Mölleken, *Anreizsysteme der Banken als Treiber von Kreditzyklen*, https://doi.org/10.1007/978-3-658-29834-0_3

tor als Ursache für überproportionale Variationen des Kreditangebotes berücksichtigen (Heider und Inderst, 2012; Bannier et al., 2013; Myerson, 2014).[31] Im Gegensatz dazu findet sich unter der Annahme begrenzter Rationalität bisher keine systematische Analyse über die Auswirkungen des Bonussystems auf die Dynamik von Kreditzyklen.

Bei der Herleitung des theoretischen Modells werden bewusst andere Mechanismen vernachlässigt, die ebenfalls einen potentiellen Einfluss auf die Dynamik von Kreditzyklen besitzen. Die Fokussierung auf das Anreizsystem der Kreditreferenten lässt sich zum einen dadurch begründen, dass zur Verdeutlichung eines komplexen Phänomens wie dem Kreditzyklus, verschiedene Mechanismen ebenfalls gesondert berücksichtigt werden müssen. Zum anderen werden mit dem Anreizsystem der Kreditreferenten in Verbindung mit einer Kreditlaufzeit von mehreren Perioden zwei Aspekte miteinander verknüpft, die bisher nicht gemeinsam betrachtet wurden.

Im vorliegenden Kapitel werden lediglich die zugrundeliegenden Mechanismen des theoretischen Modells präsentiert und das Steady-State-Niveau der Gewinnfunktion des Bankensektors charakterisiert. Eine Analyse der Dynamik des Modells und ein Vergleich mit den Ergebnissen empirischer Untersuchungen erfolgt gesondert in Kapitel 4 und 5. Dabei hängt der Verlauf verschiedener Parameter des Modells von dem Konjunkturzustand ab, der entweder einen Auf- oder Abschwung annimmt. In Kapitel 4 wird die Modelldynamik mit dem Verlauf verschiedener Größen über den Konjunkturzyklus für die USA verglichen. Dabei wird überprüft, inwiefern sich die Entwicklung des BIPs, des Kreditvolumens, der Kreditquote sowie der Profit- und Ausfallrate des Bankensektors durch das Modell erklären lässt. In Kapitel 5 wird analysiert, ob sich signifikante Unterschiede in der Zins- und Kreditvolatilität zwischen den USA, Kanada, GB, Australien, Deutschland und Frankreich durch nationale Verschiedenheiten im Anreizsystem der Kreditreferenten erklären lassen.

Das vorliegende Kapitel ist folgendermaßen gegliedert: In Abschnitt 3.2 wird das Kreditmarktgleichgewicht hergleitet, welches sich durch den Schnittpunkt von

[31] Vgl. Abschnitt 2.2.6.

Kreditnachfrage und Kreditangebot ergibt. Dabei wird ebenfalls der Aufgabenbereich und das Bonussystem der Kreditreferenten erläutert. Anschließend wird die Verknüpfung zwischen dem Anreizsystem der Sachbearbeiter und der Qualität der Kreditwürdigkeitsprüfung dargestellt, die wiederum Einfluss auf die Ausfallwahrscheinlichkeit der vergebenen Darlehen besitzt. In Abschnitt 3.4 wird der gesamtwirtschaftliche Output ermittelt, der sich aus der aggregierten Nachfrage ergibt. Anschließend wird die Bankbilanz hergeleitet. Die Ermittlung des Gewinns des Bankensektors erfolgt gesondert in Abschnitt 3.6, gefolgt von der Charakterisierung des entsprechenden Steady-State-Niveaus. Das Kapitel endet mit einer Zusammenfassung.

3.2 Kreditmarktgleichgewicht

Es gibt einen Kreditmarkt, auf dem in jeder Periode t ein gleichgewichtiger Kreditzins r_t^* und eine gleichgewichtige Kreditmenge L_t^* durch die Nachfrage und das Angebot an Krediten bestimmt wird. Die Kreditnachfrage ergibt sich aus einem Unternehmenssektor, der sich aus mehreren homogenen Firmen zusammensetzt. Diese möchten alle ein Projekt über eine Laufzeit von Ψ-Perioden durch die Aufnahme eines Darlehens in Höhe von einer Geldeinheit finanzieren. Aufgrund der abnehmenden Grenzproduktivität des Kapitals und den zunehmenden Kosten der Fremdkapitalaufnahme bei einem steigenden Zinssatz weist die Kreditnachfrage einen negativen Verlauf in Abhängigkeit des Kreditzinssatzes auf und wird durch folgende lineare Funktion dargestellt:

$$L_D = a - br. \tag{3.1}$$

Dabei gibt a den Achsenabschnitt, b die Zinsreagibilität der Nachfrage und r den Zinssatz für die Fremdkapitalaufnahme an.[32]

Das Kreditangebot wird durch einen Bankensektor bestimmt, der aus einer Vielzahl homogener Banken besteht. Diese befinden sich in direktem Wettbewerb

32 Da alle Parameter der Kreditnachfrage zeitinvariant sind, wird hier auf die Verwendung eines Zeitindex verzichtet.

miteinander und bieten alle einen einheitlichen Kreditvertrag in Form eines Annuitätendarlehens in Höhe von einer Geldeinheit mit einem konstanten Zinssatz über eine Laufzeit von Ψ-Perioden an. In den Banken werden Kreditreferenten bzw. Sachbearbeiter beschäftigt, die eine Vielzahl an unterschiedlichen Tätigkeiten ausüben (Agarwal und Ben-David, 2014; Bureau of Labor Statistics, 2018).[33] Ein Tätigkeitsbereich umfasst die Ermittlung sowie Auswertung von Informationen über potentielle Kreditnehmer, was als Kreditwürdigkeitsprüfung bezeichnet wird. Daneben sind die Sachbearbeiter für die Vermarktung und den Vertrieb von Kreditanträgen zuständig, was die Kontaktierung potentieller Schuldner und die Benachrichtigung von Klienten über neue Finanzprodukte beinhaltet. Die Kreditreferenten fungieren demnach sowohl als Anbieter als auch als Prüfer von Kreditanträgen und verfügen über einen multidimensionalen Aufgabenbereich.[34] Die Entlohnung der Sachbearbeiter setzt sich aus einem Grundlohn sowie einer Provision zusammen, die von der Menge an vergebenen Krediten und einem Bonusparameter e bestimmt wird (Heider und Inderst, 2012; Agarwal und Ben-David, 2014; Bureau of Labor Statistics, 2018). Der Bonusparameter stellt demnach eine Prämie dar, die ein Sachbearbeiter pro vergebenen Kredit erhält. Gleichzeitig erfolgt keine Rückzahlung bereits ausgegebener Provisionen, d. h. es findet kein sogenanntes *Clawback* statt, bei dem die Sachbearbeiter bei einem späteren Ausfall vergebener Darlehen dafür haften und einen Teil ihrer Provision zurückzahlen müssen. Diese Art des volumenbasierten Anreizsystems ist im Bankensektor weit verbreitet.[35] Im Folgenden wird angenommen, dass die Auszahlung der Kreditreferenten mit einer Verzögerung von einer Periode erfolgt, wodurch sich die Provision in Periode t aus dem Produkt der vergebenen Kredite der Vorperiode $t-1$ und dem Bonusparameter e_{t-1} ergibt. Die Festlegung der Prämie erfolgt durch die Bankleitung, wobei der Bonusparameter zur Steuerung

33 Ein Modell, in dem die Kreditvergabe ebenfalls explizit durch Kreditreferenten erfolgt, findet sich z. B. bei Heider und Inderst (2012).

34 So beschreibt das *Bureau of Labor Statistics* (2018) die Tätigkeit der Kreditreferenten durch: „Loan officers often answer questions and guide customers through the application process. In addition, many loan officers must market the products and services of their lending institution and actively solicit new business."

35 Das *Bureau of Labor Statistics* (2018) fasst die Entlohnung von Kreditreferenten folgendermaßen zusammen: „Those [loan officers] on commission usually are paid a base salary plus a commission for the loans they originate."

des Kreditangebotes verwendet wird. Dabei nimmt mit einer Anhebung der Prämie der Einsatz der Sachbearbeiter bei der Vermarktung und dem Vertrieb von Kreditanträgen zu, was eine Ausweitung des Kreditangebotes zur Folge hat und vice versa.[36]

Die Verknüpfung zwischen dem Anreizsystem der Sachbearbeiter und dem Kreditangebot der Banken wird durch verschiedene empirische Studien bekräftigt. Eine der ersten Untersuchungen findet sich bei Agarwal und Ben-David (2014), die ein kontrolliertes Unternehmensexperiment einer großen US-amerikanischen Geschäftsbank mit 150 Kreditreferenten aus dem Jahr 2005 auswerten. Die Autoren können nachweisen, dass mit der Einführung eines volumenbasierten Anreizsystems die Menge an ausgegebenen Krediten im Vergleich zur Kontrollgruppe um 30 % ansteigt, während die durchschnittliche Entlohnung der Kreditreferenten um fast 10 % zunimmt. Cole et al. (2015) vergleichen in einem Feldexperiment unterschiedliche Anreizsysteme für Kreditreferenten miteinander. Dabei zeigt sich, dass unter einem volumenbasierten Anreizsystem ohne *Clawback* die Menge an vergebenen Krediten höher ausfällt als bei einer Entlohnung ohne Provision oder einer variablen Entlohnung in Abhängigkeit der Qualität der vergebenen Kredite.

Die Festlegung des Anreizsystems und damit die Wahl der Prämie erfolgt im Modell von allen Banken einheitlich. Ein Grund dafür ist, dass sich mit einer Anhebung des Bonusparameters die Möglichkeit von Gewinnzuwächsen ergibt. Dabei weitet eine Bank ihr Kreditangebot im Vergleich zu konkurrierenden Kreditinstituten aus in der Hoffnung, ihren Marktanteil zu erhöhen. Passt eine andere Bank ihr Anreizsystem nicht an das ihrer Konkurrenten an, läuft sie Gefahr, Kunden zu verlieren und ins Abseits gedrängt zu werden (Rötheli, 2010). Eine weitere Begründung für ein einheitliches Vorgehen bei der Wahl des Bonusparameters ergibt sich unter Berücksichtigung von rationalem Herdenverhalten (Berlin,

36 Die Anzahl der Kreditreferenten wird im Modell nicht verändert, wodurch das Kreditangebot lediglich durch das Anreizsystem beeinflusst wird. Ein solches Vorgehen lässt sich dadurch rechtfertigen, dass die Banken nicht über ein vollkommen elastisches Angebot an potentiellen Sachbearbeitern verfügen.

2009). Dabei hängt die Wahl des Anreizsystems von der beobachteten Handlungsweise der anderen Marktteilnehmer ab, wobei angenommen wird, dass das Verhalten der Konkurrenten auf Grundlage zusätzlicher Informationen erfolgt. Ein anderer Erklärungsansatz für korreliertes Verhalten ergibt sich unter Berücksichtigung sozialer Kognition (Shiller, 1995). In diesem Fall wird die Handlungsweise von Individuen durch Interaktionen mit ihrer Umgebung beeinflusst, was zur Herausbildung sowie Verbreitung homogener Ansichten und Handlungsweisen führt. Diese Art der Kognition begünstigt die Ausprägung eines einheitlichen und umfangreichen Bonussystems, das ein fester Bestandteil der Bankenkultur zu sein scheint (Johnston, 2009; Arnold, 2015). Daneben befinden sich die Banken im Wettbewerb um ein begrenztes Angebot an talentierten Sachbearbeitern (Bannier et al., 2013). Dabei zieht eine Erhöhung des Bonusparameters durch eine Bank eine entsprechende Anpassung des Anreizsystems konkurrierender Kreditinstitute nach sich, um keinen Nachteilen bei der Gewinnung begabter Sachbearbeiter zu unterliegen. Dieser Effekt wird zusätzlich dadurch verstärkt, dass eine hohe Arbeitnehmermobilität im Finanzsektor existiert. Eines der bekanntesten Beispiele zur Veranschaulichung der Bedeutung des Anreizsystems in Verbindung mit einer hohen Mobilität talentierter Mitarbeiter stellt die ehemalige Investmentbank *Salomon Brothers* dar (Clementi et al., 2009, S. 210-211). Diese versuchte ausgehend von einer Reihe an Skandalen Anfang der 1990er Jahre ein neues Provisionssystem umzusetzen, um zukünftige Fehlanreize zu verringern. Daraufhin wechselte eine Vielzahl an Mitarbeitern zu Konkurrenten, was eine teilweise Rückkehr zum ursprünglichen Anreizsystem zur Folge hatte. Die Angst der Banken, durch zu niedrige Prämienzahlungen ihre besten Mitarbeiter zu verlieren, scheint dabei allgegenwärtig zu sein.[37] Ausgehend von der Festlegung eines einheitlichen Anreizsystems für alle Kreditreferenten wird für das weitere Vorgehen der Bankensektor durch eine repräsentative Bank dargestellt.

Neben dem Bonusparameter für die Kreditreferenten wird das Kreditangebot der repräsentativen Bank ebenfalls vom Zinssatz der Annuitätendarlehen beeinflusst.

37 „Banks operate in a world where their star talent is apt to jump between different groups, whenever a bigger pay-packet appears, with scant regard for corporate loyalty or employment contracts. [...] As one banker says: These bonuses are crazy—we all know that. But we don't know how to stop paying them without losing our best staff" (Tett, 2009).

Dabei hängt die Höhe der eingehenden Zinszahlungen positiv vom Zinssatz ab. Ebenso wie für die Kreditnachfrage wird das Kreditangebot durch eine lineare Funktion beschrieben und lässt sich folgendermaßen darstellen:

$$L_{S,t} = cr + de_t. \tag{3.2}$$

Dabei gibt c die Reagibilität der Bank auf Änderungen des Zinssatzes r an, während der Parameter d die Reagibilität des Kreditangebotes bei einer Variation des Bonusparameters e_t bezeichnet.

Das Gleichgewicht auf dem Kreditmarkt wird durch den Schnittpunkt von Angebot und Nachfrage bestimmt und ist in Abbildung 3.1 dargestellt. Dabei ergibt sich ein Zinssatz von r_t^* und eine gleichgewichtige Kreditmenge von L_t^*.[38]

---

38 Die Banken betreiben im Modell keine Kreditrationierung im Stil von Stiglitz und Weiss (1981). So können Arnold und Riley (2009) zeigen, dass sich aus theoretischer Sicht Kreditrationierung nur unter Berücksichtigung spezifischer Bedingungen ergibt, während Berger und Udell (1992) bei der Analyse US-amerikanischer Geschäftsbanken zwischen 1977-1988 keine Hinweise auf empirische Signifikanz für Kreditrationierung finden.

Abbildung 3.1: Kreditmarktgleichgewicht

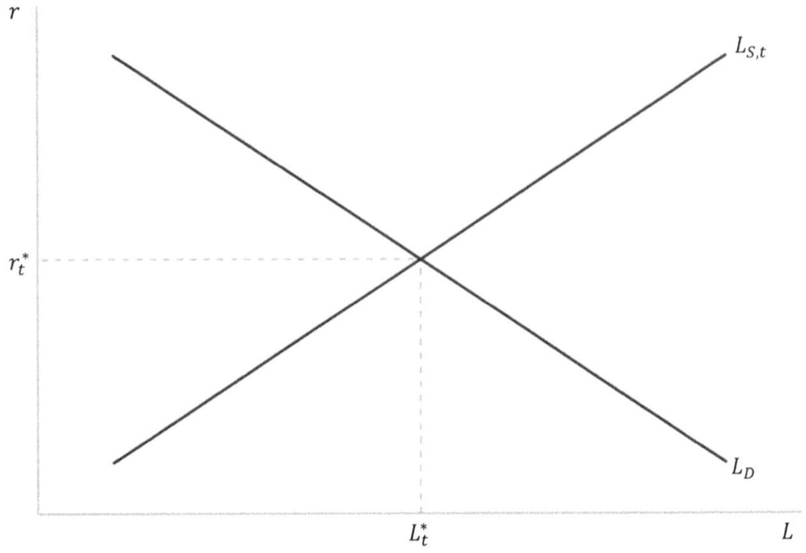

Analytisch kann der Zinssatz im Kreditmarktgleichgewicht durch Gleichsetzen der Kreditnachfrage aus Gleichung (3.1) und dem Kreditangebot aus Gleichung (3.2) ermittelt werden. Dabei ergibt sich ein Periodenzinssatz von:

$$r_t^* = \frac{a - de_t}{b + c}. \tag{3.3}$$

Der Kreditzins, der über die komplette Laufzeit der Darlehen konstant ist, hängt positiv vom Achsenabschnitt der Kreditnachfrage (a) und negativ von der Zinsreagibilität der Kreditnachfrage (b) und des Kreditangebotes (c), der Bonusreagibilität (d) und dem Bonusparameter (e_t) ab. Die Menge an in einer Periode vergebener Kredite lässt sich mithilfe der inversen Funktion des Kreditangebotes und der Kreditnachfrage folgendermaßen bestimmen:

$$L_t^* = \frac{ac + bde_t}{b + c}. \tag{3.4}$$

Die Menge an vergebenen Krediten hängt positiv von a, c, d und e_t sowie negativ von b ab.[39]

Die Auswirkungen einer Erhöhung des Bonusparameters auf das Kreditmarktgleichgewicht sind in Abbildung 3.2 dargestellt. Mit einem Anstieg der Prämie von e_t auf e_t' verschiebt sich die Angebotsfunktion nach rechts, was ceteris paribus zu einer Zunahme der neu vergebenen Kredite von L_t^* auf L_t' und einem Rückgang des Kreditzinssatzes auf r_t' führt.

Abbildung 3.2: Änderung des Kreditmarktgleichgewichtes bei einer Erhöhung der Prämie

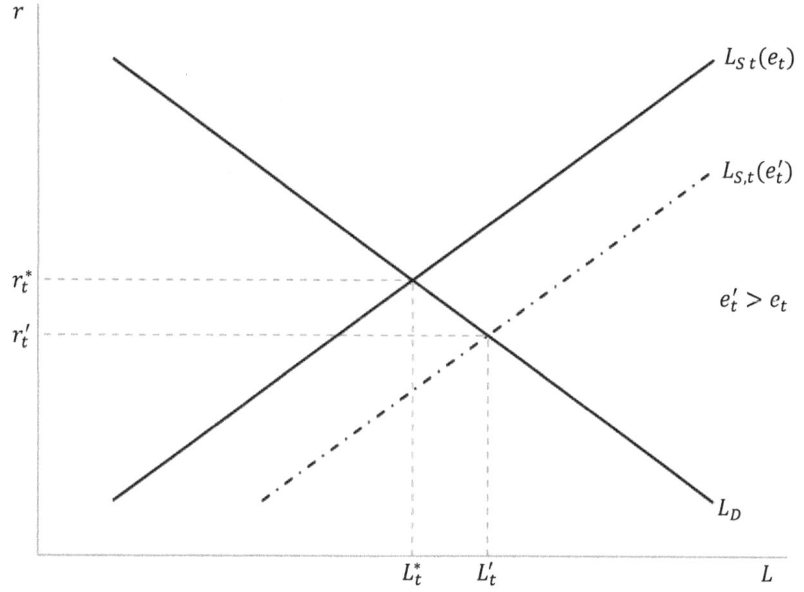

39 Die eindeutige Abhängigkeit der gleichgewichtigen Kreditmenge von b und c resultiert daraus, dass sich ein Kreditmarktgleichgewicht nur dann ergibt, wenn die Bedingung $a > de$ erfüllt ist.

Die Mittel zur Kreditvergabe erhält die repräsentative Bank durch die Aufnahme von Depositen. Dabei wird angenommen, dass der Bank ein vollkommen elastisches Angebot an potentiellen Einlagen zur Verfügung steht, die zu einem konstanten Zinssatz von i pro Periode verzinst werden.[40] Die Differenz zwischen dem Zinssatz auf dem Kreditmarkt (r_t^*) und dem Depositenzinssatz (i) stellt einen Kreditaufschlag für die Kosten der Kreditvergabe und die anfallenden Kreditausfälle dar. Ausgehend von der Menge an abgeschlossenen Kreditverträgen durch die Kreditreferenten erfolgt die Aufnahme erforderlicher Depositen, die anschließend in Form von Annuitätendarlehen an die Unternehmen weitergegeben werden. Die Bank ist zudem dazu verpflichtet, eine Reserve R_t zu halten, die durch den Mindestreservesatz μ bestimmt wird. Dies erfordert es, für jeden vergebenen Kredit eine entsprechende Menge an zusätzlichen Depositen aufzunehmen und als Reserve zu hinterlegen. Die Änderungen der Bilanz der repräsentativen Bank, die sich durch die Kreditvergabe in einer Periode ergeben, sind in einem T-Konto in Tabelle 3.1 angegeben. Dabei werden die vergebenen Kredite L_t^* und die erforderlichen Reserven R_t auf der Aktivseite und die aufgenommenen Depositen D_t auf der Passivseite verbucht.

Tabelle 3.1: Änderung der Bankbilanz

Aktiva	*Passiva*
L_t^*	
	D_t
R_t	

Die Bank muss so viele Depositen aufnehmen, dass die Kreditvergabe und die erforderlichen Reserven abgedeckt sind, d. h. $D_t = L_t^* + R_t$ mit $R_t = \mu D_t$. Dabei kann die Aktiv- und die Passivseite der Bankbilanz in Abhängigkeit der Kreditvergabe angegeben werden, was in Tabelle 3.2 erfolgt.

40 Für Modelle, in denen die Mittel für die Kreditvergabe ebenfalls allein durch die Aufnahme von Depositen erfolgt, siehe Ruckes (2004), Dell'Ariccia und Marquez (2006) sowie Gorton und He (2008).

Tabelle 3.2: Änderung der Bankbilanz in Abhängigkeit der Kreditvergabe

Aktiva	*Passiva*
L_t^* $\frac{\mu L_t^*}{(1-\mu)}$	$\frac{L_t^*}{(1-\mu)}$

Ausgehend von der Festlegung des Bonusparameters in Periode t ergibt sich das bereits beschriebene Kreditmarktgleichgewicht mit der entsprechenden Kreditmenge sowie dem jeweiligen Zinssatz. In Abhängigkeit des Mindestreservesatzes werden anschließend die Depositen aufgenommen, die zum einen an die Unternehmen in Form von Annuitätendarlehen weitergegeben werden, zum anderen als erforderliche Reserven in der Bank verbleiben.

3.3 Kreditausfallwahrscheinlichkeit

Neben der Menge an angebotenen Krediten beeinflusst das Anreizsystem der Kreditreferenten ebenfalls die Ausfallwahrscheinlichkeit der vergebenen Annuitätendarlehen (δ). Dabei nimmt mit einem Anstieg des Bonusparameters das Ausfallrisiko der neu ausgegebenen Kredite zu, was durch das Zusammenspiel unterschiedlicher Effekte zustande kommt. Eine Ursache ergibt sich durch den multidimensionalen Aufgabenbereich der Kreditreferenten, die ihre Arbeitszeit zwischen unterschiedlichen Tätigkeiten aufteilen müssen (Agarwal und Ben-David, 2014). Mit einer höheren Prämie pro vergebenen Kredit steigern die Sachbearbeiter ihren Zeiteinsatz bei der Vermarktung und Bereitstellung von Kreditanträgen. Gleichzeitig nimmt die Dauer (und Qualität) der Kreditwürdigkeitsprüfung jedes einzelnen Antrages ab, was durch eine abnehmende Erfassung und Auswertung der Informationen der Kreditnachfrager verursacht wird. Ein höherer Bonusparameter hat demnach eine niedrigere Informationsgewinnung pro Kredit zur Folge. Ein weiterer Grund für die positive Verknüpfung zwischen der Prämie und der Ausfallwahrscheinlichkeit der Darlehen resultiert aus der Informationsasymmetrie zwischen den Sachbearbeitern und der Bankleitung in Verbindung mit dem Prozess der Kreditwürdigkeitsprüfung (Berg et al., 2012). Dabei steigen mit einer Erhöhung des Bonusparameters die Anreize der Kreditreferenten die Informationen im Prozess der Kreditprüfung so zu beeinflussen, dass mehr Darlehen positiv bewertet werden, um dadurch eine höhere Provision zu erhalten. So können die Sachbearbeiter neben der Auslegung weicher Informationen zugunsten potentieller Kreditnehmer ebenfalls die Gewichtung qualitativer und quantitativer Informationen beeinflussen, um häufiger eine positive Beurteilung der Anträge zu erhalten.[41] Ausgehend von dem Aufgabenbereich und dem Anreizsystem der Kreditreferenten besteht ein Trade-off zwischen der Menge an bearbeiteten Kreditanträgen und der Qualität der Kreditwürdigkeitsprüfung.[42] Dabei nimmt mit einem Anstieg des Bonusparameters der Kreditreferenten das Kreditangebot und die Ausfallwahrscheinlichkeit der Darlehen zu.

Der fortschreitende Rückgang der Qualität der Kreditwürdigkeitsprüfung mit steigender Prämie wird zum einen dadurch ermöglicht, dass kein *Clawback* erfolgt, bei dem die Sachbearbeiter für ihren mangelhaften Zeiteinsatz zur Erfassung und Auswertung der Informationen herangezogen werden. Zum anderen übersteigt die Laufzeit der ausgegebenen Darlehen häufig die Beschäftigungsdauer der Kreditreferenten in einer Bank, wodurch sich kurzfristige Fehlanreize ergeben (Rajan, 1994). Darüber hinaus lassen sich aufgrund von Variationen des Marktrisikos die Kreditausfälle nicht eindeutig mit den Handlungen der Kreditreferenten verknüpfen, was eine leistungsorientierte Beurteilung aufgrund der Entwicklung vergebener Kredite erschwert.[43]

Die Korrelation zwischen dem Anreizsystem und der Ausfallwahrscheinlichkeit der vergebenen Kredite wird in verschiedenen Untersuchungen dokumentiert.

---

41 Für eine Unterscheidung zwischen weichen und harten Informationen vgl. Fußnote 23.

42 Der aufgezeigte Trade-off steht im Einklang mit theoretischen Überlegungen, wonach Anreizsysteme lediglich bei eindimensionalen Tätigkeiten ohne Einschränkungen funktionieren (Holmström und Milgrom, 1991). Komplexe Tätigkeiten, die sich aus unterschiedlichen Aktivitäten zusammensetzen, führen hingegen zu einer Verzerrung des Arbeitseinsatzes in Richtung der vergüteten Handlungen.

43 Banken versuchen häufig durch eine kontinuierliche Überprüfung laufender Kredite (Udell, 1989) oder einem Rotationssystem im Beschäftigungsverhältnis der Kreditreferenten (Hertzberg et al., 2010) Fehlanreize zu verhindern. Dabei zeigt sich jedoch, dass diese Maßnahmen die negativen Effekte des Anreizsystems nicht gänzlich verhindern können.

So können Agarwal und Ben-David (2014) in dem bereits beschriebenen Unternehmensexperiment zeigen, dass mit der Einführung eines volumenbasierten Anreizsystems die Ausfallwahrscheinlichkeit der ausgegebenen Darlehen im Vergleich zur Kontrollgruppe um 28 % zunimmt, was einem Anstieg von 1,2 Prozentpunkten entspricht. Gleichzeitig verringert sich die durchschnittliche Bearbeitungsdauer eines Kreditantrages um fast 25 % und ist von einer Abnahme der individuellen Risikoeinschätzung durch die Kreditreferenten begleitet. Eine ähnliche Wechselwirkung zwischen dem Anreizsystem und der Ausfallwahrscheinlichkeit von Darlehen können Cole et al. (2015) in ihrer Studie feststellen. Die Autoren zeigen, dass die Sachbearbeiter unter einem volumenbasierten Anreizsystem ohne *Clawback* den niedrigsten Aufwand bei der Kreditwürdigkeitsprüfung im Vergleich zu einer Entlohnung ohne Provision oder einer variablen Entlohnung in Abhängigkeit der Qualität der vergebenen Kredite betreiben, was zu einer Zunahme notleidender Kredite führt.

Ausgehend von der Verknüpfung des Anreizsystems der Kreditreferenten mit der Qualität der Kreditwürdigkeitsprüfung wird die Ausfallwahrscheinlichkeit der vergebenen Kredite in einer Periode durch folgende lineare Funktion beschrieben:

$$\delta_{t_0,t} = e_{t_0}g + z_t. \tag{3.5}$$

Hierbei gibt e die Prämie zum Zeitpunkt der Kreditvergabe in t_0 an, g stellt die Bonusreagibilität der Ausfallwahrscheinlichkeit und z das Marktrisiko in Periode t dar. Das Marktrisiko beschreibt das systematische Risiko auf dem Kreditmarkt, das durch den allgemeinen Zustand der Ökonomie vorliegt und unabhängig vom Anreizsystem der Kreditreferenten besteht. Die Veränderung des Marktrisikos in einer Periode beeinflusst die Ausfallwahrscheinlichkeit aller laufenden Darlehen und wirkt sich damit auch auf die in den Vorperioden vergebenen Kredite aus. Im Gegensatz dazu beeinflussen Variationen des Bonusparameters lediglich das Risiko neu vergebener Kredite, wobei sich die Auswirkungen auf die komplette Laufzeit der Annuitätendarlehen beziehen. Der erste Ausdruck der Tiefstellung von δ berücksichtigt den Zeitpunkt der Kreditvergabe in t_0, während sich der zweite Ausdruck auf das Marktrisiko in Periode t bezieht. Die Wahrscheinlichkeit eines Kreditausfalls tritt erstmals eine Periode nach der Kreditvergabe auf. Dabei wird angenommen, dass die Kreditnehmer über keinerlei Sicherheiten verfügen, weshalb die Rückflüsse im Falle eines Kreditausfalls null betragen. Der Zusammenhang zwischen der Ausfallwahrscheinlichkeit und dem Bonusparameter zum Zeitpunkt der Kreditvergabe ist in Abbildung 3.3 dargestellt.

Abbildung 3.3: Ausfallwahrscheinlichkeit in Abhängigkeit der Prämie

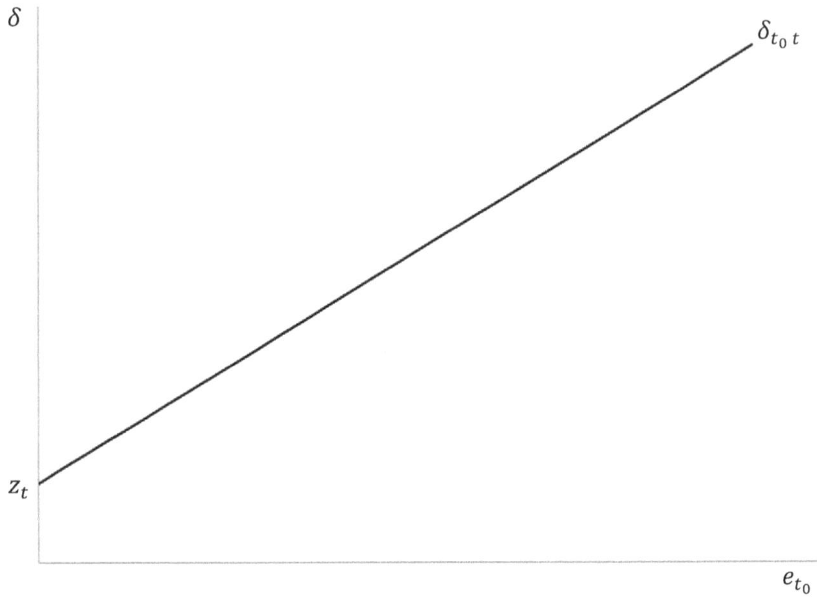

Für die Analyse der repräsentativen Bank lassen sich die Ausfallwahrscheinlichkeiten der Kredite auch als Ausfallhäufigkeiten interpretieren, wobei beide Begriffe im Folgenden synonym verwendet werden.

Wie bereits erläutert, weisen die Annuitätendarlehen alle eine einheitliche Laufzeit von Ψ – Perioden auf.[44] Ausgehend von der Ausfallwahrscheinlichkeit pro

---

44 In den meisten makroökonomischen Modellen werden lediglich Kreditverträge mit einer Laufzeit von einer Periode betrachtet. Eine Ausnahme stellt das bereits beschriebene Mo-

Periode aus Gleichung (3.5) und einer Kreditlaufzeit von mehreren Perioden, lässt sich die kumulative Ausfallwahrscheinlichkeit eines Darlehens $\tilde{\delta}$ ermitteln. Diese stellt die Wahrscheinlichkeit dar, mit der ein Kredit über einen Zeitraum von mehreren Perioden (τ) ausfällt (Hartmann-Wendels et al., 2010, S. 505). Unter Berücksichtigung der Kreditvergabe zum Zeitpunkt t_0 und der Ausfallwahrscheinlichkeit aus Gleichung (3.5) ergibt sich die kumulative Ausfallwahrscheinlichkeit eines Kredites nach $\tau -$ Perioden durch:

$$\begin{aligned}\tilde{\delta}_{t_0,\tau} = \delta_{t_0,1} + \delta_{t_0,2}(1-\delta_{t_0,1}) + \delta_{t_0,3}(1-\delta_{t_0,2})(1-\delta_{t_0,1}) \\ + \delta_{t_0,4}(1-\delta_{t_0,3})(1-\delta_{t_0,2})(1-\delta_{t_0,1}) + \cdots.\end{aligned} \quad (3.6)$$

Dabei entspricht $\tau = t - t_0$ der Differenz zwischen dem Zeitpunkt der Kreditvergabe und der Anzahl der bereits verstrichenen Perioden, mit $\tau = \{1, 2, 3, \dots, \Psi\}$.[45] Der erste Ausdruck der Tiefstellung von $\tilde{\delta}$ berücksichtigt den Zeitpunkt der Kreditvergabe, während sich der zweite Ausdruck auf die bereits verstrichene Laufzeit bezieht. Der Term $\delta_{t_0,1}$ entspricht demnach der Ausfallwahrscheinlichkeit des Darlehens eine Periode nach der Kreditvergabe. Der zweite Term $\delta_{t_0,2}(1-\delta_{t_0,1})$ stellt die Ausfallwahrscheinlichkeit in der zweiten Perioden nach der Kreditvergabe dar und ergibt sich aus dem Produkt der Ausfallwahrscheinlichkeit zwei Perioden nach der Kreditvergabe und der Wahrscheinlichkeit, dass der Kredit eine Periode nach t_0 nicht ausgefallen ist. Gleiches gilt für den dritten Ausdruck. Dieser ergibt sich aus dem Produkt der Ausfallwahrscheinlichkeit in der dritten Periode nach der Kreditvergabe und der Wahrscheinlichkeit, dass der Kredit in den beiden Perioden davor nicht ausgefallen ist. Die

dell von Rötheli (2012a) dar, der ebenfalls die subjektive Einschätzung der Kreditausfallkosten bei einer Kreditlaufzeit von mehreren Perioden untersucht. Weitere Ausnahmen sind die Modelle von Andreasen et al. (2013) sowie Brzoza-Brzezina et al. (2014), die jeweils die Auswirkungen von Schocks in einem dynamischen Gleichgewichtsmodell bei einer Laufzeit von mehreren Perioden analysieren.

45 So ergibt sich für einen Kredit, der in Periode 10 vergeben wurde und eine Laufzeit von mindestens drei Perioden aufweist, nach 3 Perioden bzw. in Periode 13 eine kumulative Ausfallwahrscheinlichkeit von: $\tilde{\delta}_{10,3} = \delta_{10,1} + \delta_{10,2}(1-\delta_{10,1}) + \delta_{10,3}(1-\delta_{10,2})(1-\delta_{10,1})$, was in Anlehnung an Gleichung (3.5) für $t = t_0 + \tau$ äquivalent ist zu $\delta_{10,11} + \delta_{10,12}(1-\delta_{10,11}) + \delta_{10,13}(1-\delta_{10,12})(1-\delta_{10,11})$.

kumulative Ausfallwahrscheinlichkeit setzt sich somit aus der Summe der Ausfallwahrscheinlichkeiten der einzelnen Perioden unter Berücksichtigung der Ausfallwahrscheinlichkeiten der Vorperioden zusammen.[46] Die notwendige Berücksichtigung unterschiedlicher Ausfallwahrscheinlichkeiten für die einzelnen Perioden ergibt sich dadurch, dass die Ausfallwahrscheinlichkeit gleichzeitig vom Marktrisiko in t und dem Bonusparameter zum Zeitpunkt der Kreditvergabe in t_0 abhängt.

Unter der Annahme eines konstanten Marktrisikos lässt sich die kumulative Ausfallwahrscheinlichkeit eines Darlehens über die gesamte Kreditlaufzeit Ψ folgendermaßen vereinfachen:

$$\overline{\delta} = \sum_{\tau=1}^{\Psi} \delta_{t_0}\left(1 - \delta_{t_0}\right)^{\tau-1} = 1 - \left(1 - \delta_{t_0}\right)^{\Psi}. \tag{3.7}$$

Ausgehend von der Beschreibung des Kreditmarktgleichgewichtes und dem Anreizsystem der Kreditreferenten werden in den folgenden Abschnitten zuerst der gesamtwirtschaftliche Output und anschließend die Bankbilanz und der Gewinn der repräsentativen Bank hergeleitet. Dabei erfolgt eine buchhalterische Erfassung verschiedener Kennzahlen für die repräsentative Bank, die sich unter Berücksichtigung einer Kreditlaufzeit von mehreren Perioden ergeben. Die Sequenz der Ereignisse in einer Periode ist folgendermaßen: Zu Beginn werden die Kreditausfälle aus der Kreditvergabe der Vorperioden realisiert; anschließend erfolgt die Vergabe neuer Darlehen und die entsprechende Verwaltung der Depositen; das Kreditportfolio und die Gewinne werden am Ende einer Periode ermittelt.

3.4 Output

Die Höhe des gesamtwirtschaftlichen Outputs in Periode t wird durch die aggregierte Nachfrage bestimmt. Unter Vernachlässigung der Staatsausgaben setzt

---

46 Die Berücksichtigung der vorangegangenen Ausfallwahrscheinlichkeiten zur Ermittlung der kumulativen Ausfallwahrscheinlichkeit ergibt sich dadurch, dass das Ereignis eines Kreditausfalls nur genau einmal eintreten kann.

sich der gesamtwirtschaftliche Output aus dem privaten Konsum C_t und den Investitionen der Unternehmen I_t zusammen:

$$Y_t = C_t + I_t. \tag{3.8}$$

Der private Konsum ergibt sich wiederum aus der Summe der autonomen Konsumausgaben α_0 sowie dem Produkt der marginalen Konsumneigung α_1 und dem gesamtwirtschaftlichen Output der Vorperiode Y_{t-1}. Der private Konsum kann somit angegeben werden durch:

$$C_t = \alpha_0 + \alpha_1 Y_{t-1}. \tag{3.9}$$

Für die Investitionen der Unternehmen wird angenommen, dass diese ihre Projekte nur mithilfe von Fremdkapital finanzieren, welches allein in Form von Annuitätendarlehen zur Verfügung steht. Die Investitionen pro Periode entsprechen damit der Menge an vergebenen Krediten, die sich durch den Schnittpunkt von Kreditangebot- und Kreditnachfrage ergibt. Unter Berücksichtigung von Gleichung (3.9) und der Kreditvergabe im Gleichgewicht aus Gleichung (3.4) wird der gesamtwirtschaftliche Output in Periode t folgendermaßen bestimmt:

$$Y_t = \alpha_0 + \alpha_1 Y_{t-1} + \frac{ac + bde_t}{b + c}. \tag{3.10}$$

Der gesamtwirtschaftliche Output hängt positiv von dem autonomen Konsum, der marginalen Konsumneigung, dem Output der Vorperiode und der Menge an vergebenen Krediten ab.

3.5 Bankbilanz

Die Aktivseite der Bilanz der repräsentativen Bank setzt sich aus dem Kreditportfolio und den erforderlichen Mindestreserven zusammen, während die Passivseite dem Bestand an aufgenommenen Depositen entspricht. Die Höhe des Kreditportfolios ergibt sich aus dem Produkt der laufenden Kreditverträge und der entsprechenden Restschuld. Die Restschuld eines Annuitätendarlehens wird folgendermaßen ermittelt:

$$B_{t_0,\tau} = \frac{\left(1 + r_{t_0}^*\right)^\Psi - \left(1 + r_{t_0}^*\right)^\tau}{\left(1 + r_{t_0}^*\right)^\Psi - 1}. \tag{3.11}$$

Dabei stellt $r_{t_0}^*$ den gleichgewichtigen Zinssatz zum Zeitpunkt der Kreditvergabe dar und Ψ die einheitliche Laufzeit der Annuitätendarlehen. Die Differenz zwischen der gegenwärtigen Periode t und dem Zeitpunkt der Kreditvergabe t_0 wird weiterhin durch τ angegeben und entspricht somit der bereits verstrichenen Laufzeit, d. h. $\tau = t - t_0$. Wie bereits erläutert, weist ein Darlehen über die gesamte Kreditlaufzeit einen konstanten Zinssatz auf, weshalb zur Ermittlung der Restschuld eines Annuitätendarlehens über die komplette Laufzeit der Kreditzins zum Zeitpunkt der Kreditvergabe verwendet wird. Der erste Ausdruck der Tiefstellung von B bezieht sich auf den Zeitpunkt der Kreditvergabe in t_0, während der zweite Ausdruck die bereits verstrichene Laufzeit berücksichtigt. Die Höhe der Restschuld hängt über die komplette Laufzeit der Annuitätendarlehen negativ von dem Bonusparameter der Kreditreferenten ab.[47]

Unter Berücksichtigung der Kreditvergabe im Kreditmarktgleichgewicht aus Gleichung (3.4), der kumulativen Ausfallwahrscheinlichkeit der Darlehen aus Gleichung (3.6) sowie der Restschuld aus Gleichung (3.11), lässt sich das Kreditportfolio in Periode t folgendermaßen ermitteln:

$$KP_t = \sum_{\tau=0}^{\Psi-1} \left(L_{t-\tau}^*(1 - \tilde{\delta}_{t-\tau,\tau})B_{t-\tau,\tau}\right), \tag{3.12}$$

mit $\tau = t - t_0$.[48] Der Ausdruck $L_{t-\tau}^*\left(1 - \tilde{\delta}_{t-\tau,\tau}\right)$ stellt die Menge der laufenden Kreditverträge dar. Diese ergibt sich aus dem Produkt der Kreditvergabe der Vorperioden und dem jeweiligen Anteil an nicht ausgefallenen Darlehen, der wiederum von der kumulativen Ausfallwahrscheinlichkeit aus Gleichung (3.6) abhängt. Dabei bezieht sich der erste Ausdruck für die Tiefstellung von $\tilde{\delta}$ weiterhin auf den jeweiligen Zeitpunkt der Kreditvergabe, während der zweite Ausdruck die bereits

47 Vgl. Anhang A.1: Proposition 1.

48 Eine Darstellung der beschriebenen Größen für die repräsentative Bank anhand einer Kreditlaufzeit von drei Perioden findet sich in Anhang A.2.

verstrichene Laufzeit berücksichtigt.[49] Die verbleibende Restschuld in Abhängigkeit der bereits verstrichenen Laufzeit wird gemäß Gleichung (3.11) durch $B_{t-\tau,\tau}$ angegeben. Da das Kreditportfolio jeweils am Ende einer Periode bestimmt wird, werden ebenfalls die neu vergebenen Annuitätendarlehen aus Periode t berücksichtigt, die noch nicht von einem möglichen Kreditausfall betroffen sind. Die Kreditquote ergibt sich aus dem Quotienten des Kreditportfolios der repräsentativen Bank aus Gleichung (3.12) und dem gesamtwirtschaftlichen Output aus Gleichung (3.10).

Ausgehend von der Ermittlung des Kreditportfolios und der Veränderung der Bankbilanz aus Tabelle 3.2 lässt sich die Bilanz der repräsentativen Bank bestimmen und ist in Tabelle 3.3 angegeben. Die Höhe der Depositen auf der Passivseite entspricht $KP_t/(1-\mu)$, während sich die Aktivseite aus dem Kreditportfolio KP_t und den erforderlichen Reserven $\mu KP_t/(1-\mu)$ zusammensetzt.

Tabelle 3.3: Bankbilanz in Abhängigkeit des Kreditportfolios

Aktiva	*Passiva*
KP_t $\frac{\mu KP_t}{(1-\mu)}$	$\frac{KP_t}{(1-\mu)}$

3.6 Bankgewinn

Ausgehend von der Bestimmung der Bankbilanz lässt sich der Gewinn der repräsentativen Bank ermitteln. Die Herleitung der Gewinnfunktion erfolgt in Anlehnung an die Aufschlüsselung des Bankgewinns, die in Abbildung 3.4 dargestellt ist (Bikker und Hu, 2002).

---

49 Unter Berücksichtigung von $\tau = t - t_0$ liest sich die kumulative Ausfallwahrscheinlichkeit in Einklang mit Gleichung (3.6) somit als $\tilde{\delta}_{t-(t-t_0),\tau} = \tilde{\delta}_{t_0,\tau}$.

Abbildung 3.4: Aufschlüsselung des Bankgewinns

Zinseinkommen
– Zinskosten
= Nettozinseinkommen
– Kreditausfallkosten
– Operative Betriebsaufwendungen
= Gewinn

Dabei wird im ersten Schritt das Nettozinseinkommen ermittelt, dass sich aus der Differenz des Zinseinkommens und der Zinskosten ergibt. Anschließend werden die Kreditausfallkosten sowie die operativen Betriebsaufwendungen bestimmt. Letztere setzen sich aus der Provision für die Kreditreferenten und den Fixkosten zusammen. Der Gewinn ergibt sich aus dem Nettozinseinkommen abzüglich der Kreditausfallkosten und den operativen Betriebsaufwendungen.

Zur Ermittlung des Zinseinkommens müssen die Zinszahlungen eines einzelnen Annuitätendarlehens bestimmt werden. Die Zinszahlungen in Periode t lassen sich darstellen durch:

$$Z_{t_0,\tau} = \frac{\left(1 + r_{t_0}^*\right)^{\Psi} - \left(1 + r_{t_0}^*\right)^{\tau - 1}}{\left(1 + r_{t_0}^*\right)^{\Psi} - 1} \, r_{t_0}^*. \tag{3.13}$$

In Einklang mit der Restschuld aus Gleichung (3.11) hängt das Zinseinkommen über die komplette Laufzeit der Darlehen von dem gleichgewichtigen Zinssatz zum Zeitpunkt der Kreditvergabe in t_0 ab. Ausgehend von Gleichung (3.13) wird das Zinseinkommen folgendermaßen ermittelt:

$$ZE_t = \sum_{\tau=1}^{\Psi} \left(L_{t-\tau}^{*} (1 - \tilde{\delta}_{t-\tau,\tau}) Z_{t-\tau,\tau} \right). \tag{3.14}$$

Ebenso wie für das Kreditportfolio aus Gleichung (3.12) ergibt sich die Menge der laufenden Kreditverträge aus der Kreditvergabe der Vorperioden und dem jeweiligen Anteil an nicht ausgefallenen Darlehen, der von der kumulativen Ausfallwahrscheinlichkeit bestimmt wird. Da die ersten Zinszahlungen eine Periode nach der Kreditvergabe getätigt werden, nimmt der Startwert der Summe den Wert eins an, während der Endwert der Kreditlaufzeit entspricht.

Die Zinskosten der repräsentativen Bank ergeben sich durch die Aufnahme von Depositen, die wiederum zur Kreditvergabe und zur Abdeckung der erforderlichen Mindestreserven verwendet werden. Unter Berücksichtigung der Bankbilanz aus Tabelle 3.3 ergeben sich die Zinskosten in Periode t aus dem Depositenbestand der Vorperiode und werden folgendermaßen bestimmt:

$$ZK_t = i \left(\frac{KP_{t-1}}{1 - \mu} \right), \tag{3.15}$$

wobei i den Depositenzinssatz, μ den Mindestreservesatz und KP_{t-1} das Kreditportfolio der Vorperiode darstellen.

Ausgehend von Gleichung (3.14) und (3.15) ergibt sich das Nettozinseinkommen der repräsentativen Bank folglich aus:

$$NZE_t = ZE_t - ZK_t. \tag{3.16}$$

Dabei handelt es sich um die Differenz aus dem eingehenden Zinseinkommen laufender Kreditverträge in Periode t und den Zinskosten in Abhängigkeit des Depositenbestandes der Vorperiode $t - 1$.

Die Kreditausfallkosten der repräsentativen Bank ergeben sich aus den Ausfällen laufender Kreditverträge, wobei die Rückflüsse im Falle eines Kreditausfalls null betragen. Die Höhe der Kreditausfallkosten setzt sich aus dem Anteil an ausgefallenen Krediten in Periode t und der jeweiligen Restschuld der Vorperiode $t - 1$ zusammen und wird folgendermaßen ermittelt:

$$KA_t = \sum_{\tau=1}^{\Psi} \left(\delta_{t-\tau,t} L^*_{t-\tau} (1 - \tilde{\delta}_{t-\tau,\tau-1}) B_{t-\tau,\tau-1} \right). \tag{3.17}$$

Dabei bezieht sich die Ausfallwahrscheinlichkeit $\delta_{t-\tau,t}$ auf die Ausfallwahrscheinlichkeit in Abhängigkeit des jeweiligen Bonusparameters zum Zeitpunkt der Kreditvergabe und dem Marktrisiko in Periode t, während $\tilde{\delta}_{t-\tau,\tau-1}$ die kumulative Ausfallwahrscheinlichkeit aus der Vorperiode $t-1$ darstellt. Die Restschuld der ausgefallenen Kredite wird gemäß Gleichung (3.11) durch $B_{t-\tau,\tau-1}$ angegeben. Anders ausgedrückt entsprechen die Kreditausfallkosten demnach dem Kreditportfolio der Vorperiode $t-1$ und der Ausfallwahrscheinlichkeit in Periode t. Die Ausfallrate in einer Periode wird aus dem Verhältnis der Kreditausfallkosten aus Gleichung (3.17) und dem Kreditportfolio aus Gleichung (3.12) ermittelt.

Als Letztes werden die Betriebsaufwendungen der repräsentativen Bank bestimmt. Diese setzen sich aus den Fixkosten (w_0) und den Bonuszahlungen an die Kreditreferenten zusammen. Die Fixkosten stellen konstante Aufwendungen dar, die zur Aufrechterhaltung des operativen Geschäftes erforderlich sind und ebenfalls den Grundlohn der Kreditreferenten beinhalten.[50] Wie bereits erläutert, wird die Provision der Sachbearbeiter mit einer Verzögerung von einer Periode ausgezahlt und ergibt sich in Periode t aus dem Produkt des Bonusparameters und der Kreditvergabe der Vorperiode $t-1$. Die operativen Betriebsaufwendungen einer Periode lassen sich ermitteln durch:

$$W_t = w_0 + e_{t-1} L^*_{t-1}. \tag{3.18}$$

Ausgehend von der Herleitung der einzelnen Komponenten des Bankgewinns aus Abbildung 3.4 ergibt sich der Gewinn aus:

$$\pi_t = NZE_t - KA_t - W_t. \tag{3.19}$$

Der Gewinn der repräsentativen Bank setzt sich aus dem Nettozinseinkommen abzüglich der Kreditausfallkosten und der Betriebsaufwendungen zusammen.

50 Die Anzahl der Kreditreferenten verändert sich im Model nicht, weshalb der Grundlohn konstant ist.

Die Profitrate der repräsentativen Bank ergibt sich aus dem Verhältnis des Gewinns aus Gleichung (3.19) und der Aktiva, die sich gemäß Tabelle 3.3 aus dem Kreditportfolio und der erforderlichen Mindestreserve zusammensetzt.

3.7 Charakterisierung des Steady-State-Gewinns

Im letzten Abschnitt wurde die Gewinnfunktion der repräsentativen Bank hergeleitet. In diesem Abschnitt wird das Steady-State-Niveau der Gewinnfunktion analysiert, wobei lediglich ein nichtnegativer Gewinn berücksichtigt wird. Das Ziel des Vorgehens besteht zum einen darin, die Höhe des stationären Gewinns in Abhängigkeit des Anreizsystems der Kreditreferenten zu analysieren. Zum anderen werden die Auswirkungen von Variationen der verbleibenden Modellparameter auf den Steady-State-Gewinn untersucht.

Abbildung 3.5 gibt die Verknüpfung zwischen dem Steady-State-Gewinn und der Prämie der Kreditreferenten an, die sich für eine bestimmte Parametrisierung des Modells durch Simulationen ergibt. Ausgehend von einem Nullgewinn im Koordinatenursprung nimmt der Gewinn mit einer Anhebung des Bonusparameters zu. Dabei übersteigen die Zinseinnahmen durch die zusätzliche Kreditvergabe die negativen Auswirkungen in Form eines niedrigeren Kreditzinssatzes, höheren Bonuszahlungen und einer geringeren Qualität der Kreditwürdigkeitsprüfung, die zu einem Anstieg der Ausfallwahrscheinlichkeit der Annuitätendarlehen führt. Der maximale Gewinn π^* wird bei e^* erreicht. Mit einer weiteren Erhöhung der Prämie übersteigen die zusätzlichen Kosten durch die Kreditausfälle und die Betriebsaufwendungen die Zinseinnahmen, was einen Rückgang des stationären Gewinns zur Folge hat. Zwar nimmt die Menge der vergebenen Kredite dabei weiterhin zu, jedoch reicht der Anstieg nicht aus, um die negativen Effekte einer gestiegenen Ausfallwahrscheinlichkeit, eines niedrigeren Kreditzinssatzes sowie einer höheren Provision an die Kreditreferenten zu kompensieren.

Das Steady-State-Niveau der Gewinnfunktion weist somit einen umgekehrt U-förmigen Verlauf in Abhängigkeit des Bonusparameters auf. Dabei lässt sich zeigen, dass der Steady-State-Gewinn höchstens über ein Maximum verfügt.[51] In Abhängigkeit der Parameterwerte ist es ebenfalls möglich, dass sich ein Nullgewinn für zwei unterschiedliche positive Bonusparameter ergibt, zwischen denen erneut ein umgekehrt U-förmiger Verlauf besteht. Ebenso kann sich bereits bei einem Bonusparameter von null ein positiver stationärer Gewinn ergeben. Eine weitere Möglichkeit stellt ein monoton fallender Verlauf des Steady-State-Gewinns in Abhängigkeit des Bonusparameters dar.

Abbildung 3.5: Steady-State-Gewinn in Abhängigkeit der Prämie

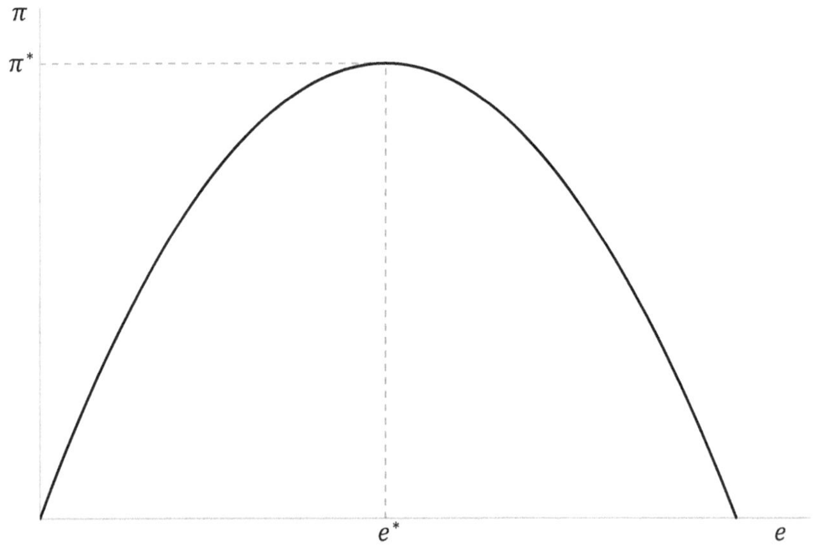

Anmerkung: Parameterwerte für die Simulation lauten: $a = 5$; $b = 15$; $c = 5$; $d = 30$; $z = 0{,}00037$; $g = 1$; $\mu = 0{,}1$; $i = 0{,}0064$; $\Psi = 6$ und $w_0 = 1{,}2512$.

Die Auswirkungen von Änderungen der verbleibenden Modellparameter auf das Maximum des Steady-State-Gewinns unter Berücksichtigung einer Anpassung des gewinnmaximierenden Anreizsystems der Kreditreferenten lässt sich mithilfe

[51] Vgl. Anhang A.1: Proposition 2.

des Envelope-Theorems ermitteln (Chiang und Wainwright, 2005, S. 428 ff.). Dabei lassen sich die Effekte von Parametervariationen auf das Maximum des stationären Gewinns bei einer entsprechenden Anpassung des optimalen Bonusparameters analysieren.[52] Tabelle 3.4 fasst die Abhängigkeit des Steady-State-Niveaus der Gewinnfunktion von den verbleibenden Modellparametern zusammen.

Tabelle 3.4: Steady-State-Gewinn in Abhängigkeit verschiedener Parameter

Parameter	a	b	c	d	g	z	μ	i	w_0	Ψ
Auswirkungen auf $\pi^*(e^*)$	$+$	$-$	$+/-$	$+/-$	$-$	$-$	$-$	$-$	$-$	$+$

Anmerkungen: $+$ stellt positive Abhängigkeit und $-$ negative Abhängigkeit des Steady-State-Niveaus der Gewinnfunktion bei einer Anpassung des Bonusparameters dar.

Das Steady-State-Niveau der Gewinnfunktion hängt positiv von dem Achsenabschnitt der Kreditnachfrage (a) und der Laufzeit der Annuitätendarlehen (Ψ) ab. So führt ein Anstieg von a zu einer höheren Menge an vergebenen Krediten in Verbindung mit einer Zunahme des Kreditzinssatzes. Mit einem Anstieg von Ψ erfolgt die Tilgung der Restschuld der Annuitätendarlehen über einen längeren Zeitraum, was zu höheren Zinszahlungen und damit ebenfalls zu einer Zunahme des Gewinns führt. Im Gegensatz dazu ergibt sich für die Zinsreagibilität der Kreditnachfrage (b), die Bonusreagibilität der Ausfallwahrscheinlichkeit (g), das Marktrisiko (z), den Mindestreservesatz (μ), den Depositenzinssatz (i) und die Fixkosten (w_0) ein negativer Einfluss auf das stationäre Niveau des Gewinns. So nimmt beispielsweise die Menge der vergebenen Kredite und der gleichgewichtige Kreditzins mit steigendem b ab. Für die Zinsreagibilität (c) und die Reagibilität des Bonusparameters (d) des Kreditangebotes ergeben sich hingegen keine eindeutigen Auswirkungen auf das stationäre Niveau der Gewinnfunktion. Mit

52 Gemäß dem Envelope-Theorem entspricht die Ableitung des Steady-State-Gewinns bei einer optimalen Anpassung des Bonusparameters gleich der Ableitung bei einer fixierten Prämie. Die Abhängigkeit des Steady-State-Gewinns von den verschiedenen Parametern lässt sich somit direkt aus den einzelnen Bestandteilen der Gewinnfunktion ermitteln.

einem Anstieg von c und d nimmt die Menge der vergebenen Kredite zu, während der gleichgewichtige Zinssatz negativ von den beiden Parametern abhängt. Welcher der beiden Effekte letztlich überwiegt, hängt von der Steigung der Angebots- und Nachfragekurve ab.

3.8 Zusammenfassung

In diesem Kapitel wurde ein theoretisches Modell zur Erklärung von Kreditzyklen präsentiert. In dem Modell erfolgt die Kreditvergabe der Banken durch Kreditreferenten, die eine Prämie pro vergebenen Kredit erhalten. Gleichzeitig müssen die Sachbearbeiter nicht für eventuelle Kreditausfälle haften. Die Kreditreferenten sind für den Prozess der Kreditwürdigkeitsprüfung sowie die Bereitstellung und die Vermarktung von Kreditanträgen zuständig. Durch die Kombination des Anreizsystems mit dem Tätigkeitsbereich der Sachbearbeiter besteht ein Tradeoff zwischen der Qualität der Kreditwürdigkeitsprüfung und der Menge an vergebenen Krediten. Dabei nimmt mit einer Anhebung der Prämie das Kreditangebot zu, während die Qualität der Kreditwürdigkeitsprüfung abnimmt, was zu einem Anstieg der Ausfallwahrscheinlichkeit der Darlehen führt. Neben dem Anreizsystem der Kreditreferenten hängt die Ausfallwahrscheinlichkeit der Darlehen ebenfalls von dem Marktrisiko ab. Im Modell werden Annuitätendarlehen mit einer Laufzeit von mehreren Perioden vergeben, wobei das Kreditmarktgleichgewicht in jeder Periode aus dem Schnittpunkt von Angebot und Nachfrage resultiert. Die Kreditnachfrage ergibt sich aus einem Unternehmenssektor, während der gesamtwirtschaftliche Output von der aggregierten Nachfrage, bestehend aus dem privaten Konsum und den Investitionen, bestimmt wird.

Nach einer kurzen Einführung wurde das Kreditmarktgleichgewicht ermittelt. Zudem wurden der Aufgabenbereich und das Anreizsystem der Kreditreferenten erläutert. Im nächsten Schritt wurde die Ausfallwahrscheinlichkeit der Annuitätendarlehen verdeutlicht, die von dem Marktrisiko und dem Bonussystem der Sachbearbeiter abhängt. Danach wurde der gesamtwirtschaftliche Output bestimmt. In den anschließenden zwei Abschnitten erfolgte eine buchhalterische Erfassung der Bilanz und des Gewinns der repräsentativen Bank. Im letzten Abschnitt wurde das Steady-State-Niveau der Gewinnfunktion charakterisiert. Dabei wurde der Steady-State in Abhängigkeit des Anreizsystems der Kreditreferenten analysiert und die Auswirkungen der restlichen Parameter des Modells auf das Maximum des Steady-State-Niveaus bei einer entsprechenden Anpassung des gewinnmaximierenden Bonusparameters untersucht.

Ausgehend von der Präsentation der theoretischen Grundlagen wird in den folgenden zwei Kapiteln die Dynamik des Modells betrachtet und mit den Ergebnissen empirischer Analysen verglichen. Dabei wird angenommen, dass die Entwicklung verschiedener Parameter des Modells von dem Konjunkturzustand, der entweder einen Auf- oder einen Abschwung annimmt, abhängt. Da sich aufgrund einer Kreditlaufzeit von mehreren Perioden eine hohe Komplexität für die Dynamik des Modells ergibt, erfolgt die Analyse durch Simulationen. In Kapitel 4 wird die Dynamik des Modells mit dem Verlauf verschiedener Größen für die USA verglichen. In Kapitel 5 wird untersucht, inwiefern sich Unterschiede in der Zins- und Kreditvolatilität zwischen sechs Ländern mithilfe des theoretischen Modells erklären lassen.

4 Anreizsysteme und Kreditzyklen in den USA

4.1 Einleitung

In diesem Kapitel wird die Dynamik des theoretischen Modells aus Kapitel 3 mit den Ergebnissen einer empirischen Untersuchung verglichen. Dabei wird analysiert, ob sich der Verlauf verschiedener Größen über den Konjunkturzyklus für die USA durch das Anreizsystem der Kreditreferenten erklären lässt. Es wird somit die Hypothese überprüft, dass sich die Dynamik von Kreditzyklen durch das Anreizsystem in unteren sowie mittleren Hierarchieebenen des Bankensektors erklären lässt. In der empirischen Analyse wird der Verlauf des BIPs, des Kreditvolumens, der Kreditquote sowie der Profit- und der Ausfallrate des Bankensektors betrachtet. Der Vergleich zwischen den Ergebnissen der empirischen Analyse und der Dynamik des Modells erfolgt über den repräsentativen Konjunkturzyklus für die USA, der sich aus einem Auf- und einem Abschwung zusammensetzt, wobei der Verlauf verschiedener Modellparameter von dem Konjunkturzustand abhängt.

Im ersten Teil des Kapitels wird die Entwicklung verschiedener Größen über den repräsentativen Konjunkturzyklus für die USA hergeleitet und charakterisiert. Dafür wird zuerst der repräsentative Zyklus ermittelt, der sich aus den Konjunkturangaben über mehrere Zyklen ergibt. Anschließend wird die Dynamik des BIPs, des Kreditvolumens, der Kreditquote sowie der Profit- und der Ausfallrate des Bankensektors über den repräsentativen Zyklus hergeleitet. Dafür werden die Angaben zuerst um Trends bereinigt. Danach wird der Verlauf der fünf Größen über die verschiedenen Konjunkturzyklen mithilfe eines spezifischen Anpassungsverfahrens an die Länge des repräsentativen Zyklus angeglichen und zusammengefasst. Anschließend wird die Dynamik des BIPs, des Kreditvolumens, der Kreditquote sowie der Profit- und Ausfallrate über den repräsentativen Konjunkturzyklus charakterisiert. Im zweiten Teil des Kapitels wird die Dynamik des theoretischen Modells veranschaulicht und mit den Ergebnissen der empirischen Untersuchung verglichen. Aufgrund der Berücksichtigung einer Kreditlaufzeit von mehreren Perioden erfolgt die Analyse des Modells durch Simulationen. Dabei

C. Mölleken, *Anreizsysteme der Banken als Treiber von Kreditzyklen*,
https://doi.org/10.1007/978-3-658-29834-0_4

wird zuerst ein realistisches Steady-State-Niveau ermittelt und einer Sensitivitätsanalyse unterzogen. Anschließend wird die Dynamik des Modells anhand von verschiedenen Szenarien untersucht, wobei zwischen einer kontrazyklischen Variation des Marktrisikos und einer prozyklischen Veränderung der Kreditnachfrage und des Kreditangebotes unterschieden wird. Im letzten Schritt wird die Dynamik des Modells mit den Ergebnissen der empirischen Analyse verglichen. Dafür wird ein Teil der Parameterwerte des Modells durch einen Optimierungsmechanismus so bestimmt, dass sich die maximal mögliche Übereinstimmung zwischen der Entwicklung der simulierten und der empirischen Zeitreihen ergibt. Durch dieses Vorgehen lässt sich analysieren, welche Merkmale im Verlauf des BIPs, des Kreditvolumens, der Kreditquote sowie der Profit- und der Ausfallrate des Bankensektors über den repräsentativen Zyklus durch das theoretische Modell aus Kapitel 3 erklärt werden können. Die Überprüfung der Hypothese, wonach sich Kreditzyklen durch das Anreizsystem der Kreditreferenten erklären lassen, erfolgt demnach durch einen Abgleich simulierter und empirischer Zeitreihen. Diese Vorgehensweise lässt sich dadurch begründen, dass keine empirischen Angaben über die Entlohnung der Kreditreferenten verfügbar sind, die eine direkte Überprüfung der Hypothese ermöglichen. Der Vergleich der Ergebnisse der empirischen Analyse mit den Modellsimulationen verdeutlicht, dass sich ein Großteil der Eigenschaften in der Dynamik des BIPs, des Kreditvolumens, der Kreditquote sowie der Profit- und der Ausfallrate des Bankensektors über den repräsentativen Konjunkturzyklus durch das theoretische Modell erklären lässt. Das Anreizsystem der Kreditreferenten kommt demnach als Treiber von Kreditzyklen in Frage.

Ausgehend von den Ausführungen aus Kapitel 3 setzt sich das Modell aus einem Kreditmarktgleichgewicht, dem Anreizsystem und Tätigkeitsbereich der Kreditreferenten, einer Kreditlaufzeit von mehreren Perioden und der Veränderung verschiedener Modellparameter in Abhängigkeit des Konjunkturzustandes zusammen. Andere Mechanismen, die ebenfalls einen potentiellen Einfluss auf die Entstehung und die Dynamik von Kreditzyklen besitzen, werden bewusst nicht berücksichtigt.[53] Die Beschränkung auf einen einzelnen Aspekt lässt sich dadurch

53 Für einen Überblick über andere Erklärungsansätze vgl. Kapitel 2.

begründen, dass zur Erklärung eines komplexen Phänomens wie dem Kreditzyklus verschiedene Mechanismen gesondert betrachtet werden müssen. Darüber hinaus ergibt sich durch die Berücksichtigung einer Kreditlaufzeit von mehreren Perioden eine hohe Komplexität für das Modell, was die Beschränkung auf das Anreizsystem im Bankensektor als möglichen Treiber von Kreditzyklen rechtfertig.

Das Kapitel ist folgendermaßen gegliedert. Im nächsten Abschnitt wird der repräsentative Konjunkturzyklus für die USA hergeleitet sowie die zu betrachtenden Größen erläutert. Anschließend wird der Verlauf des BIPs, des Kreditvolumens, der Kreditquote sowie der Profit- und Ausfallrate des Bankensektors über den repräsentativen Zyklus ermittelt und charakterisiert. In Abschnitt 4.3 werden der Steady-State und die Dynamik des Modells untersucht. Dabei werden zuerst geeignete Ausgangswerte für die Parameter des Modells ermittelt und zur Bestimmung des Steady-State-Niveaus verwendet, welches anschließend einer Sensitivitätsanalyse unterzogen wird. In Abschnitt 4.3.3 wird die Dynamik des theoretischen Modells über den repräsentativen Konjunkturzyklus für verschiedene Fälle veranschaulicht. Eine Gegenüberstellung der empirischen Ergebnisse mit den Modellsimulationen erfolgt in Abschnitt 4.4. Dabei wird zuerst die Vorgehensweise erläutert und danach die Resultate der Modellsimulationen für verschiedene Szenarien mit dem Verlauf der empirischen Zeitreihen verglichen. In Abschnitt 4.5 erfolgt eine Zusammenfassung.

4.2 Empirische Analyse

In diesem Abschnitt wird der Verlauf des BIPs, des Kreditvolumens, der Kreditquote sowie der Profit- und der Ausfallrate des Bankensektors über den repräsentativen Konjunkturzyklus hergeleitet und charakterisiert. In Abschnitt 4.2.1 wird zuerst der repräsentative Zyklus für die USA ermittelt und die zu betrachtenden Größen eingeführt. Anschließend wird die Dynamik der fünf Größen über den repräsentativen Zyklus hergeleitet. Dafür ist es erforderlich, die Zeitreihen zuerst um Trends zu bereinigen und anschließend den Verlauf über die verschiedenen Konjunkturzyklen an die Länge des repräsentativen Zyklus anzupassen. Die Charakterisierung der Dynamik der Größen über den repräsentativen Zyklus erfolgt in Abschnitt 4.2.3.

4.2.1 Konjunkturzyklus und Beschreibung der Größen

Die Ermittlung des repräsentativen Konjunkturzyklus für die USA erfolgt anhand von Quartalsdaten des *National Bureau of Economic Research (NBER)* über einen Zeitraum von 1945:Q4 bis 2009:Q2. Das *NBER* bestimmt rückwirkend Veränderungen in der gesamtwirtschaftlichen Aktivität und unterteilt die konjunkturelle Entwicklung in Auf- und Abschwungphasen. Die Übergänge zwischen den beiden Konjunkturzuständen werden anhand von Schwankungen in den absoluten Niveauwerten des realen Bruttoinlandsproduktes, des Beschäftigungsniveaus sowie des realen Bruttonationalproduktes bestimmt und gegebenenfalls durch sektorspezifische Indikatoren, wie die Industrieproduktion, ergänzt. Ein Abschwung wird dabei durch ein lokales Maximum der ökonomischen Aktivität eingeleitet und endet mit einem anschließenden lokalen Minimum, während sich ein Aufschwung durch eine umgekehrte Entwicklung ergibt.[54] Zur Datierung der entsprechenden Wendepunkte greift das *NBER* auf Arbeiten von Burns und Mitchell

54 Diese Interpretation der Angaben des *NBER* wird unter anderem von der *Federal Reserve Bank of St. Louis* (FRED) verwendet und stellt die *midpoint*-Methodik dar; es werden außerdem die *through*- und die *peak*-Methodik unterschieden.

(1946) zurück, wobei jedoch kein einheitliches schematisches Vorgehen verwendet wird.[55] Ausgehend von der Unterteilung des Konjunkturzustandes in Auf- und Abschwungphasen werden die Angaben des *NBER* als Indikator für die gesamtwirtschaftliche Entwicklung aufgefasst (Zarnowitz, 1992, S. 284; Stock und Watson, 1999). Ein Quartal entspricht dabei einer Periode, weshalb beide Begriffe im Folgenden synonym verwendet werden.

Tabelle 4.1 gibt die Datierung und die Länge aller Konjunkturzyklen, unterteilt in Auf- und Abschwungphasen, von 1945:Q4 bis 2009:Q2 an, wobei ein Zyklus immer mit dem ersten Quartal eines Aufschwungs beginnt und dem letzten Quartal eines Abschwungs endet. Über den betrachteten Zeitraum werden insgesamt elf Konjunkturzyklen erfasst, wobei der längste Zyklus eine Dauer von 43 und der kürzeste von 10 Quartalen aufweist. Die Länge der Aufschwünge variiert zwischen 4 und 40 Quartalen, während die Dauer der Abschwünge zwischen zwei und sechs Quartalen liegt. Gemäß den Angaben aus Tabelle 4.1 wird die Länge des repräsentativen Konjunkturzyklus aus dem arithmetischen Mittel der Auf- und Abschwungphasen der elf Zyklen ermittelt. Dabei ergibt sich eine Länge von insgesamt 23 Quartalen, wobei sich der repräsentative Zyklus aus einem Aufschwung von 19 Quartalen und einem Abschwung von 4 Quartalen zusammensetzt.

---

55 Für eine Formalisierung des Verfahrens des *NBER* und eine Gegenüberstellung mit dem Konzept des Wachstumszyklus vgl. Abschnitt 5.2.1.

Tabelle 4.1: Konjunkturangaben

Datierung	Dauer in Quartalen		
	Aufschwung	Abschwung	Gesamter Zyklus
1945:Q4-1949:Q3	12	4	16
1949:Q4-1954:Q2	15	4	19
1954:Q3-1958:Q1	12	3	15
1958:Q2-1961:Q1	8	4	12
1961:Q2-1970:Q4	35	4	39
1971:Q1-1975:Q1	11	6	17
1975:Q2-1980:Q2	19	2	21
1980:Q3-1982:Q4	4	6	10
1983:Q1-1991:Q1	30	3	33
1991:Q2-2001:Q4	40	3	43
2002:Q1-2009:Q2	24	6	30
Repräsentativer Zyklus	19	4	23

Anmerkungen: Zeitraum 1945:Q4-2009:Q2; Datierung erfolgt gemäß den Angaben des *NBER*; Länge des Auf- und Abschwungs für den repräsentativen Zyklus ergibt sich aus dem arithmetischen Mittel aller Konjunkturzyklen.

Die Berücksichtigung des repräsentativen Konjunkturzyklus zur Veranschaulichung der Modelldynamik entspricht konzeptionell dem Vorgehen von Rötheli (2012a; 2012b). Dieser entwickelt mithilfe der Angaben des *NBER* über einen Zeitraum von 1945-2009 die mittlere Länge eines Auf- bzw. Abschwungs und die Übergangswahrscheinlichkeiten zwischen den beiden Konjunkturzuständen. Dabei besteht im Abschwung ein höheres Kreditausfallrisiko als im Aufschwung. Ausgehend von einer begrenzten Gedächtniskapazität von Bankmanagern zeigt Rötheli (2012a), dass sich im Abschwung ein übermäßiger Pessimismus einstellt, der zu einer fehlerhaften Beurteilung von Kreditrisiken führt. Mit einem anhaltenden Aufschwung kommt es hingegen zu einer überoptimistischen Einschätzung bezüglich der wirtschaftlichen Entwicklung, was eine untertriebene Auffassung von Kreditrisiken zur Folge hat. Dabei ergeben sich bereits bei einem geringen Anteil an Bankmanagern mit einer begrenzten Gedächtniskapazität deutliche Schwankungen in der gesamtwirtschaftlichen Kreditvergabe über den repräsentativen Zyklus (Rötheli, 2012b).[56]

Ausgehend von der Herleitung der Länge des repräsentativen Zyklus werden im nächsten Schritt die Größen eingeführt, die zur Charakterisierung der gesamtwirtschaftlichen Entwicklung und des Bankensektors für die USA berücksichtigt werden. Diese werden anschließend so angepasst, dass der Verlauf über den repräsentativen Zyklus charakterisiert werden kann.[57]

Die erste Größe stellt das reale Bruttoinlandsprodukt (BIP) in Preisen des Jahres 2009 dar. Die Daten für das nominale BIP werden vom *Bureau of Economic Analysis* (*BEA*) ausgegeben und mithilfe des BIP-Deflators in Preisen des Jahres 2009 deflationiert. Die Angaben sind ab 1947:Q1 saisonbereinigt sowie annualisiert verfügbar, wobei zur Ermittlung der Quartalsdaten die Angaben durch vier geteilt werden. Das Kreditvolumen (kurz: Kredite) wird durch die Summe aller laufenden Kredit- und Leasingverträge von Geschäftsbanken angegeben und stammt vom *Federal Reserve Board (FED)*. Die Angaben sind ebenfalls ab 1947:Q1 saisonbereinigt verfügbar und werden erneut durch den BIP-Deflator in Preisen des Jahres 2009 deflationiert. Als dritte Größe wird die Kreditquote untersucht, die sich aus dem Verhältnis der Kredite und dem BIP ergibt. Die Kreditquote stellt die Entwicklung des Bankensektors in Relation zur Realwirtschaft dar und berücksichtigt sowohl den prozyklischen Charakter des Kreditvolumens als auch die Prozyklizität des BIPs (Borio et al., 2001; Bikker und Hu, 2002).

Als vierte Größe wird die durchschnittliche Profitrate aller US-amerikanischen Banken untersucht, die sich aus dem Quotienten des Nettoeinkommens und der durchschnittlichen Aktiva ergibt und zur Analyse der Profitabilität des Bankensektors verwendet wird (Bikker und Hu, 2002; Beck und Demirgüç-Kunt, 2009).

---

[56] Vgl. Abschnitt 2.3.2.

[57] Für eine Auflistung der verwendeten Quellen vgl. Anhang A.3: Tabelle A.2.

Die Angaben für die Profitrate stammen aus den *Consolidated Reports of Condition and Income* (*Call Reports*) und werden von der *Federal Reserve Bank of St. Louis (FRED)* veröffentlicht. Im Gegensatz zu den vorangegangenen Größen sind die annualisierten Angaben für die Profitrate erst ab 1984:Q1 verfügbar. Zudem ergeben sich für die Banken Anreize, ihr ausgewiesenes Nettoeinkommen über einen längeren Zeitraum hinweg zu glätten, was als *Income Smoothing* bezeichnet wird (Ronen und Sadan, 1981; Wall und Koch, 2000). Dabei versuchen Unternehmen ihre Einkommensfluktuationen zu verringern, um so eine gleichmäßige und prognostizierbare Entwicklung zu signalisieren und dadurch Investoren zu gewinnen. Die Angaben der Profitrate können demnach lediglich als Approximation für die Profitabilität des Bankensektors angesehen werden. Als letzte Größe wird die Abschreibungsrate US-amerikanischer Geschäftsbanken analysiert, die in Anlehnung an Rötheli (2012a) als Näherung für die Ausfallrate aus dem Kreditgeschäft des Bankensektors verwendet wird. Die Abschreibungsrate ergibt sich aus dem Verhältnis der abgeschriebenen Kredite und dem Kreditportfolio, wobei die abgeschriebenen Kredite den Wert aller ausgefallenen Darlehen unter Berücksichtigung der Rückstellungen für erwartete Kreditverluste darstellen. Die Angaben stammen erneut aus den *Call Reports* und werden ebenfalls von der *FRED* ab 1985:Q1 saisonbereinigt sowie annualisiert zur Verfügung gestellt. Wie für die Profitrate ergibt sich bei der Ausfallrate der Banken das Problem des *Income Smoothings*, wobei die Rückstellungen für erwartete Kreditverluste zur Glättung des ausgewiesenen Nettoeinkommens verwenden werden (Wall und Koch, 2000). Die Angaben der Ausfallrate können demnach ebenfalls lediglich als Approximation für die Kreditausfallrate des Bankensektors betrachtet werden. Da die Profit- und die Ausfallrate annualisiert vorliegen, werden die Angaben zur Ermittlung der Quartalsdaten durch vier geteilt.

Ausgehend von der Beschreibung der verwendeten Daten besteht das Ziel des weiteren Vorgehens darin, den Verlauf der fünf Größen über den repräsentativen Konjunkturzyklus zu ermitteln. Dabei wird die Entwicklung der Zeitreihen über mehrere Konjunkturzyklen zusammengefasst, wobei lediglich Angaben berücksichtigt werden, die über einen gesamten Zyklus vorhanden sind. Das bedeutet, dass die Daten nur dann zur Ermittlung des Verlaufs über den repräsentativen

Zyklus verwendet werden, wenn über einen kompletten Zyklus alle Werte, beginnend mit dem ersten Quartal des Aufschwungs bis zum letzten Quartal des Abschwungs, verfügbar sind. Ausgehend von der Datierung der Konjunkturzyklen aus Tabelle 4.1 und der Verfügbarkeit der einzelnen Zeitreihen wird der Beginn des Beobachtungszeitraums für das BIP, das Kreditvolumen und die Kreditquote auf 1949:Q4 und für die Ausfall- und die Profitrate auf 1991:Q2 festgesetzt, während der letzte Wert für alle fünf Größen dem abschließenden Quartal der Rezession von 2008:Q1-2009:Q2 entspricht.

Abbildung 4.1 gibt den Verlauf der Zeitreihen für den angepassten Beobachtungszeitraum an, wobei die grau hinterlegten Bereiche Abschwungquartale darstellen. Für das BIP, das Kreditvolumen und die Kreditquote wird der Verlauf über zehn Konjunkturzyklen erfasst, während für die Profit- und die Ausfallrate der Verlauf über zwei Zyklen betrachtet wird. Das reale BIP und das deflationierte Kreditvolumen weisen eine steigende Entwicklung auf. Für die Kreditquote ist ebenfalls eine positive Tendenz erkennbar, die aus einer zunehmenden Ausweitung des Finanzsektors im Vergleich zur Realwirtschaft resultiert und als *Financial Deepening* bezeichnet wird (Dell'Ariccia et al., 2012; Aikman et al., 2015). Die Profit- und die Ausfallrate weisen keinen steigenden oder fallenden Verlauf auf, wobei der Abschwung von 2008:Q1-2009:Q2 zu einem starken Rückgang der Profitrate und einem hohen Anstieg der Ausfallrate im Vergleich zur vorangegangen Rezession von 2001:Q1-2001:Q4 geführt hat.

Abbildung 4.1: Niveau über mehrere Konjunkturzyklen

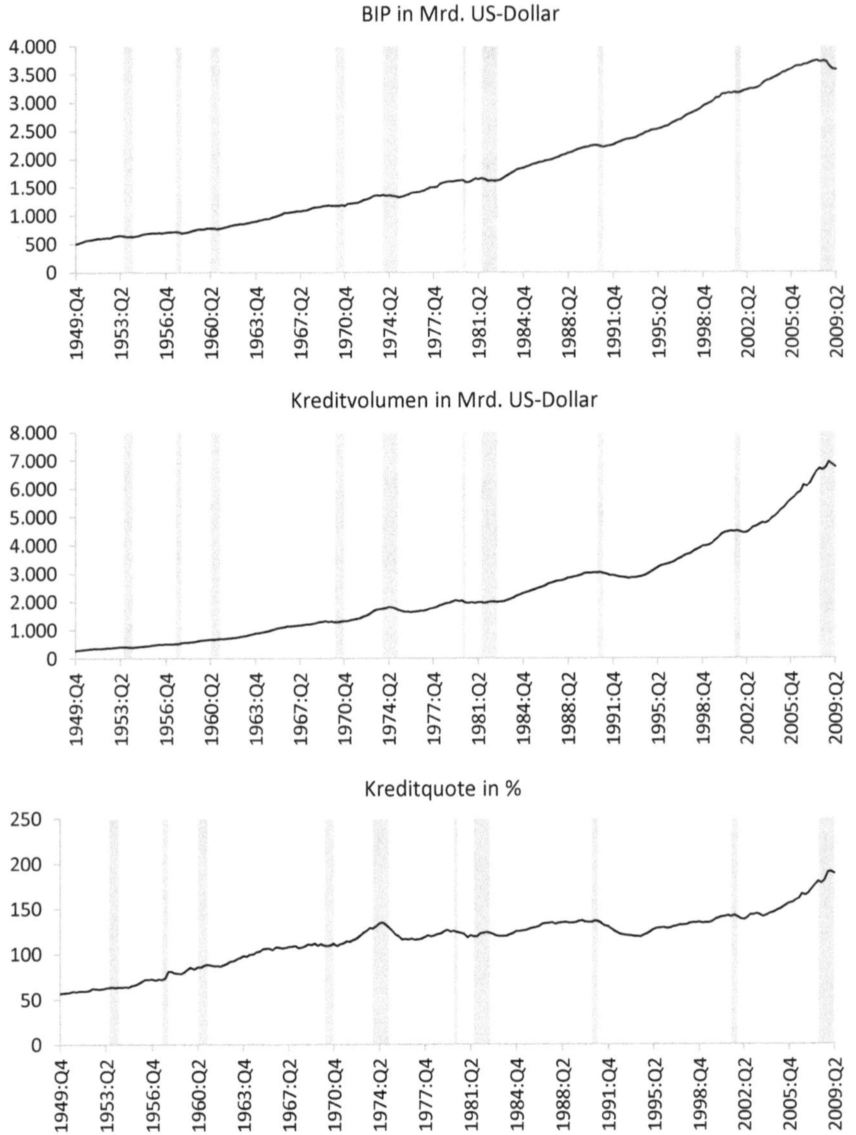

Fortsetzung Abbildung 4 1

Profitrate in %

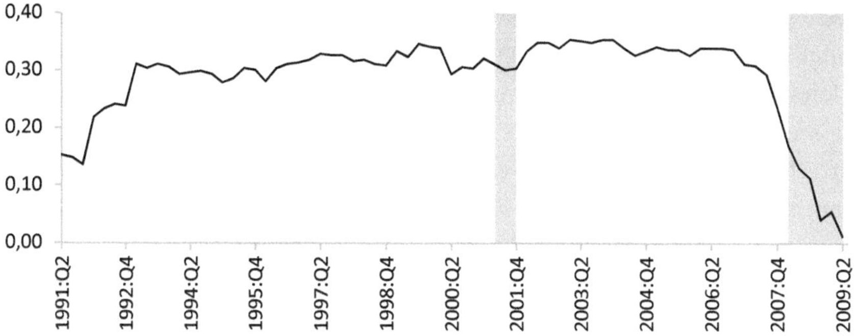

Ausfallrate in %

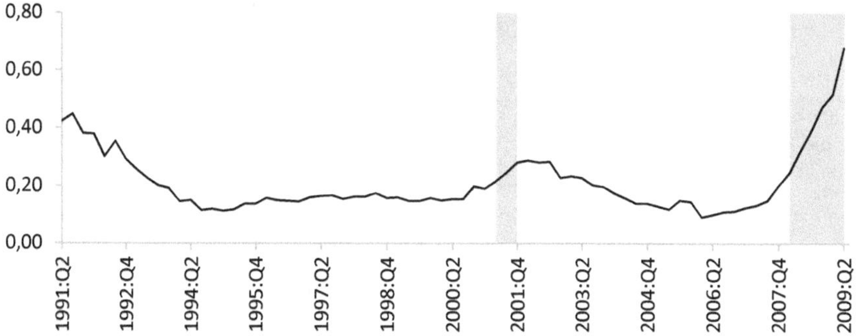

Anmerkungen: Zeitraum für das BIP, die Kredite und die Kreditquote 1949:Q4-2009:Q2 und für die Profit- und die Ausfallrate von 1991:Q2-2009:Q2; graue Bereiche stellen Abschwungquartale dar.

Die Ermittlung des Verlaufs der fünf Größen über den repräsentativen Konjunkturzyklus ist nur dann möglich, wenn die Zeitreihen stationär sind bzw. deren Entwicklung nicht von Trends beeinflusst wird. Anders ausgedrückt lassen sich die Angaben über mehrere Konjunkturzyklen nur dann miteinander vergleichen und zusammenfassen, wenn der Verlauf der Größen nicht durch deterministische oder stochastische Trends beeinträchtigt wird. Eine Zeitreihe ist dann stationär, wenn diese einen konstanten Erwartungswert und eine endliche Varianz aufweist (Enders, 2004, S. 53 ff.). Zudem ist die Autokovarianz einer stationären Zeitreihe unabhängig von zeitlichen Verschiebungen, d. h. die Kovarianz zwischen zwei Zeitpunkten hängt lediglich vom Abstand und nicht vom gewählten Zeitpunkt der Ermittlung ab. Zur Überprüfung der Zeitreihen auf Stationarität wird ein Augmented-Dickey-Fuller-Test (ADF-Test) verwendet. Tabelle 4.2 gibt die Ergebnisse des ADF-Tests für alle fünf Größen an. Die Überprüfung auf Stationarität erfolgt für alle fünf Zeitreihen unter Einbeziehung einer Konstanten. Da das BIP, die Kredite sowie die Kreditquote eine positive Entwicklung aufweisen, wird zusätzlich für diese drei Größen ein zeitlicher Trend berücksichtigt. Die Auswahl der einbezogenen Lags für den ADF-Test zur Ermittlung von Korrelationen höherer Ordnung wird durch das Akaike-Informationskriterium festgelegt.[58]

Tabelle 4.2: Test auf Stationarität

Zeitreihe	BIP	Kreditvolumen	Kreditquote	Profitrate	Ausfallrate
t-Statistik	−1,694	0,353	−1,854	−0,717	−0,216
p-Wert	0,751	0,998	0,675	0,835	0,931

Anmerkungen: Zeitraum für das BIP, das Kreditvolumen und die Kreditquote 1949:Q4-2009:Q2 und für die Profit- und die Ausfallrate 1991:Q2-2009:Q2; der ADF-Test erfolgt unter Berücksichtigung einer Konstanten; die Auswahl der Lags erfolgt durch das Akaike-Informationskriterium.

Die Ergebnisse des ADF-Tests zeigen, dass für keine der fünf Größen die Nullhypothese für das Vorliegen von Nichtstationarität verworfen werden kann, weshalb die Zeitreihen im nächsten Schritt um einen Trend bereinigt werden müssen. Neben der Nichtstationarität der Zeitreihen ergibt sich ein weiteres Problem, das bisher nicht berücksichtigt wurde. So weisen die einzelnen Konjunkturzyklen aus Tabelle 4.1 unterschiedliche Längen auf, weshalb zur Ermittlung des Verlaufs der fünf Größen über den repräsentativen Zyklus die Dynamik entsprechend angepasst werden muss. Das weitere Vorgehen setzt sich somit aus zwei Schritten zusammen. Im ersten Schritt erfolgt eine Trendbereinigung der Zeitreihen. Anschließend wird der Verlauf der stationären Zeitreihen über die einzelnen Zyklen an die Länge des repräsentativen Konjunkturzyklus angepasst. Die Entwicklung des BIPs, des Kreditvolumens, der Kreditquote sowie der Profit- und Ausfallrate

58 Die Schätzgleichung für das BIP, das Kreditvolumen und die Kreditquote lautet $\Delta x_t = \alpha_0 + \gamma x_{t-1} + \alpha_2 t + \sum \beta_i \Delta x_{t-i} + \varepsilon_t$ und für die Ausfall- und die Profitrate $\Delta x_t = \alpha_0 + \gamma x_{t-1} + \sum \beta_i \Delta x_{t-i} + \varepsilon_t$ (Enders, 2004, S. 213).

über den repräsentativen Zyklus ergibt sich letztlich aus dem mittleren Verlauf über die einzelnen Konjunkturzyklen und wird gesondert in Abschnitt 4.2.3 charakterisiert.

4.2.2 Anpassung der Größen

4.2.2.1 Trendbereinigung

Um die stationären Komponenten des BIPs, des Kreditvolumens, der Kreditquote sowie der Profit- und Ausfallrate des Bankensektors zu ermitteln, müssen die Zeitreihen um Trends bereinigt (gefiltert) werden. Dafür werden die ursprünglichen Angaben x_t in einen Trend x_t^s sowie zyklische Komponenten x_t^c zerlegt:

$$x_t = x_t^s + x_t^c. \tag{4.1}$$

Die zyklischen Komponenten stellen die stationären Bestandteile einer Zeitreihe dar und ergeben sich aus der Differenz der ursprünglichen Angaben und dem Trend: $x_t^c = x_t - x_t^s$. Zur Ermittlung des Trends stehen unterschiedliche Methoden zur Verfügung, die verschiedenen Annahmen hinsichtlich der statistischen und ökonomischen Eigenschaften der Zeitreihen unterliegen.[59] Im Folgenden werden die zyklischen Komponenten der Zeitreihen mithilfe eines zweiseitigen gleitenden Durchschnitts ermittelt. Baxter und King (1999) zeigen, dass eine solche Methode sowohl deterministische als auch stochastische Trends berücksichtigt und sich damit zur Trendbereinigung der vorliegenden Zeitreihen eignet. Die Trendkomponenten der Zeitreihen werden unter Berücksichtigung der ursprünglichen Angaben x_t und den einbezogenen Quartalen K folgendermaßen ermittelt:

$$x_t^s = \frac{1}{2K+1} \sum_{\tau=-K}^{K} x_{t-\tau}. \tag{4.2}$$

Dabei verursacht ein höherer Wert von K eine stärkere Glättung des Trends, was zu höheren zyklischen Abweichungen führt und vice versa. In Anlehnung an die

59 Für eine Gegenüberstellung verschiedener Methoden zur Trendbereinigung vgl. Canova (1998).

Analyse von Baxter und King (1999, S. 583) wird zur Ermittlung des Trends ein Wert von $K = 12$ verwendet, wodurch insgesamt 25 Quartale zur Isolation der zyklischen Komponenten berücksichtigt werden. Unter Verwendung von Gleichung (4.1) und (4.2) ergibt sich die zyklische Komponente einer Zeitreihe in Quartal t durch

$$x_t^c = x_t - \frac{1}{25}\sum_{\tau=-12}^{12} x_{t-\tau}, \qquad (4.3)$$

wobei der Trend aus dem Durchschnitt der Angaben aus den vorangegangenen und anschließenden 12 Quartalen resultiert. Das BIP und die Kredite werden vor der Ermittlung des Trends logarithmiert, womit die zyklischen Komponenten als prozentuale Abweichungen vom Trend interpretiert werden können. Für die Kreditquote sowie die Profit- und die Ausfallrate ergeben sich die prozentualen Abweichungen aus den Quotienten der zyklischen Komponenten und der Trendkomponenten.

Ausgehend von der Ermittlung der stationären Komponenten der Zeitreihen durch einen zweiseitigen gleitenden Durchschnitt können erneut lediglich die Angaben berücksichtigt werden, die über einen gesamten Konjunkturzyklus vorhanden sind. Dadurch verschiebt sich der Beginn des Beobachtungszeitraums für das BIP, das Kreditvolumen und die Kreditquote von 1949:Q4 auf 1954:Q3, womit der Verlauf über neun Konjunkturzyklen berücksichtigt wird. Für die Profit- und die Ausfallrate des Bankensektors ergeben sich keine Änderungen im Beobachtungszeitraum. Die deskriptiven Eigenschaften der fünf Größen sind in Tabelle 4.3 zusammengefasst, während die prozentualen Abweichungen für den angepassten Beobachtungszeitraum in Abbildung 4.2 dargestellt sind.

Tabelle 4.3: Deskriptive Eigenschaften der Abweichungen

Zeitreihe	BIP	Kreditvolumen	Kreditquote	Profitrate	Ausfallrate
Maximum Abweichung (in %)	4,44 (1973:Q2)	11,05 (1974:Q2)	10,65 (1974:Q3)	38,60 (2006:Q4)	71,43 (2009:Q2)
Minimum Abweichung (in %)	−5,26 (1982:Q4)	−7,21 (1976:Q3)	−5,57 (1977:Q1)	−93,24 (2009:Q2)	−57,08 (2006:Q4)
Standardabweichung (in %)	1,78	3,68	3,09	22,74	29,61
ADF-Test					
t-Statistik	−5,656	−4,622	−5,896	−3,642	−2,915
p-Wert	0,000	0,000	0,000	0,007	0,048

Anmerkungen: Zeitraum für das BIP, das Kreditvolumen und die Kreditquote von 1954:Q3-2009:Q2 und für die Profit- und die Ausfallrate von 1991:Q2-2009:Q2; Angaben in runden Klammern stellen den Zeitpunkt für die maximale und die minimale Abweichung dar; ADF-Test erfolgt unter Berücksichtigung einer Konstanten, wobei die Auswahl der Lags mithilfe des Akaike-Informationskriteriums erfolgt.

Für die prozentualen Abweichungen des BIPs ergibt sich ein relativ einheitlicher Verlauf über die verschiedenen Konjunkturzyklen. Dabei weisen die prozentualen Abweichungen eine hohe Übereinstimmung mit den Angaben des *NBER* auf und nehmen im Abschwung ab. Für die prozentualen Abweichungen des Kreditvolumens und der Kreditquote ergibt sich eine relativ einheitliche Entwicklung über die Konjunkturzyklen, wobei beide Größen deutlich stärkeren Fluktuationen als das BIP unterliegen. Das Kreditvolumen, die Kreditquote und das BIP weisen in den 70er sowie Anfang der 80er Jahre die betragsmäßig höchsten prozentualen Abweichungen auf. Für die Profit- und die Ausfallrate ergeben sich die stärksten Abweichungen vor bzw. während der Finanzkrise. Die Ausfallrate weist über die beiden Konjunkturzyklen einen relativ einheitlichen Verlauf auf, wobei die prozentualen Abweichungen im Aufschwung tendenziell zurückgehen und im Abschwung ansteigen. Im Gegensatz dazu ergibt sich für die Profitrate von 2008:Q1-2009:Q2 ein deutlich stärkerer Rückgang als im vorangegangenen Abschwung.

Abbildung 4.2: Abweichungen über mehrere Konjunkturzyklen

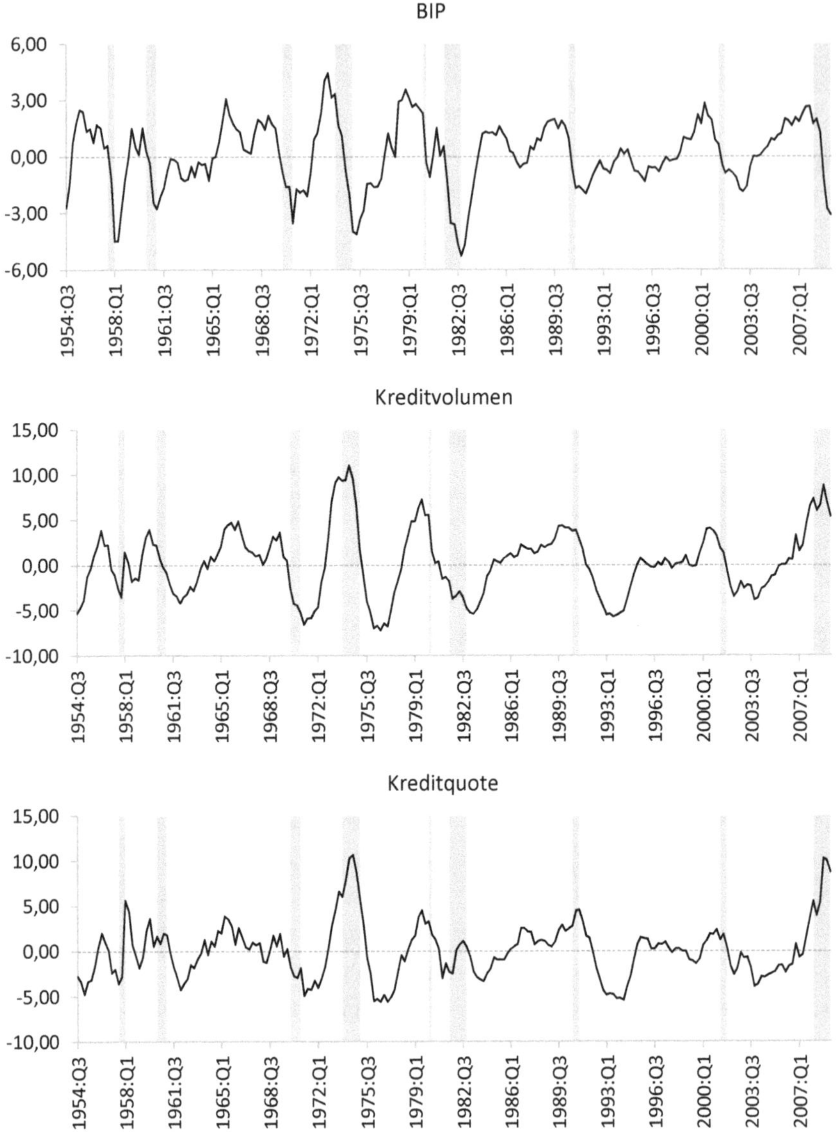

Fortsetzung Abbildung 4.2

Profitrate

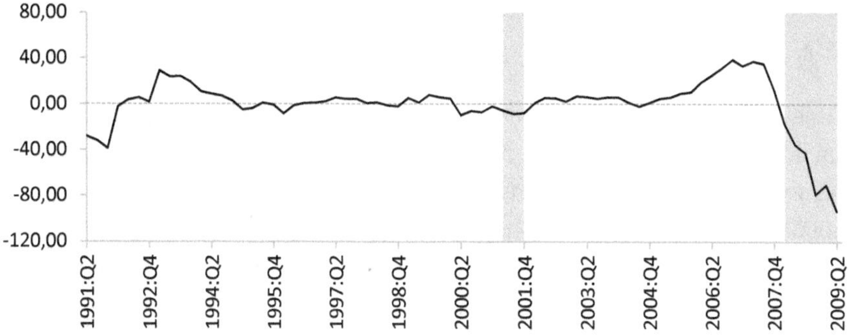

Ausfallrate

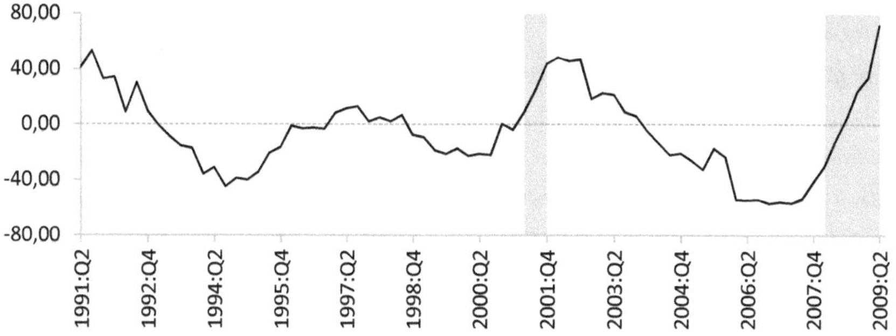

Anmerkungen: Alle Angaben in Prozent; Angaben für das BIP, die Kredite und die Kreditquote von 1954:Q3-2009:Q2 und für die Profit- und die Ausfallrate von 1991:Q2-2009:Q2; graue Bereiche stellen Abschwungquartale dar.

Tabelle 4.3 gibt ebenfalls die Ergebnisse des ADF-Tests für die prozentualen Abweichungen der fünf Größen über den jeweiligen Zeitraum an. Der ADF-Test erfolgt erneut unter Einbeziehung einer Konstanten, während sich die Auswahl der einbezogenen Lags durch das Akaike-Informationskriterium ergibt.[60] Die Ergebnisse des ADF-Tests zeigen, dass die Nullhypothese für das Vorliegen von Nichtstationarität für alle Größen abgelehnt werden kann. Die prozentualen Abweichungen des BIPs, des Kreditvolumens, der Kreditquote sowie der Profit- und

60 Die Schätzgleichung für alle Zeitreihen lautet somit: $\Delta x_t = \alpha_0 + \gamma x_{t-1} + \sum \beta_i \Delta x_{t-i} + \varepsilon_t$.

Ausfallrate können somit für das weitere Vorgehen als niveaustationär angesehen werden.

4.2.2.2 Time-Scaling

Ausgehend von der Ermittlung der niveaustationären Komponenten der Zeitreihen besteht der nächste Schritt darin, den Verlauf der prozentualen Abweichungen des BIPs, des Kreditvolumens, der Kreditquote sowie der Profit- und Ausfallrate über den repräsentativen Konjunkturzyklus zu ermitteln. Die Dynamik über den repräsentativen Zyklus ergibt sich dabei aus dem mittleren Verlauf über die Auf- und Abschwungphasen der verschiedenen Konjunkturzyklen. Ein solches Vorgehen findet beispielsweise in der Konjunkturforschung (Zarnowitz, 1992, S. 141; Leamer, 2008, S. 184) oder bei der Analyse von Kreditbooms (Mendoza und Terrones, 2008; Claessens et al., 2009) Anwendung. Dabei wird die Entwicklung einer stationären Zeitreihe zu unterschiedlichen Zeitpunkten um ein einheitliches Ereignis, wie den Beginn einer Rezession oder das Auftreten eines Kreditbooms, zusammengefasst und analysiert.[61] Im Folgenden werden zwei Methoden zur Herleitung des Verlaufs der prozentualen Abweichungen des BIPs, des Kreditvolumens, der Kreditquote sowie der Profit- und Ausfallrate des Bankensektors über den repräsentativen Konjunkturzyklus vorgestellt. Da die einzelnen Phasen der Zyklen nicht symmetrisch von der Länge des repräsentativen Zyklus abweichen, erfolgt die Anpassung gesondert nach Auf- und Abschwungphasen. Dabei wird der Verlauf der prozentualen Abweichungen im Aufschwung an eine Länge von 19 und im Abschwung an eine Länge von 4 Quartalen angeglichen.

Bei der ersten Methode erfolgt eine absolute Anpassung des Verlaufs über die Auf- und Abschwungphasen der einzelnen Zyklen. Dabei werden lediglich die ersten 19 (4) Quartale eines Aufschwungs (Abschwungs) berücksichtigt. Ein solches

61 So untersucht Leamer (2008, S. 184) für die USA den mittleren Verlauf verschiedener Bestandteile des BIPs vier bzw. sieben Quartale vor bzw. nach dem Beginn einer Rezession, während Mendoza und Terrones (2008) die durchschnittliche Entwicklung unterschiedlicher makroökonomischer Größen für 21 Industrie- und 28 Entwicklungsländer vier Quartale vor und nach dem Einsetzen eines Kreditbooms analysieren.

Vorgehen hat zur Folge, dass lediglich die Entwicklung über Auf- bzw. Abschwünge mit einer Länge von mindestens 19 bzw. 4 Quartalen einbezogen werden, wodurch sich für das BIP, die Kredite und die Kreditquote die Anzahl der Auf- und Abschwünge von neun auf fünf reduziert (vgl. Tabelle 4.1). Für die Profit- und die Ausfallrate werden zwei Aufschwünge und der Abschwung von 2008:Q1-2009:Q2 berücksichtigt.

Eine zweite Methode stellt eine relative Anpassung der einzelnen Auf- und Abschwungphasen dar. Dabei wird die Entwicklung der prozentualen Abweichungen über alle Zyklen durch eine Kombination von Interpolation und Glättung auf 19 bzw. 4 Beobachtungen angepasst. Ein solches Vorgehen ermöglicht es, den Verlauf über alle Auf- und Abschwungphasen aus Abbildung 4.2 zur Ermittlung der Dynamik der prozentualen Abweichungen über den repräsentativen Zyklus zu berücksichtigen. Im Gegensatz zur absoluten Anpassung ergibt sich dabei jedoch das Problem, dass die prozentualen Abweichungen der Größen künstlich geglättet werden, während verschiedene Auswahlmöglichkeiten für das Interpolationsverfahren vorliegen.[62]

Neben den verschiedenen Vor- und Nachteilen einer absoluten und relativen Anpassung des Verlaufs der fünf Größen über die einzelnen Auf- und Abschwungphasen, hängt die Entscheidung für eine der beiden Methoden ebenfalls von einer spezifischen Annahme hinsichtlich der ökonomischen Aktivität ab. So setzt eine absolute Anpassung eine einheitliche Geschwindigkeit der ökonomischen Geschehnisse pro Quartal voraus. Demnach ist z. B. die Entwicklung zwischen dem 1. und dem 19. Quartal eines Aufschwungs immer durch eine gleichförmige Abfolge ähnlicher Ereignisse charakterisiert, die in einer einheitlichen Geschwindigkeit stattfinden. Im Gegensatz dazu geht eine relative Anpassung von Schwankungen in der Intensität der ökonomischen Aktivität aus. Gemäß dieser Sichtweise variiert die ökonomische Aktivität zwischen den einzelnen Quartalen, wobei über die einzelnen Konjunkturzyklen eine relativ einheitliche Entwicklung stattfindet. Dabei sind z. B. alle Aufschwünge unabhängig von ihrer Länge durch

62 So stehen für die Interpolation mehrere Alternativen zur Verfügung, z. B. lineare oder logarithmische Interpolation sowie höhergradige Polynome.

eine ähnliche Kette an Ereignissen charakterisiert, wobei in längeren Aufschwüngen die Geschehnisse langsamer stattfinden, während kürzere Aufschwünge durch eine schnellere Abfolge der Ereignisse gekennzeichnet sind.[63]

Aufgrund der unterschiedlichen Vor- und Nachteile der beiden Anpassungsmethoden werden beide Verfahren zur Herleitung des Verlaufs der prozentualen Abweichungen des BIPs, des Kreditvolumens, der Kreditquote sowie der Profit- und der Ausfallrate über den repräsentativen Konjunkturzyklus getestet.[64] Dabei zeigt sich, dass eine relative Anpassung für alle fünf Größen sowohl im Auf- als auch im Abschwung zu einem einheitlicheren Verlauf als bei einer absoluten Anpassung führt. Zudem ergibt sich bei einer absoluten Anpassung der prozentualen Abweichungen des BIPs über den repräsentativen Abschwung ein kurzfristiger Anstieg, was eine unrealistische Entwicklung darstellt. Bei einer relativen Anpassung werden zudem alle Auf- und Abschwungphasen berücksichtigt. Ausgehend von den verschiedenen Einschränkungen einer absoluten Anpassung wird für das weitere Vorgehen der Verlauf der prozentualen Abweichungen für alle fünf Größen über die einzelnen Auf- und Abschwungphasen mithilfe einer relativen Anpassung an die Länge des repräsentativen Zyklus angeglichen. Im restlichen Abschnitt wird die zugrundeliegende Methode beschrieben, während sich eine beispielhafte Darstellung in Anhang A.6 findet. Die Charakterisierung der Dynamik der fünf Größen über den repräsentativen Konjunkturzyklus erfolgt gesondert in Abschnitt 4.2.3.

Die theoretische Grundlage für die relative Anpassung des Verlaufs über die verschiedenen Auf- und Abschwungphasen an die Länge des repräsentativen Konjunkturzyklus orientiert sich an dem Konzept des *Time-Scalings*, das aus der Signalverarbeitung stammt.[65] Beim *Time-Scaling* werden Signale mit unterschiedlichen Frequenzen durch eine Anpassung der Abtastfrequenz angeglichen, wobei eine Anhebung der Tastfrequenz als *Upscaling* und eine Verringerung als

63 Diese beiden Sichtweisen werden häufig auch durch das Konzept der Kalenderzeit (absolut) und der psychologischen Zeit (relativ) unterschieden. Eine Darstellung findet sich bei Zarnowitz (1992, S. 189 ff.).

64 Die angepassten Auf- und Abschwungphasen über die verschiedenen Konjunkturzyklen finden sich in Anhang A.4: Abbildung A.1 und Abbildung A.2.

65 Für eine Einführung vgl. Strang und Nguyen (1996, S. 87 ff.) oder Milic (2009, S. 23 ff.).

Downscaling bezeichnet wird. Dieser Vorgang wird im Folgenden auf die Anpassung des Verlaufs der fünf Größen über die einzelnen Auf- und Abschwungphasen an den repräsentativen Konjunkturzyklus übertragen. Dabei wird der Verlauf der prozentualen Abweichungen im Auf- bzw. Abschwung durch lineare Interpolation sowie Glättung auf eine einheitliche Länge von 19 bzw. 4 Beobachtungen angepasst. Eine Verlängerung des Verlaufs wird als *Upscaling* bezeichnet, während eine Verkürzung als *Downscaling* bezeichnet wird und als Erstes vorgestellt wird.

Beim *Downscaling* wird die Zeitachse m einer Reihe X durch den Skalierungsparameter k dividiert, wobei der Beginn der Zeitachse zuvor auf null festgelegt wird und $k \in \mathbb{N}$ gilt. Es ergibt sich eine neue Zeitreihe $\tilde{X}$ mit der Zeitachse $n(n = m/k)$, bei der nur ganzzahlige Werte von n berücksichtigt werden. Im Anschluss an den Ausgangswert wird dabei nur noch jede k-te Beobachtung der ursprünglichen Zeitreihe $X(m)$ in $\tilde{X}(n)$ angegeben. Ausgehend von der Verkürzung der Zeitachse entspricht die Anzahl der Zeitpunkte bzw. der Angaben für $\tilde{X}$ gleich $n + 1$. Der Vorgang ist in Abbildung 4.3 beispielhaft für eine Zeitreihe X mit $m = 14$ und einem Skalierungsparameter von $k = 2$ dargestellt. Ausgehend von der ursprünglichen Reihe wird die Zeitachse durch zwei dividiert, wodurch sich eine neue Zeitreihe $\tilde{X}$ ergibt, bei der im Anschluss an den Ausgangswert nur noch jeder zweite Wert der ursprünglichen Zeitreihe berücksichtigt wird. So entspricht beispielsweise der Wert aus der sechsten Periode von X dem Wert aus der dritten Periode von $\tilde{X}$. Die Anzahl der Beobachtungen reduziert sich von 15 auf 8, wobei die Angaben für den Start- und den Endwert der ursprünglichen und der angepassten Zeitreihe übereinstimmen.

Beim *Downscaling* nimmt die Anzahl der Beobachtungen einer Zeitreihe ab, was zur Vernachlässigung potentieller Ausreißer sowie grundlegender Muster führen kann und als Alias-Effekt bezeichnet wird (Milic, 2009, S. 33). So verschiebt sich nach dem *Downscaling* in Abbildung 4.3 der Zeitpunkt des Minimums von der neunten Periode in X auf die vierte Periode in $\tilde{X}$. Die Verringerung der Beobachtungen hat zudem zur Folge, dass der Prozess des *Downscalings* nicht umkehrbar ist.

Abbildung 4.3: Allgemeine Darstellung des Downscalings

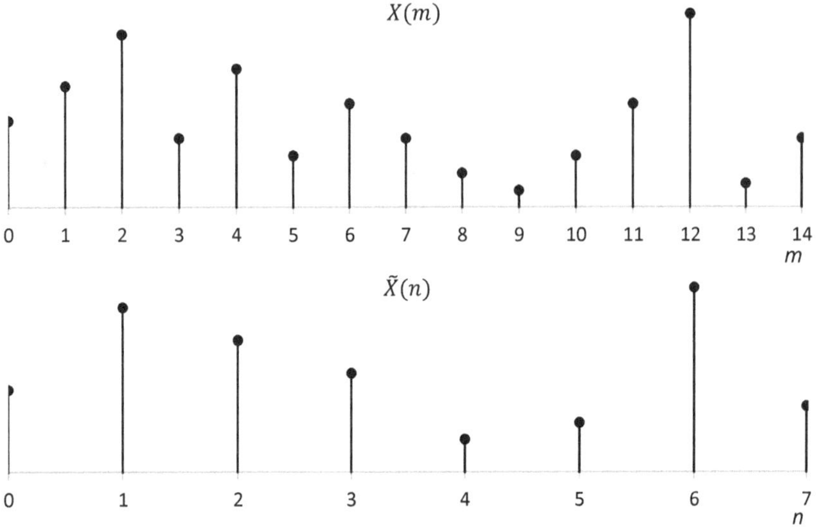

Anmerkungen: X = ursprüngliche Zeitreihe; $\tilde{X}$ = angepasste Zeitreihe; Skalierungsparameter $k = 2$.

Im Gegensatz zum *Downscaling* wird beim *Upscaling* die Zeitachse m einer Reihe X mit dem Skalierungsparameter k multipliziert, mit $k \in \mathbb{N}$. Dadurch ergibt sich eine neue Zeitreihe $\tilde{X}$ mit der Zeitachse n $(n = km)$, wobei $(k-1)m$ Lücken in $\tilde{X}$ bestehen. Diese werden durch lineare Interpolation geschlossen, womit sich für $\tilde{X}$ insgesamt $n + 1$ Beobachtungen ergeben. Der Vorgang des *Upscalings* ist erneut für eine Reihe X mit $m = 14$ und dem Skalierungsparameter $k = 2$ in Abbildung 4.4 dargestellt. Dabei wird die Zeitachse von X um den Faktor zwei verlängert, wodurch sich eine neue Zeitreihe $\tilde{X}$ mit $n = 28$ ergibt. Die Lücken, die sich für jede zweite Beobachtung ergeben, werden durch lineare Interpolation geschlossen und sind in Abbildung 4.4 durch graue Vierecke gekennzeichnet. Der interpolierte Wert in einer Periode ergibt sich aus dem Mittelwert der Vorperiode und der nachfolgenden Periode. So resultiert beispielsweise der Wert in Periode 9 aus dem Durchschnitt des Wertes aus Periode 8 und Periode 10. Im Gegensatz zum *Downscaling* ist der Prozess des *Upscalings* umkehrbar, da jeder Wert der ursprünglichen Zeitreihe erhalten bleibt. Gleichzeitig ergibt sich nicht die Gefahr des Alias-Effektes.

Abbildung 4.4: Allgemeine Darstellung des Upscalings

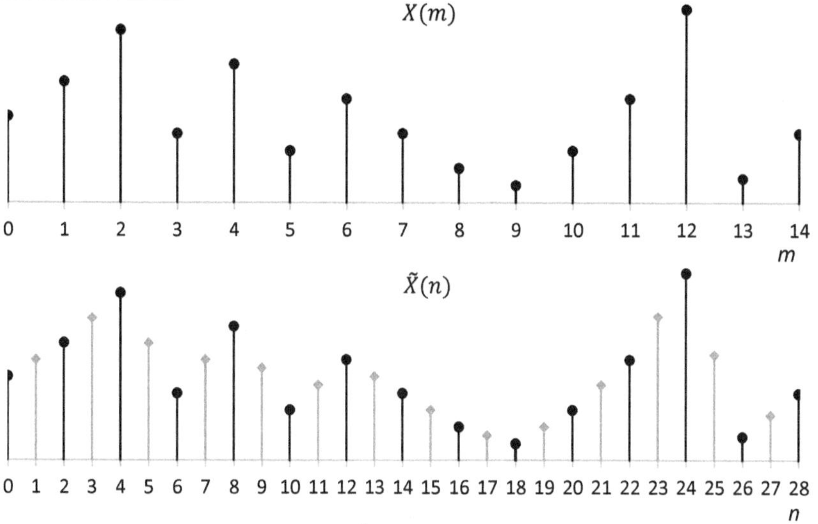

Anmerkungen: X = ursprüngliche Zeitreihe; $\tilde{X}$ = angepasste Zeitreihe; Skalierungsparameter $k = 2$.

Für eine Anpassung von Zeitreihen um nicht-ganzzahlige Werte, werden *Up*- und *Downscaling* miteinander kombiniert. Um beispielsweise die Zeitachse einer Reihe um den Term 3/2 zu verändern, muss diese zuerst um drei verlängert (*Upscaling*) und anschließend um zwei verkürzt (*Downscaling*) werden. Bei einer Anpassung der Zeitachse um 2/3 wird diese zuerst um zwei verlängert und anschließend um drei verkürzt.

In Anlehnung an die Verallgemeinerung des Konzeptes des *Time-Scalings* wird der Verlauf der prozentualen Abweichungen für alle fünf Größen über die verschiedenen Zyklen an die Länge der Auf- und Abschwungphasen des repräsentativen Konjunkturzyklus von 19 bzw. 4 Quartalen angepasst. Von insgesamt neun Abschwüngen stimmen bereits zwei mit der vorgegebenen Länge von vier Quartalen überein, während lediglich ein Aufschwung eine Länge von 19 Quartalen aufweist (vgl. Tabelle 4.1). Für das BIP, das Kreditvolumen und die Kreditquote müssen somit acht Aufschwünge sowie sieben Abschwünge und für die Profit- und die Ausfallrate jeweils zwei Auf- bzw. Abschwünge angepasst werden. Da die verschiedenen Phasen mit Ausnahme des Abschwungs von 1980:Q1-1980:Q2 keine ganzzahligen Vielfachen oder Teiler der Länge des repräsentativen Zyklus darstellen, erfolgt die Anpassung durch eine Kombination aus *Up-* und *Downscaling*.

Das Vorgehen zur Anpassung des Verlaufs der prozentualen Abweichungen über die einzelnen Zyklen setzt sich für alle Auf- und Abschwungphasen aus drei Schritten zusammen. Zuerst wird die Zeitachse über einen ursprünglichen Auf- bzw. Abschwung mit einem Startwert von null um einen Skalierungsparameter von 18 bzw. 3 multipliziert (*Upscaling*). Anschließend werden mithilfe linearer Interpolation die entstandenen Lücken für die Angaben der prozentualen Abweichungen geschlossen. Im letzten Schritt wird die Zeitachse eines Auf- bzw. Abschwungs durch den Skalierungsparameter k dividiert (*Downscaling*), wobei der Wert für k immer der ursprünglichen Länge des Auf- bzw. Abschwungs abzüglich des Wertes eins entspricht. Der erste und der letzte Wert für die prozentualen Abweichungen der ursprünglichen sowie der angepassten Zeitreihen stimmen dabei immer überein. Der Verlauf der fünf Größen über den repräsentativen Konjunkturzyklus ergibt sich abschließend aus dem Mittelwert der prozentualen Abweichungen über alle angepassten Auf- und Abschwungphasen. Eine beispielhafte Darstellung findet sich in Anhang A.6.

4.2.3 Charakterisierung der Größen über den repräsentativen Zyklus

Der Verlauf der prozentualen Abweichungen des BIPs, des Kreditvolumens, der Kreditquote sowie der Profit- und der Ausfallrate des Bankensektors wird mithilfe verschiedener Maße über den repräsentativen Konjunkturzyklus charakterisiert. Dabei ermöglicht die Herleitung des Verlaufs über den repräsentativen Zyklus die Ermittlung spezifischer Merkmale, die bisher in der Literatur nicht berücksichtigt wurden. Im Zuge der Charakterisierung des Verlaufs der fünf Größen werden das Timing, die Volatilität, die Synchronität mit dem Konjunkturzustand und die Extremwerte der prozentualen Abweichungen erfasst. Das Timing wird durch folgende vier intuitive Maße ermittelt: das Quartal der maximalen und der minimalen Abweichung sowie die Periode, in der die prozentualen Abweichungen vom Negativen ins Positive übergehen und vice versa. Neben dem Timing wird ebenfalls der Wert der prozentualen Abweichungen für das Minimum und das Maximum einbezogen. Die Volatilität der Zeitreihen über den repräsentativen Zyklus wird durch die Standardabweichung angegeben. Die Synchronität der Größen mit dem Konjunkturzyklus wird durch den Konkordanzindex gemessen, der von Harding und Pagan (2002, S. 370) entwickelt wurde. Der Konkordanzindex gibt den Anteil an Perioden an, in denen eine Zeitreihe synchron zum Konjunkturzyklus verläuft, wobei ein Wert von eins (null) einen perfekt prozyklischen (kontrazyklischen) Verlauf angibt.[66] Der Index wird folgendermaßen berechnet:

$$CI_{xy} = \frac{1}{T}\sum_{t=1}^{T}\left(C_{xt}C_{yt} + \left(1 - C_{yt}\right)\left(1 - C_{xt}\right)\right). \tag{4.4}$$

Dabei nimmt C_{xt} den Wert eins an, wenn sich die Ökonomie in einem Aufschwung befindet, während sich in einem Abschwung ein Wert von null ergibt. Für die prozentualen Abweichungen einer Zeitreihe y ergibt sich für C_{yt} ein Wert von eins, wenn die Abweichung im Vergleich zur Vorperiode zunimmt, während sich bei einem Rückgang ein Wert von null einstellt; T gibt die Anzahl der Beobachtungen an und entspricht der Länge des repräsentativen Zyklus von 23 Quartalen. Die Verwendung des Konkordanzindex ermöglicht einen direkten Vergleich zwischen dem Konjunkturzyklus, der in Anlehnung an die Angaben des *NBER* die gesamtwirtschaftliche Entwicklung darstellt, und dem Verlauf des BIPs, des Kreditvolumens, der Kreditquote sowie der Profit- und der Ausfallrate. Anders ausgedrückt gibt der Konkordanzindex Aufschluss darüber, inwiefern der Verlauf der fünf Größen positiv oder negativ mit dem Konjunkturzyklus synchronisiert ist.

Tabelle 4.4 fasst die Eigenschaften der fünf Größen über den repräsentativen Konjunkturzyklus zusammen. Abbildung 4.5 stellt den Verlauf der prozentualen Abweichungen dar, wobei Abschwungquartale grau hinterlegt sind. Wie bereits erläutert, setzt sich der repräsentative Konjunkturzyklus aus einem Aufschwung, der bis einschließlich Quartal 19 anhält, und einem anschließenden Abschwung

[66] Der Konkordanzindex für zwei Zeitreihen, die keinerlei Synchronität aufweisen, beträgt 0,5.

zusammen, der im 20. Quartal beginnt und bis einschließlich Quartal 23 andauert. Um einen einheitlichen Start- und Endwert in den Darstellungen zu erhalten, wird der Anfangswert in Periode null auf die prozentuale Abweichung aus dem 23. Quartal festgelegt und entspricht damit dem Wert aus dem letzten Abschwungquartal.[67]

Tabelle 4.4: Charakterisierung der Abweichungen über den repräsentativen Konjunkturzyklus

	BIP	Kreditvolumen	Kredit-quote	Profit-rate	Ausfall-rate
Timing (Quartal)					
Maximum	18	18	22	16	23
Minimum	23	4	4	23	17
Positiv	8	10	12/14	3/11	1
Negativ	21	1	2/13	8/20	6
Abweichung (in %)					
Maximum	1,91	3,71	3,15	21,12	57,51
Minimum	−2,89	−3,30	−2,53	−50,69	−38,68
Standardabweichung (in %)	1,42	2,31	1,70	18,06	27,30
Konkordanzindex	0,83	0,78	0,65	0,61	0,22

Anmerkung: Repräsentativer Konjunkturzyklus ergibt sich für das BIP, das Kreditvolumen und die Kreditquote aus den angepassten Beobachtungen über den Zeitraum von 1954:Q3-2009:Q2 und für die Profit- und die Ausfallrate von 1991:Q2-2009:Q2.

67 Eine Rezession beginnt in den Darstellungen im Anschluss an das 19. Quartal. Das bedeutet nicht, dass Quartal 19 bereits eine Rezession darstellt, sondern das im Anschluss an Periode 19 die Rezession beginnt.

Abbildung 4.5: Abweichungen über den repräsentativen Konjunkturzyklus

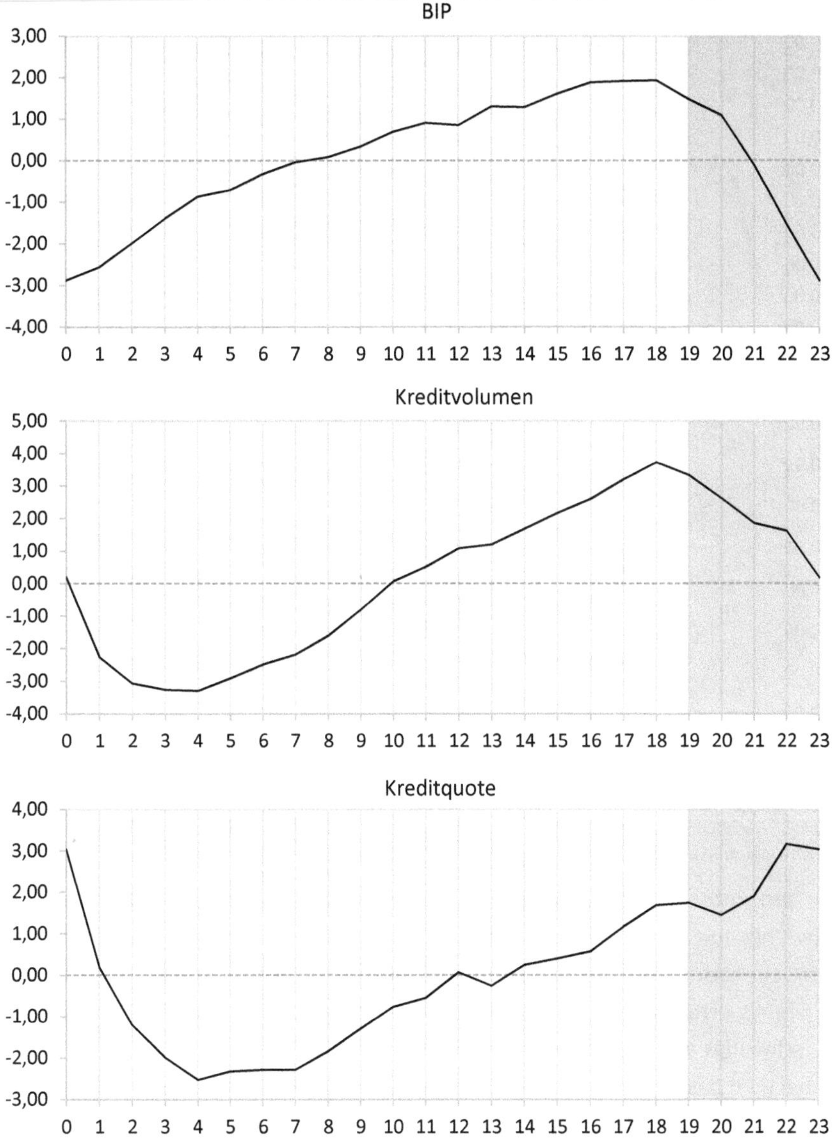

Fortsetzung *Abbildung 4.5*

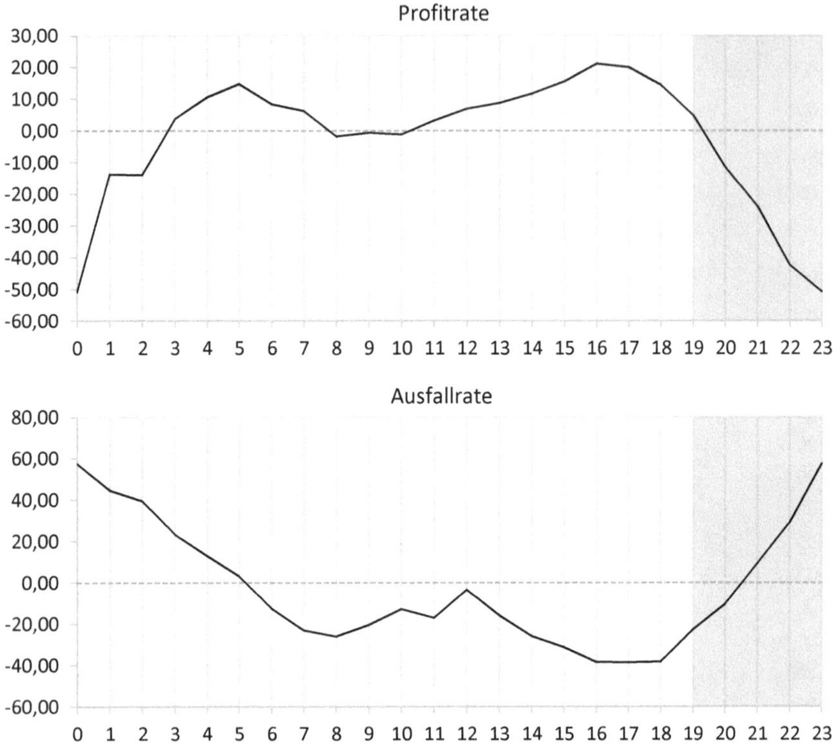

Anmerkungen: Alle Angaben in Prozent; repräsentativer Konjunkturzyklus ergibt sich für das BIP, das Kreditvolumen und die Kreditquote aus den angepassten Beobachtungen über den Zeitraum von 1954:Q3-2009:Q2 und für die Profit- und die Ausfallrate von 1991:Q2-2009:Q2; graue Bereiche stellen Abschwungquartale dar.

Die prozentualen Abweichungen des BIPs steigen mit dem Beginn des Aufschwungs mit kurzen Unterbrechungen bis zum 18. Quartal an. Anschließend setzt ein kontinuierlicher Rückgang ein, wobei das Minimum am Ende des Abschwungs erreicht wird. Das Kreditvolumen nimmt bis zur vierten Periode des Aufschwungs ab und geht anschließend in einen kontinuierlichen Anstieg über. Dabei wird das Maximum in der gleichen Periode wie für das BIP erreicht, wobei die prozentuale Abweichung deutlich höher ausfällt. Zudem ergibt sich für das

Kreditvolumen eine größere Standardabweichung als für das BIP, womit die Abweichungen für das Kreditvolumen überproportional im Vergleich zum gesamtwirtschaftlichen Output ausfallen. Für die Kreditquote ergibt sich im vierten Quartal ein Minimum, während in Periode 22 ein Maximum erreicht wird. Anders als für das BIP und das Kreditvolumen weist die Kreditquote somit im Abschwung eine Aufwärtstendenz auf, die sich dadurch ergibt, dass die prozentualen Abweichungen des BIPs im Abschwung stärker zurückgehen als für das Kreditvolumen.

Für die Profit- und die Ausfallrate des Bankensektors ergeben sich deutlich höhere Abweichungen als für die anderen drei Größen. Dabei weist die Profitrate über den Aufschwung keine einheitliche Entwicklung auf, wobei sich ab dem 16. Quartal ein kontinuierlicher Rückgang ergibt. Die negativen prozentualen Abweichungen fallen betragsmäßig deutlich höher aus als die positiven und werden durch den sprunghaften Rückgang in der Rezession von 2008:Q1-2009:Q2 verursacht. Die prozentualen Abweichungen der Ausfallrate unterliegen im Aufschwung einer rückläufigen Tendenz, wobei sich zwischen dem 8. und dem 12. Quartal ein kurzfristiger Anstieg ergibt. Die Ausfallrate weist als einzige Größe eine kontrazyklische Synchronität mit dem Konjunkturzyklus auf.

Ausgehend von der Charakterisierung des Verlaufs der prozentualen Abweichungen des BIPs, des Kreditvolumens, der Kreditquote sowie der Profit- und Ausfallrate des Bankensektors besteht das Ziel des weiteren Vorgehens darin, die Dynamik des theoretischen Modells aus Kapitel 3 mit dem Verlauf der empirischen Angaben über den repräsentativen Konjunkturzyklus zu vergleichen. Dadurch lässt sich zum einen analysieren, welche Merkmale der empirischen Zeitreihen mithilfe des Modells erklärt werden können. Zum anderen kann dadurch die Hypothese überprüft werden, dass das Anreizsystem der Kreditreferenten als Treiber von Kreditzyklen in Frage kommt. Im nächsten Abschnitt wird das Steady-State-Niveau und die Dynamik des theoretischen Modells untersucht. Ein Vergleich zwischen den Ergebnissen der empirischen Analyse und der Modelldynamik erfolgt in Abschnitt 4.4.

4.3 Steady-State und Dynamik des Modells

In den folgenden Abschnitten wird das theoretische Modell aus Kapitel 3 mithilfe von Simulationen analysiert. Dabei wird ausgehend von der Festlegung von Ausgangswerten für die Parameter des Modells zuerst ein realistisches Steady-State-Niveau ermittelt und einer Sensitivitätsanalyse unterzogen. Anschließend wird die Dynamik des Modells über den repräsentativen Konjunkturzyklus für verschiedene Fälle analysiert. Dabei wird angenommen, dass die Entwicklung verschiedener Parameter des Modells vom Konjunkturzustand abhängt. Das Ziel des Vorgehens besteht zum einen darin, ausgehend von geeigneten Parameterwerten ein Grundverständnis für das Steady-State-Niveau und die Dynamik des Modells zu entwickeln. Zum anderen werden die Ergebnisse als Ausgangspunkt für den Vergleich der Resultate der empirischen Analyse und der Modelldynamik verwendet, der in Abschnitt 4.4 erfolgt.

4.3.1 Vorgehensweise

In Anlehnung an die Herleitung des theoretischen Modells aus Kapitel 3 entspricht das BIP dem gesamtwirtschaftlichen Output (Y), während die Entwicklung des Kreditvolumens durch den Verlauf des Kreditportfolios (KP) der repräsentativen Bank angegeben wird. Für den Vergleich zwischen dem Bankensektor und der Realwirtschaft wird erneut die Kreditquote (KQ) verwendet, die sich aus dem Verhältnis des gesamtwirtschaftlichen Outputs und dem Kreditportfolio der Bank ergibt. Die Profitrate (PR) des Bankensektors wird durch den Quotienten aus dem Gewinn der repräsentativen Bank und deren Aktiva, die sich aus dem Kreditportfolio und den erforderlichen Mindestreserven zusammensetzt, ermittelt. Die Entwicklung der Ausfallrate (AR) ergibt sich aus dem Verhältnis der Kreditausfallkosten und dem Kreditportfolio für die repräsentative Bank.[68] Ebenso wie in der empirischen Analyse wird die Dynamik des Modells über den repräsentativen Konjunkturzyklus, bestehend aus einem Aufschwung von 19 Perioden und einem Abschwung von 4 Perioden, untersucht. Eine Periode im Modell entspricht

68 Der Herleitung der jeweiligen Größen findet sich in Kapitel 3. Dabei ergibt sich der Output aus Gleichung (3.10), das Kreditportfolio aus Gleichung (3.12), der Gewinn aus (3.19), die Bankbilanz gemäß Tabelle 3.3 und die Kreditausfallkosten aus Gleichung (3.17).

demnach einem Quartal. Die prozentuale Abweichung in einer Periode ergibt sich aus dem Quotienten des absoluten Wertes in dieser Periode und dem Durchschnittswert über den kompletten Konjunkturzyklus von 23 Perioden, subtrahiert mit dem Wert eins.

Zur Ermittlung des Steady-State-Niveaus des Modells müssen insgesamt 13 Parameterwerte festgelegt werden, wobei versucht wird, so viele Angaben wie möglich auf Grundlage empirischer Daten zu ermitteln. Dabei ergibt sich das Problem, dass ein Teil der empirischen Vorgaben, wie der Depositenzinssatz oder die Kreditlaufzeit, entweder zeitlichen Veränderungen unterliegen oder nur über einen eingeschränkten Zeitraum vorhanden sind. Um dennoch eine möglichst einheitliche empirische Grundlage zu erhalten, ergibt sich ein Teil der Parameterwerte aus dem Durchschnitt über den Konjunkturzyklus von 2002:Q1-2009:Q2.

Die Bestimmung der Kreditlaufzeit der Annuitätendarlehen (Ψ) erfolgt in Anlehnung an die Angaben des *Survey of Terms of Business Lending (STBL)* des *FED*. Das *STBL* wird seit April 1955 vierteljährlich mit Unterbrechungen durchgeführt und gibt die Bedingungen an, zu denen Darlehen von Geschäftsbanken an Unternehmen vergeben werden.[69] Von Mai 1997 bis Mai 2017 beinhaltete die Umfrage ebenfalls die gewichtete durchschnittliche Laufzeit von Unternehmenskrediten, die als Bezugsgröße für die Laufzeit der Annuitätendarlehen herangezogen wird. Die durchschnittliche Laufzeit der Unternehmenskredite über den Konjunkturzyklus von 2002:Q1-2009:Q2 beträgt sechs Quartale. Andere Daten über die Kreditlaufzeit, beispielsweise von Hypothekarkrediten, sind nicht verfügbar.[70] Für den Depositenzinssatz (i) werden die Angaben der *Effective Federal Funds Rate* verwendet. Diese gibt den Zinssatz an, zu dem Finanzmittel auf dem Interbankenmarkt zur Verfügung gestellt werden. Über den Konjunkturzyklus von 2002:Q1-2009:Q2 ergibt sich ein durchschnittlicher vierteljährlicher Depositenzinssatz von 0,64 %.[71] Der Mindestreservesatz (μ) wird auf 10 % festgelegt und entspricht damit den seit dem 2. April 1992 geltenden Anforderungen für große

69 Die Veröffentlichung erfolgt immer im Februar, Mai, August und November eines Jahres.

70 Für eine Übersicht über die Kreditlaufzeit in anderen Ländern vgl. Qian und Strahan (2007).

71 Die *Effective Federal Funds Rate* wird annualisiert ausgegeben und wurde entsprechend in den effektiven Quartalszinssatz umgeformt.

Kreditinstitute (Feinman, 1993). Die Angaben für den Depositenzinssatz und den Mindestreservesatz stammen vom *FED*.

Die marginale Konsumneigung (α_1) wird auf einen Wert von 0,3 festgelegt. Dieser ist in Einklang mit der empirischen Literatur, die eine Bandbreite für die marginale Konsumneigung zwischen 0,2 und 0,7 dokumentiert (Jappelli und Pistaferri, 2010; Carroll et al., 2017). Für das Marktrisiko (z) werden Angaben von Bartram et al. (2018) verwendet. Die Autoren schätzen unter Verwendung firmenspezifischer sowie makroökonomischer Indikatoren – darunter den Konjunkturangaben des *NBER* – die Höhe des Marktrisikos zwischen 1961 und 2017. Dabei ergibt sich in einem Abschwungquartal ein annualisiertes Marktrisiko von 0,241 % und in einem Aufschwungquartal von 0,128 %. Ausgehend von diesen Angaben wird über den repräsentativen Konjunkturzyklus ein durchschnittliches Marktrisiko pro Periode von 0,037 % verwendet, welches als Grundlage für das Steady-State-Niveau berücksichtigt wird.[72]

Die Zinsreagibilität der Kreditnachfrage (b) wird über die Zinselastizität der Kreditnachfrage (ε_D) im Marktgleichgewicht (r^*, L^*) ermittelt. Die Zinselastizität der Nachfrage resultiert aus $\varepsilon_D = (r^*/L^*)\,(\partial L_D/\partial r) = (bde - ab)/(ac + bde)$, womit sich der Parameterwert für die Zinsreagibilität der Kreditnachfrage aus $b = (\varepsilon_D ac)/(de - a - \varepsilon_D de)$ ergibt. Die Zinselastizität der Kreditnachfrage wird in Anlehnung an die Untersuchungen von Chirinko et al. (1999) festgelegt, die unter Verwendung von US-amerikanischen Firmendaten über einen Zeitraum von 1981-1991 eine Elastizität von –0,5 ermitteln.

Die Fixkosten der repräsentativen Bank (w_0) werden über das Aufwands-Ertrags-Verhältnis (ϑ) bestimmt. Das Aufwands-Ertrags-Verhältnis stellt ein Maß für die Effizienz des Bankensektors dar und ergibt sich aus dem Quotienten der Betriebskosten und dem Nettozinseinkommen, wobei eine Bank umso effizienter ist, je niedriger das Aufwands-Ertrags-Verhältnis ist (Beck und Demirgüç-Kunt, 2009). Die Betriebskosten setzen sich im Modell aus den Personal- und Fixkosten zusam-

---

72 Unter Berücksichtigung der vierteljährlichen Angaben ergibt sich der Wert des Marktrisikos für den Steady-State somit aus: $z = (19 \cdot 0{,}00032 + 4 \cdot 0{,}00060)/23$.

men, während sich das Nettozinseinkommen aus der Differenz des Zinseinkommens laufender Annuitätendarlehen und den Zinskosten aufgenommener Depositen ergibt.[73] Die Fixkosten der repräsentativen Bank können somit aus dem Produkt des Aufwands-Ertrags-Verhältnisses (ϑ) und dem Nettozinseinkommen (NZE) abzüglich der Bonuszahlungen für die Kreditreferenten (L^*e) folgendermaßen ermittelt werden: $w_0 = NZE\vartheta - L^*e$. Für ϑ werden Angaben der *World Bank* verwendet, die das jährliche durchschnittliche Aufwands-Ertrags-Verhältnis des US-amerikanischen Bankensektors angibt. Über den Konjunkturzyklus von 2002-2009 ergibt sich dabei ein mittlerer Wert von 0,59.

Von 13 Parameterwerten können somit fünf direkt und zwei indirekt aufgrund empirischer Analysen festgelegt werden. Die Werte für die verbleibenden sechs Parameter – der autonome Konsum (α_0), der Achsenabschnitt der Kreditnachfrage (a), die Zinsreagibilität des Kreditangebotes (c), die Bonusreagibilität des Kreditangebotes (d) und des Ausfallrisikos (g) sowie der Bonusparameter (e) – werden über ein heuristisches Suchverfahren bestimmt. Bei diesem Suchverfahren werden ausgehend von frei gewählten Startwerten die Parameterwerte so lange verändert, bis sich für verschiedene Größen des Modells ein realistisches Steady-State-Niveau ergibt. Als Grundlage für die Beurteilung eines realistischen Steady-States wird die Bandbreite folgender vier Größen über den Konjunkturzyklus von 2002:Q1-2009:Q2 berücksichtigt: die Kreditquote, die Profit- und die Ausfallrate sowie der Zinssatz auf dem Kreditmarkt. Die Werte für die Kreditquote sowie die Profit- und die Ausfallrate beziehen sich auf die nicht-stationären Angaben aus Abschnitt 4.2.1. Für den Zinssatz auf dem Kreditmarkt wird die *Prime Rate* verwendet, die den durchschnittlichen Zinssatz für laufende Unternehmenskredite darstellt und von der *FRED* veröffentlich wird.[74] Die sechs heuristisch ermittelten Parameterwerte werden demnach so gewählt, dass sich in den Modellsimulationen die Werte für die Kreditquote, die Profit- und die Ausfallrate sowie für den Kreditzinssatz innerhalb der Bandbreite der empirischen Vorgaben befinden.

---

73 Vgl. Abschnitt 3.6.

74 Die Angaben der *Prime Rate* werden annualisiert ausgegeben und wurden entsprechend in den effektiven Quartalszinssatz umgeformt.

Tabelle 4.5 fasst die Werte für die Parameter zusammen, die zur Ermittlung des Steady-State-Niveaus und als Grundlage für die Untersuchung der Dynamik des Modells verwendet werden.

Tabelle 4.5: Parameterwerte für das Steady-State-Niveau

Bereich	Parameter		
	Notation	Beschreibung	Wert
Kreditmarkt	a	Achsenabschnitt Kreditnachfrage	0,50
	b	Zinsreagbilität Kreditnachfrage	10,63 (durch $\varepsilon_D = -0{,}5$)
	c	Zinsreagibilität Kreditangebot	7,00
	d	Bonusreagibilität Kreditangebot	43,00
Bank	Ψ	Kreditlaufzeit	6,00
	i	Depositenzinssatz	0,0064
	μ	Mindestreservesatz	0,10
	w_0	Fixkosten	0,0042 (durch $\vartheta = 0{,}59$)
	g	Bonusreagibilität Ausfallrisiko	0,35
	e	Bonusparameter	0,0052
	z	Marktrisiko	0,00037
Output	α_0	Autonomer Konsum	0,20
	α_1	Marginale Konsumneigung	0,30

Anmerkung: Alle Angaben in absoluten Werten.

4.3.2 *Steady-State des Modells*

4.3.2.1 Ausgangsniveau

Ausgehend von den Parameterwerten aus Tabelle 4.5 wird das Steady-State-Niveau des theoretischen Modells aus Kapitel 3 ermittelt.[75] Tabelle 4.6 gibt die Werte für die Kreditquote (KQ), die Profitrate (PR), die Ausfallrate (AR) und den Kreditzins (KZ) im Kreditmarktgleichgewicht an, die sich in den Modellsimulationen ergeben. Daneben werden ebenfalls verschiedene deskriptive Maße für die empirischen Angaben der vier Größen über den Zeitraum von 2002:Q1-2009:Q2 angegeben, die zur Einschätzung des Steady-State-Niveaus verwendet werden.

Tabelle 4.6: Steady-State-Niveau

	Simulierte Werte	Empirische Werte			
		MW	Min	Max	Stab
KQ	154,54	158,53	137,88	190,85	16,78
PR	0,12	0,28	0,01	0,35	0,10
AR	0,22	0,22	0,09	0,68	0,13
KZ	1,57	1,37	0,80	2,00	0,40

Anmerkungen: Alle Angaben in Prozent; MW = Mittelwert; Min = Minimum; Max = Maximum; Stab = Standardabweichung.

Wie bereits durch das heuristische Suchverfahren zur Festlegung verschiedener Parameterwerte garantiert, ergibt sich für die Modellsimulationen ein realistisches Steady-State-Niveau. Dabei liegen die Kreditquote, die Profitrate und der Kreditzins zwischen den Extremwerten der empirischen Angaben, während sich für die Ausfallrate eine Übereinstimmung mit dem Mittelwert der empirischen Vorgabe ergibt.

[75] Das Steady-State-Niveau ergibt sich im Anschluss an die sechste Periode. Die Simulationen werden mit Excel durchgeführt.

Im nächsten Abschnitt wird das Steady-State-Niveau des Modells aus Tabelle 4.6 einer Sensitivitätsanalyse unterzogen.[76] So können die Ergebnisse der weiterführenden Untersuchung nur dann als aussagekräftigt interpretiert werden, wenn das Steady-State-Niveau zum einen robust gegenüber verschiedenen Parametervariationen ist. Gleichzeitig sollte sich nicht unabhängig von den gewählten Parameterwerten ein realistischer Steady-State für das Modell ergeben.[77] Darüber hinaus soll untersucht werden, in welchem Ausmaß einzelne Größen des Modells im Steady-State von Veränderungen der Parameterwerte abhängen.

4.3.2.2 Sensitivitätsanalyse

Im Zuge der Sensitivitätsanalyse wird jeweils immer nur ein Wert im Vergleich zu den Angaben aus Tabelle 4.5 verändert, d. h. es erfolgt eine *One-at-a-Time*-Sensitivitätsanalyse (Hamby, 1994, S. 139; Pannell, 1997, S. 144).[78] Die Auswahl der zu variierenden Parameter wird von der Unsicherheit über die Ausgangswerte aus Tabelle 4.5 beeinflusst. Die Zinsreagibilität der Kreditnachfrage und die Fixkosten der Bank passen sich ausgehend von den Änderungen der Parameterwerte in den Modellsimulationen automatisch so an, dass weiterhin die empirischen Vorgaben für die Zinselastizität der Kreditnachfrage und das Aufwands-Ertrags-Verhältnis erfüllt sind. Das bedeutet, dass sich unabhängig von den gewählten Parameterwerten im Steady-State immer eine Zinselastizität der Kreditnachfrage von −0,5 und ein Aufwands-Ertrags-Verhältnis von 0,59 ergibt.

---

76 Für eine Einführung in die Thematik der Sensitivitätsanalyse vgl. Hamby (1994) und Pannell (1997).

77 Der erste Punkt wird beispielsweise von Leamer (1985, S. 308) folgendermaßen verdeutlich: „A fragile inference is not worth taking seriously. All scientific disciplines routinely subject their inference to studies of fragility. Why should economics be different?" Der zweite Punkt wird von Cooley (1997, S. 57) veranschaulicht: „Being able to explain anything is tantamount to having a theory of nothing".

78 Die Berücksichtigung verschiedener Kombinationen an Parameterveränderungen führt schnell zu einer unüberschaubaren Zahl an möglichen Resultaten. So würde beispielsweise eine kombinatorische Analyse für die heuristisch ermittelten Parameterwerte mit jeweils fünf unterschiedlichen Angaben 5^6 bzw. 15.625 Modellsimulationen erfordern.

a) Heuristisch ermittelte Parameterwerte

Im ersten Schritt der Sensitivitätsanalyse wird das Steady-State-Niveau des Modells auf Änderungen der Parameterwerte von a, c, d, g, e und α_0 untersucht. Wie bereits erläutert, wurden die jeweiligen Parameterwerte durch ein heuristisches Suchverfahren bestimmt, bei dem ausgehend von frei gewählten Startwerten die Angaben so lange verändert wurden, bis sich ein realistischer Steady-State einstellte. Um die Robustheit des Steady-State-Niveaus und die Auswirkungen von Veränderungen der Parameterwerte zu ermitteln, wird auf eine *Break-Even*-Sensitivitätsanalyse zurückgegriffen (Pannell, 1997, S. 146).[79] Dabei werden die einzelnen Parameterwerte so lange erhöht, bis die simulierten Angaben der Kreditquote, der Profitrate, der Ausfallrate oder des Kreditzinssatzes das Maximum oder das Minimum der empirischen Vorgaben über den Konjunkturzyklus von 2002:Q1-2009:Q2 erreichen. Um eine Vergleichbarkeit zwischen den Änderungen der Parameter zu ermöglichen, werden die prozentualen Erhöhungen im Vergleich zu den Ausgangswerten aus Tabelle 4.5 dokumentiert.

Tabelle 4.7 gibt die Ergebnisse der Sensitivitätsanalyse und die empirischen Vorgaben an. Die erste Zeile unter den Parametern stellt die prozentuale Steigerung (%+) im Vergleich zum Ausgangswert aus Tabelle 4.5 dar, bei denen die simulierten Werte verschiedener Größen des Modells in Anlehnung an die empirischen Vorgaben ein Minimum oder ein Maximum erreichen.

[79] Eine andere Möglichkeit wäre, alle Ausgangswerte um einen einheitlichen und arbiträren Betrag zu erhöhen und anschließend die Auswirkungen auf das Steady-State-Niveau zu analysieren. Ein solches Vorgehen liefert jedoch weniger Erkenntnisse als eine *Break-Even*-Sensitivitätsanalyse.

Tabelle 4.7: Sensitivitätsanalyse der heuristisch ermittelten Parameterwerte

	Simulierte Werte						Empirische Werte			
	a	c	d	g	e	α_0	MW	Min	Max	Stab
%+	9,10	24,00	9,50	68,00	8,40	32,35				
KQ	160,09	154,16	154,16	154,22	154,16	137,87	158,53	137,88	190,85	16,78
PR	0,28	0,01	0,01	0,01	0,01	0,12	0,28	0,01	0,35	0,10
AR	0,22	0,22	0,22	0,34	0,23	0,22	0,22	0,09	0,68	0,13
KZ	2,00	1,26	1,26	1,57	1,30	1,57	1,37	0,80	2,00	0,40

Anmerkungen: Alle Angaben in Prozent; %+ = prozentuale Erhöhung im Vergleich zu dem Parameterwerten aus Tabelle 4.5; MW = Mittelwert; Min = Minimum; Max = Maximum; Stab = Standardabweichung.

Es zeigt sich durchweg, dass das Steady-State-Niveau robust gegenüber geringfügigen Variation der heuristisch ermittelten Parameterwerte ist. So ergibt sich beispielsweise für a bis zu einer Erhöhung um 9,10 % vom Ausgangswert ein realistisches Steady-State-Niveau. Das Minimum der Profitrate stellt hierbei den häufigsten Grenzwert dar, der bei der Anhebung der Parameterwerte erreicht wird. Gleichzeitig wird deutlich, dass erhebliche Unterschiede hinsichtlich der Sensitivität des Modells bestehen. So ist das Steady-State-Niveau vergleichsweise sensibel gegenüber Variationen von e, a und d, während sich für c und α_0 eine moderate Sensitivität ergibt. Die höchste prozentuale Steigerung im Vergleich zu dem Ausgangswert ergibt sich für g.

b) Kreditlaufzeit

Im Gegensatz zu den heuristisch ermittelten Parameterwerten wird der Ausgangswert für die Kreditlaufzeit der Annuitätendarlehen durch die Angaben des *STBL* über den Konjunkturzyklus von 2002:Q1-2009:Q2 bestimmt. Dabei ergibt sich eine mittlere Laufzeit von sechs Quartalen, wobei das Minimum vier und das Maximum acht Quartale beträgt. Ausgehend von dieser Bandbreite für die Kreditlaufzeit der Annuitätendarlehen wird das Steady-State-Niveau des Modells ebenfalls für eine Laufzeit von vier und acht Quartalen simuliert.

Tabelle 4.8: Sensitivitätsanalyse der Kreditlaufzeit

	Simulierte Werte		Empirische Werte			
	$\Psi = 4$	$\Psi = 8$	MW	Min	Max	Stab
KQ	109,98	199,41	158,53	137,88	190,85	16,78
PR	0,12	0,12	0,28	0,01	0,35	0,10
AR	0,22	0,22	0,22	0,09	0,68	0,13
KZ	1,57	1,57	1,37	0,80	2,00	0,40

Anmerkungen: Alle Angaben in Prozent; MW = Mittelwert; Min = Minimum; Max = Maximum; Stab = Standardabweichung.

Die Ergebnisse aus Tabelle 4.8 zeigen, dass sich eine Änderung der Kreditlaufzeit lediglich auf die Kreditquote auswirkt, wobei die simulierten Werte um weniger als zwei Standardabweichungen vom Minimum bzw. Maximum der empirischen

Angaben abweichen. Die Profit- und die Ausfallrate sowie der Zinssatz werden nicht durch eine Variation der Kreditlaufzeit beeinflusst.[80]

c) Zinselastizität der Kreditnachfrage

Im letzten Schritt wird das Steady-State-Niveau des Modells bei einer Veränderung der Zinselastizität der Kreditnachfrage analysiert. In Anlehnung an empirische Schätzungen von Chirinko et al. (1999) wurde für die Zinselastizität der Kreditnachfrage ein Ausgangswert von –0,50 verwendet, was zu einer Zinsreagibilität der Kreditnachfrage von $b = 10{,}63$ geführt hat. Die Autoren zeigen jedoch, dass die Höhe der Zinselastizität von der verwendeten Schätzmethodik abhängt. Dabei ergeben sich Werte zwischen –0,25 und –0,75, die ebenfalls in Einklang mit anderen empirischen Untersuchungen stehen (Clark und Sichel, 1993; Hassett und Hubbard, 1996). Ausgehend von diesen Angaben wird das Steady-State-Niveau des Modells in Abhängigkeit einer Zinselastizität von –0,25 bzw. –0,75 analysiert, wobei sich eine Zinsreagibilität der Kreditnachfrage von $b = 3{,}97$ bzw. $b = 24{,}15$ ergibt.

Tabelle 4.9 vergleicht das jeweilige Steady-State-Niveau mit den empirischen Werten. Es zeigt sich, dass mit Ausnahme der Ausfallrate alle Größen von einer Variation der Zinselastizität betroffen sind. Dabei reagieren die Profitrate und der Kreditzins stärker als die Kreditquote, wobei jedoch die simulierten Werte um weniger als zwei Standardabweichungen von den Grenzwerten der empirischen Vorgaben abweichen.

80 Während das Steady-State-Niveau der Ausfallrate und des Zinssatzes unabhängig von der Kreditlaufzeit sind, führt die automatische Anpassung von w_0 über ein fixes Aufwands-Ertrags-Verhältnis zu einer konstanten Profitrate. Bei unveränderlichen Fixkosten in Höhe des Ausgangswertes ergibt sich für die Profitrate bei $\Psi = 8$ ein Wert von 0,23 % und für $\Psi = 4$ von –0,06 %, die um weniger als eine Standardabweichung von den Grenzwerten der empirischen Vorgaben abweichen.

Tabelle 4.9: Sensitivitätsanalyse der Zinselastizität der Kreditnachfrage

	Simulierte Werte		Empirische Werte			
	$\varepsilon_D = -0{,}25$	$\varepsilon_D = -0{,}75$	MW	Min	Max	Stab
KQ	166,10	144,65	158,53	137,88	190,85	16,78
PR	0,47	−0,13	0,28	0,01	0,35	0,10
AR	0,22	0,22	0,22	0,09	0,68	0,13
KZ	2,52	0,89	1,37	0,80	2,00	0,40

Anmerkungen: Alle Angaben in Prozent; MW = Mittelwert; Min = Minimum; Max = Maximum; Stab = Standardabweichung.

Ausgehend von der Veränderung verschiedener Ausgangswerte verdeutlicht die Sensitivitätsanalyse, dass das Steady-State-Niveau des Modells robust gegenüber verschiedenen Variationen der Parameterwerte ist. Zudem wird deutlich, dass sich unter willkürlich gewählten Parameterwerten nicht zwangsläufig ein realistischer Steady-State ergibt, was ebenfalls einen positiven Einfluss auf die Aussagekraft des Modells besitzt.

4.3.3 Modelldynamik

In diesem Abschnitt wird die Dynamik des theoretischen Modells aus Kapitel 3 über den repräsentativen Konjunkturzyklus für unterschiedliche Szenarien analysiert. Dabei wird angenommen, dass die Entwicklung verschiedener Parameter des Modells vom Konjunkturzustand abhängt, wobei drei Fälle unterschieden werden. Im ersten Fall wird von einem kontrazyklischen Verlauf des Marktrisikos ausgegangen, wobei das Ausfallrisiko der Annuitätendarlehen im Abschwung ansteigt und im Aufschwung abnimmt. Anschließend werden die Auswirkungen einer prozyklischen Variation der Kreditnachfrage in Form einer Veränderung des Achsenabschnittes der Kreditnachfrage untersucht, der im Aufschwung ansteigt und im Abschwung abnimmt. Der letzte Fall berücksichtigt eine prozyklische Entwicklung des Kreditangebotes, die durch einen Anstieg des Bonusparameters der Kreditreferenten im Aufschwung und einen Rückgang im Abschwung gekennzeichnet ist.

Ein solches Vorgehen ermöglicht es, die Auswirkungen der verschiedenen Szenarien auf die Dynamik des theoretischen Modells zu untersuchen und die einheitlichen sowie unterschiedlichen Implikationen der drei Fälle zu analysieren. Gleichzeitig wird ein Grundverständnis für die Dynamik des Modells entwickelt. Die Ergebnisse dieser Untersuchung werden in Abschnitt 4.4 als Grundlage für den Vergleich der Modellsimulationen mit den Ergebnissen der empirischen Analyse verwendet.

Wie bereits erläutert, wird die Dynamik des Modells über den repräsentativen Konjunkturzyklus analysiert, der sich gemäß den Angaben des *NBER* aus einem Aufschwung von 19 Quartalen und einem anschließenden Abschwung von 4 Quartalen zusammensetzt. Dabei werden die prozentualen Abweichungen des Outputs (Y), des Kreditportfolios (KP), der Kreditquote (KQ), der Profitrate (PR) und der Ausfallrate (AR) untersucht. Die Methode zur Ermittlung des Verlaufs der prozentualen Abweichungen über den repräsentativen Konjunkturzyklus unterliegt in allen drei Fällen einem einheitlichen Vorgehen. Als Ausgangspunkt wird das Steady-State-Niveau aus Tabelle 4.6 verwendet, dass sich durch die Parameterwerte aus Tabelle 4.5 ergibt. Anschließend werden nacheinander die Veränderungen des Marktrisikos (z), des Achsenabschnittes der Kreditnachfrage (a) und des Bonusparameters für die Kreditreferenten (e) betrachtet. Dabei konvergieren die Parameterwerte von z, a, und e in Abhängigkeit des jeweiligen Konjunkturzustandes gegen verschiedene Grenzwerte. Ausgehend von diesem Anpassungsmechanismus werden für jedes Szenario mehrere aufeinanderfolgende Konjunkturzyklen mit einer einheitlichen Länge von jeweils 23 Perioden simuliert, wobei der letzte Zyklus als Grundlage für die Analyse der Modelldynamik über den repräsentativen Konjunkturzyklus verwendet wird. Ein solches Vorgehen garantiert, dass temporäre Niveauunterschiede, die sich durch die Abweichungen von z, a und e im Vergleich zu den Ausgangswerten ergeben, keinen Einfluss auf den Verlauf über den repräsentativen Zyklus besitzen.[81]

---

81 Praktisch bedeutet ein solches Vorgehen, dass ausgehend von dem Steady-State-Niveau nacheinander zehn Kreditzyklen mit jeweils 19 Aufschwung- und 4 Abschwungperioden simuliert werden. Der letzte Zyklus entspricht dem Verlauf über den repräsentativen Konjunkturzyklus.

4.3.3.1 Variationen des Marktrisikos

Im ersten Fall wird von einem negativen Zusammenhang zwischen dem Marktrisiko und dem Konjunkturzustand, der als Indikator für die gesamtwirtschaftliche Entwicklung interpretiert wird, ausgegangen. Das Marktrisiko stellt das systematische Risiko dar, dass sich durch den allgemeinen Zustand der Ökonomie ergibt und unabhängig von dem Anreizsystem der Kreditreferenten besteht. Dabei nimmt das Marktrisiko der Annuitätendarlehen (z) im Aufschwung mit abnehmender Rate ab und steigt im Abschwung mit abnehmender Rate wieder an, wobei die Änderungen des Risikos pro Periode im Abschwung stärker ausfallen als im Aufschwung.[82] Die Anpassung des Marktrisikos in Abhängigkeit des Konjunkturzustandes wird durch folgende Funktion beschrieben:

$$z_t = z_{t-1} + \lambda_z(z^* - z_{t-1}), \qquad (4.5)$$

$$\text{mit } z^* = \begin{cases} \overline{z} \text{ im Abschwung} \\ \underline{z} \text{ im Aufschwung} \end{cases}, \text{ wobei } \overline{z} > \underline{z}.$$

Das Marktrisiko in Periode t ergibt sich aus dem Wert der Vorperiode z_{t-1}, dem Anpassungsparameter λ_z und dem jeweiligen Konjunkturparameter z^*. In Abhängigkeit des Konjunkturzustandes konvergiert das Marktrisiko dabei im Ab- bzw. Aufschwung gegen $\overline{z}$ bzw. $\underline{z}$. Der Verlauf des Marktrisikos kann als Akkumulationsprozess nacheinander auftretender exogener Schocks interpretiert werden (Woodford, 1990).

Der Zusammenhang zwischen dem Konjunkturzustand und dem Marktrisiko wird durch verschiedene empirische Studien bekräftigt. So können beispielsweise Koopman and Lucas (2005) eine negative Korrelation zwischen dem Konjunkturzustand in Form der Wachstumsrate des Bruttoinlandsproduktes und der Anzahl

---

82 Der Verlauf des Marktrisikos weist demnach in Abhängigkeit des Konjunkturzustandes eine unterschiedliche Steigung auf, wobei sich ausgehend von einer kürzeren Abschwungphase stärkere Veränderungen pro Periode ergeben. Abschwünge wirken somit kürzer und stärker als Aufschwünge auf die Ökonomie. Hinweise auf Unterschiede in der Entwicklung zwischen Auf- und Abschwungphasen finden sich bereits bei Mitchell (1927, S. 333) und Keynes (2009, S. 266). Für neuere empirische Untersuchungen, die ebenfalls Unterschiede zwischen der Entwicklung in Auf- und Abschwüngen feststellen, vgl. z. B. Knüppel (2004).

an Unternehmensausfällen für die USA zwischen 1933-1997 feststellen. Koopman et al. (2009) zeigen anhand von Unternehmensdaten für die USA von 1980-2005, dass das Marktrisiko kontrazyklische Schwankungen aufweist. Die Autoren betonen jedoch, dass nur ein Teil der steigenden Ausfallwahrscheinlichkeit in einem Abschwung durch die Veränderung makroökonomischer Variablen erklärt werden kann, während sich ein anderer Teil beispielsweise durch Ansteckungseffekte in Verbindung mit sektorspezifischen Risiken ergibt.

Die Parameterwerte für die Anpassung des Marktrisikos aus Funktion (4.5) werden so festgelegt, dass die durchschnittliche Höhe des Risikos im Auf- bzw. Abschwung mit den empirischen Schätzungen von Bartram et al. (2018) übereinstimmt, die bereits zur Ermittlung des Steady-State-Niveaus des Modells verwendet wurden. Die Autoren analysieren den Zusammenhang zwischen den Angaben des *NBER* und dem Marktrisiko anhand von Unternehmensdaten für die USA zwischen 1961-2017. Dabei ergibt sich im Abschwung ein durchschnittliches Marktrisiko von 0,054 % und im Aufschwung von 0,032 %.[83] Die Fixkosten werden über ein durchschnittliches Aufwands-Ertrags-Verhältnis von 0,59 bestimmt, dass sich über den repräsentativen Konjunkturzyklus ergibt.[84] Die restlichen Parameterangaben für die Modellsimulationen entsprechen den Ausgangswerten aus Tabelle 4.5. Die Ergebnisse der Modellsimulationen sind in Tabelle 4.10 zusammengefasst. Dabei werden in Anlehnung an die Charakterisierung der empirischen Zeitreihen das Timing, die Abweichung, die Volatilität und die Synchronität der simulierten Zeitreihen mit dem Konjunkturzyklus angegeben. Abbildung 4.6 gibt den Verlauf der prozentualen Abweichungen des Outputs, des Kreditportfolios, der Kreditquote sowie der Profit- und der Ausfallrate über den repräsentativen Konjunkturzyklus an. Zusätzlich zur durchschnittlichen Kreditlaufzeit von sechs Quartalen wird in den Abbildungen ebenfalls die Dynamik des Modells für eine Kreditlaufzeit von vier und acht Perioden dargestellt. Der Bereich zwischen dem oberen

---

83 Die entsprechenden Werte für Gleichung (4.5) lauten: $\overline{z} = 0{,}001930$; $\underline{z} = 0{,}000031$ und $\lambda_z = 0{,}10$.

84 Dabei ergibt sich ein Wert von $w_0 = 0{,}0042$. Die Zinselastizität wird nicht von einer Änderung des Marktrisikos beeinflusst, weshalb sich b im Vergleich zum Ausgangswert aus Tabelle 4.5 nicht verändert.

und dem unteren Pfad gibt damit die Bandbreite für die Dynamik der fünf Größen in Abhängigkeit der Laufzeit an.

Tabelle 4.10: Kontrazyklische Variation des Marktrisikos

	Y	KP	KQ	PR	AR
Timing (Periode)					
Maximum	–	19	19	19	23
Minimum	–	1	1	23	19
Positiv	–	9	9	8	21
Negativ	–	22	22	21	8
Abweichung (in %)					
Maximum	0,00	0,04	0,04	18,15	17,74
Minimum	0,00	–0,05	–0,05	–29,86	–10,71
Standardabweichung (in %)	0,00	0,03	0,03	14,16	8,37
Konkordanzindex	–	0,96	0,96	1,00	0,00

Anmerkung: Angaben beziehen sich auf eine Laufzeit von sechs Perioden.

Es zeigt sich, dass der Output nicht von einer Veränderung des Marktrisikos beeinflusst wird. Das Kreditportfolio nimmt in der ersten Periode des Aufschwungs ab und steigt anschließend bis zum Ende des Aufschwungs an. Mit einer Zunahme des Marktrisikos im Abschwung ergibt sich für das Kreditportfolio ein kontinuierlicher Rückgang. Da die Variation des Marktrisikos keinen Einfluss auf die Dynamik des Outputs hat, ergibt sich für die Kreditquote und das Kreditportfolio ein einheitlicher Verlauf. Beide Größen weisen demnach mit Ausnahme des kurzfristigen Rückgangs zu Beginn des Aufschwungs einen prozyklischen Verlauf auf, wobei die prozentualen Abweichungen bei einer Änderung des Marktrisikos relativ gering ausfallen. Der Rückgang zu Beginn des Aufschwungs ergibt sich durch die Kombination der Kreditlaufzeit von mehreren Perioden und der unterschiedlichen Steigung des Marktrisikos in Abhängigkeit des Konjunkturzustandes. Die Profitrate weist einen perfekt prozyklischen Verlauf auf, während sich für die Ausfallrate eine spiegelbildliche Entwicklung ergibt. Gleichzeitig weisen beide Größen höhere Abweichungen als das Kreditportfolio und die Kreditquote auf.

Abbildung 4.6: Kontrazyklische Variation des Marktrisikos

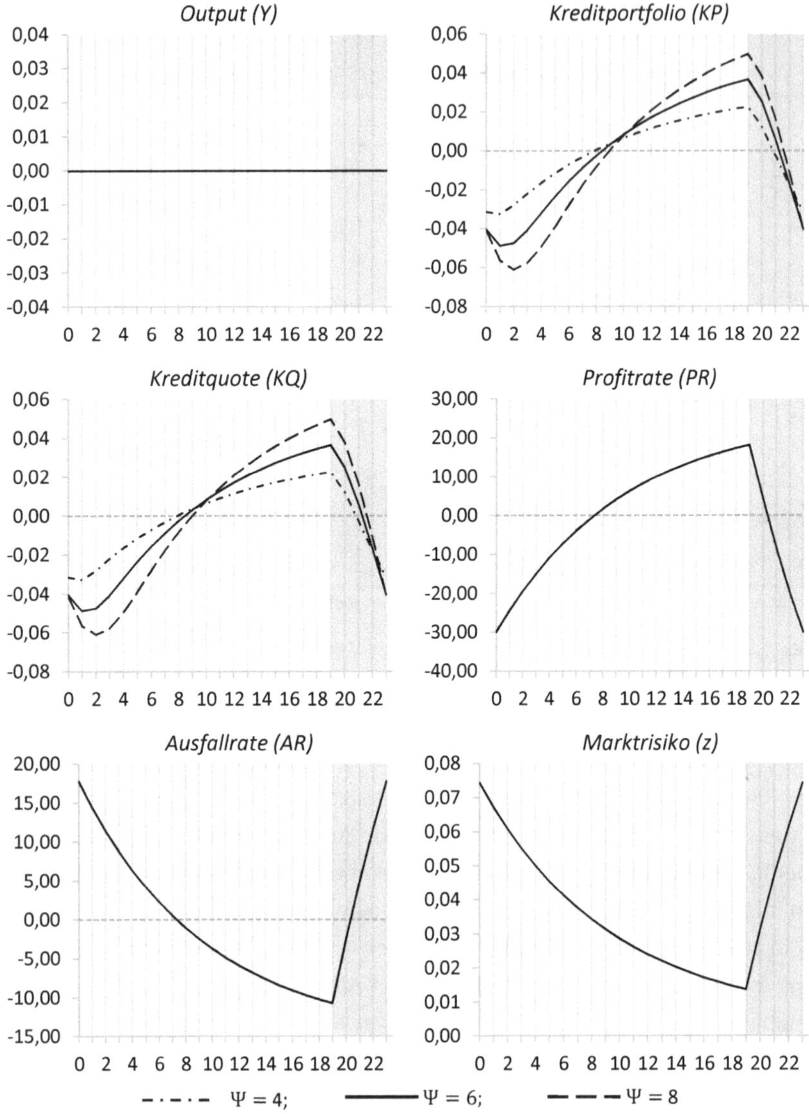

Anmerkungen: Alle Angaben in Prozent; graue Bereiche stellen Abschwungsperioden dar.

Die Kreditlaufzeit hat lediglich Einfluss auf den Verlauf des Kreditportfolios und der Kreditquote, wobei sich mit einem Anstieg der Laufzeit stärkere prozentuale Abweichungen in Verbindung mit einem späteren Timing des Minimums ergeben.

4.3.3.2 Variationen der Kreditnachfrage

Im zweiten Fall der Analyse wird von einem positiven Zusammenhang zwischen der Kreditnachfrage und dem Konjunkturzustand ausgegangen. Dabei nimmt der Achsenabschnitt der Kreditnachfrage (a) im Abschwung mit abnehmender Rate ab und steigt im Aufschwung mit abnehmender Rate wieder an, wobei die Änderungen pro Periode im Abschwung stärker ausfallen als im Aufschwung. Die Anpassung des Achsenabschnittes in Abhängigkeit des Konjunkturzustandes wird durch folgende Funktion beschrieben:

$$a_t = a_{t-1} + \lambda_a (a^* - a_{t-1}), \qquad (4.6)$$

$$\text{mit } a^* = \begin{cases} \overline{a} \text{ im Aufschwung} \\ \underline{a} \text{ im Abschwung} \end{cases}, \text{ wobei } \overline{a} > \underline{a}.$$

Der Achsenabschnitt der Nachfrage in Periode t ergibt sich aus dem Wert der Vorperiode a_{t-1}, dem Anpassungsparameter λ_a sowie dem Konjunkturparameter a^*, wobei die Kreditnachfrage im Aufschwung gegen $\overline{a}$ und im Abschwung gegen $\underline{a}$ konvergiert.

Die Verknüpfung zwischen dem Konjunkturzustand und der Kreditnachfrage ergibt sich dadurch, dass im Abschwung die erwarteten Erträge der Unternehmen zurückgehen, was sich negativ auf deren Investitionstätigkeit auswirkt und zu einer Verringerung der Kreditnachfrage führt (Bikker, 2004, S. 159). Gleichzeitig nimmt im Abschwung der Wert des Realvermögens ab, was zu einer Schwächung der Bilanzpositionen der Unternehmen führt und zu einem Rückgang der Kreditnachfrage beiträgt (Bernanke et al., 1996).[85] So können Lown und Morgan (2006) mithilfe der Angaben des *Loan Officer Opinion Surveys* für die USA über einen Zeitraum von 1967-2003 zeigen, dass die meisten Rezessionen durch einen Rückgang der Kreditnachfrage charakterisiert sind. Im Aufschwung stellt sich eine

[85] Vgl. Abschnitt 2.2.1.

umgekehrte Entwicklung ein, bei der die Kreditnachfrage durch eine Zunahme der erwarteten Erträge und des Realvermögens ansteigt.

Im Gegensatz zur Variation des Marktrisikos können die Angaben für die Änderung des Achsenabschnittes der Kreditnachfrage aus Funktion (4.6) nicht in Anlehnung an empirische Vorgaben festgelegt werden. Aus diesem Grund wird für die Variation von a eine Bandbreite von 5 % um den Ausgangswert des Steady-State-Niveaus aus Tabelle 4.5 angenommen. Dabei ergibt sich in der letzten Periode des Abschwungs ein Minimum von 0,475 und am Ende des Aufschwungs ein Maximum von 0,525.[86] Die Fixkosten und die Zinsreagibilität der Kreditnachfrage werden weiterhin so bestimmt, dass der durchschnittliche Wert des Aufwands-Ertrags-Verhältnisses und der Zinselastizität über alle 23 Perioden den empirischen Vorgaben aus dem Steady-State-Niveau entspricht.[87] Die verbleibenden Parameterwerte entsprechen weiterhin den Angaben aus Tabelle 4.5. Die Auswirkungen einer prozyklischen Veränderung der Kreditnachfrage sind in Tabelle 4.11 zusammengefasst. Abbildung 4.7 gibt den Verlauf der fünf Größen über den repräsentativen Konjunkturzyklus an, wobei zusätzlich die Bandbreite in Abhängigkeit der Kreditlaufzeit von vier und acht Perioden dargestellt wird.

Mit einer prozyklischen Variation der Kreditnachfrage ergibt sich für den Output ein perfekt prozyklischer Verlauf, wobei sich zwischen der 8. und der 20. Periode positive Abweichungen ergeben. Das Kreditportfolio nimmt bis zur zweiten Periode des Aufschwungs ab und steigt anschließend ebenfalls bis zum Ende des Aufschwungs an. Der Betrag der prozentualen Abweichungen und die Standardabweichung fallen für das Kreditportfolio deutlich höher aus als für den Output. Für die Kreditquote ergibt sich in der vierten Periode des Aufschwungs ein Minimum, während das Maximum in Periode 21 erreicht wird. Die Bandbreite der prozentualen Abweichungen und die Volatilität der Kreditquote liegen unter den Angaben des Outputs und des Kreditportfolios. Für die Profitrate ergibt sich am Anfang

86 Die entsprechenden Werte für Gleichung (4.6) lauten: $\underline{a} = 0{,}378$; $\overline{a} = 0{,}533$ und $\lambda_a = 0{,}10$.

87 Ausgehend von einem Aufwands-Ertrags-Verhältnis von 0,59 und einer Zinselastizität der Kreditnachfrage von –0,5 ergeben sich folgende Werte: $w_0 = 0{,}0046$ und $b = 10{,}38$.

des Aufschwungs ein temporärer Rückgang, der in Periode drei zu einem Minimum führt und anschließend in einen monotonen Anstieg übergeht, der bis Periode 20 anhält. Der verzögerte Rückgang im Abschwung ergibt sich durch die buchhalterische Erfassung des Nettoeinkommens und tritt unabhängig von den gewählten Parameterwerten auf.[88]

Tabelle 4.11: Prozyklische Variation der Kreditnachfrage

	Y	KP	KQ	PR	AR
Timing (in Periode)					
Maximum	19	19	21	20	23
Minimum	23	2	4	3	6
Positiv	8	10	11	11	20
Negativ	21	22	1	23	3
Abweichung (in %)					
Maximum	1,40	2,15	1,21	68,42	1,29
Minimum	−2,01	−2,65	−1,34	−84,62	−0,53
Standardabweichung (in %)	1,07	1,59	0,78	50,51	0,52
Konkordanzindex	1,00	0,91	0,74	0,83	0,57

Anmerkung: Angaben beziehen sich auf eine Laufzeit von sechs Perioden.

Die prozentualen Abweichungen der Ausfallrate nehmen im Aufschwung bis Periode sechs ab und nähern sich anschließend an den Mittelwert an. Mit einem Rückgang der Kreditnachfrage im Abschwung nimmt die Ausfallrate wieder zu und erreicht am Ende des Abschwungs ein Maximum. Für die Profitrate ergibt sich die höchste Volatilität, während die Ausfallrate die niedrigste Standardabweichung aufweist. Der Verlauf des Kreditportfolios, der Kreditquote sowie der Profit- und der Ausfallrate wird bei einer prozyklischen Variation des Kreditangebotes durch die Kreditlaufzeit der Annuitätendarlehen beeinflusst. Dabei ergibt sich für die ersten drei Größen mit steigender Laufzeit eine niedrigere Synchronität mit dem Konjunkturzyklus, während der Konkordanzindex für die Ausfallrate positiv von der Laufzeit abhängt. Gleichzeitig nimmt der Betrag der prozentualen Abweichungen für das Kreditportfolio, die Profit- und die Ausfallrate mit steigender Laufzeit ab und für die Kreditquote zu.

88 Vgl. Abschnitt 3.6.

Abbildung 4.7: Prozyklische Variation der Kreditnachfrage

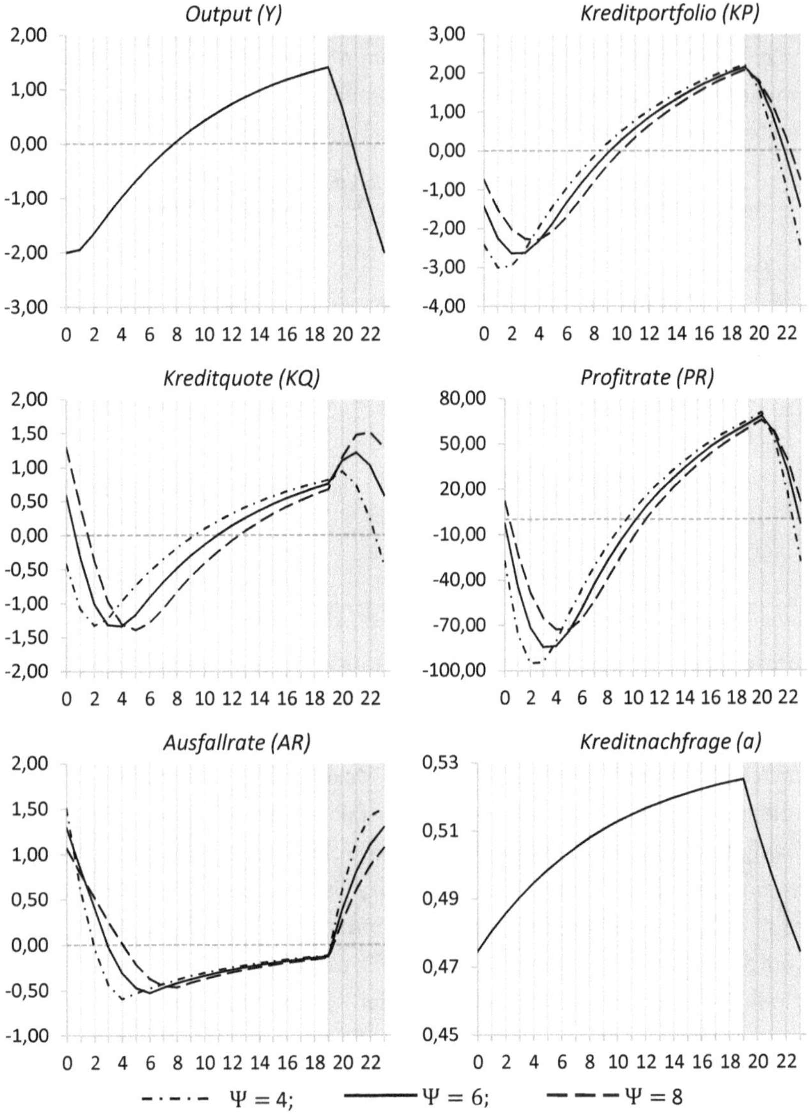

Anmerkungen: Angaben für a in absoluten Werten, Rest in Prozent; graue Bereiche stellen Abschwungperioden dar.

4.3.3.3 Variationen des Kreditangebotes

Im letzten Fall wird eine prozyklische Variation des Kreditangebotes analysiert, die sich durch eine Veränderung des Bonusparameters für die Kreditreferenten ergibt. Ausgehend von der gesamtwirtschaftlichen Entwicklung in Form des Konjunkturzustandes erhöhen die Banken hierbei im Aufschwung intern die Anreize zur Kreditvergabe, was zu einem Anstieg des Vertriebs und der Vermarktung von Kreditanträgen bei einem gleichzeitigen Rückgang der Qualität der Kreditwürdigkeitsprüfung führt. Im Abschwung ergibt sich eine umgekehrte Entwicklung, bei der die Kreditinstitute einen höheren Wert auf den Prozess der Kreditwürdigkeitsprüfung legen, wodurch das Kreditangebot abnimmt. Dabei steigt der Bonusparameter (e) im Aufschwung mit abnehmender Rate an und nimmt im Abschwung mit abnehmender Rate ab, wobei der Anpassungsprozess durch folgende Funktion beschrieben wird:

$$e_t = e_{t-1} + \lambda_e(e^* - e_{t-1}), \tag{4.7}$$

$$\text{mit } e^* = \begin{cases} \overline{e} \text{ im Aufschwung} \\ \underline{e} \text{ im Abschwung} \end{cases}, \text{ wobei } \overline{e} > \underline{e}.$$

Der Bonusparameter in Periode t hängt von dem Bonusparameter der Vorperiode e_{t-1}, dem Anpassungsparameter λ_e und dem entsprechenden Konjunkturparameter e^* ab. Der Bonusparameter konvergiert im Aufschwung gegen $\overline{e}$ und im Abschwung gegen $\underline{e}$.

Die positive Verknüpfung zwischen dem Konjunkturzustand und dem Bonusparameter lässt sich zum einen dadurch begründen, dass im Aufschwung die erwarteten Erträge der Banken zunehmen, die daraufhin ihr Kreditangebot ausweiten (Bikker, 2004, S. 260). Dabei lässt sich annehmen, dass der Anstieg des Kreditangebotes partiell durch eine Anpassung des Anreizsystems der Kreditnehmer erfolgt, da die Banken nicht über ein vollkommen elastisches Angebot an potentiellen Sachbearbeitern verfügen. Zudem nimmt im Aufschwung die Wettbewerbsintensität zwischen den Banken zu, was unter der Gefahr, Marktanteile an Konkurrenten zu verlieren, ebenfalls zu einer Ausweitung des Kreditangebotes führt (Rötheli, 2010; Heider und Inderst, 2012). Der Anstieg der Wettbewerbsintensität im Aufschwung ist gleichzeitig mit einem stärkeren Konkurrenzkampf der

Banken um talentierte Mitarbeiter verbunden, was einen zusätzlichen Anstieg der variablen Entlohnung zur Folge hat (Bannier et al., 2013). So können Makridis und Gittleman (2017) anhand von Mikrodaten für die USA von 2004-2014 zeigen, dass die Höhe der variablen Vergütung positiv von der gesamtwirtschaftlichen Entwicklung abhängt.

Als Näherung für die Variation des Bonusparameters wird, ähnlich wie für eine Variation des Kreditangebotes, der Ausgangswert für das Steady-State-Niveau aus Tabelle 4.5 herangezogen. Dabei wird angenommen, dass sich für den Bonusparameter im Aufschwung ein Maximum von 0,0059 und im Abschwung ein Minimum von 0,0056 ergibt.[89] Die Fixkosten und die Zinsreagibilität der Kreditnachfrage werden weiterhin gemäß den empirischen Vorgaben für das durchschnittliche Aufwands-Ertrags-Verhältnis und die mittlere Zinselastizität der Kreditnachfrage über den repräsentativen Zyklus ermittelt.[90] Tabelle 4.12 fasst die Ergebnisse einer prozyklischen Variation des Bonusparameters zusammen. Abbildung 4.8 stellt den Verlauf der fünf Größen für eine Kreditlaufzeit von vier, sechs und acht Perioden dar.

Tabelle 4.12: Prozyklische Variation des Kreditangebotes

	Y	KP	KQ	PR	AR
Timing (Periode)					
Maximum	19	19	21	20	20
Minimum	23	2	4	3	4
Positiv	8	10	12	10	11
Negativ	21	22	1	23	1
Abweichung (in %)					
Maximum	0,65	0,94	0,50	61,32	1,82
Minimum	−0,93	−1,17	−0,54	−73,78	−2,13
Standardabweichung (in %)	0,50	0,70	0,31	44,51	1,27
Konkordanzindex	1,00	0,91	0,74	0,83	0,78

Anmerkung: Angaben beziehen sich auf eine Laufzeit von sechs Quartalen.

89 Die entsprechenden Werte für Gleichung (4.7) lauten: $\overline{e} = 0{,}006$; $\underline{e} = 0{,}005$ und $\lambda_e = 0{,}1$.

90 Die angepassten Angaben lauten: $w_0 = 0{,}0013$ und $b = 14{,}09$.

Abbildung 4.8: Prozyklische Variation des Kreditangebotes

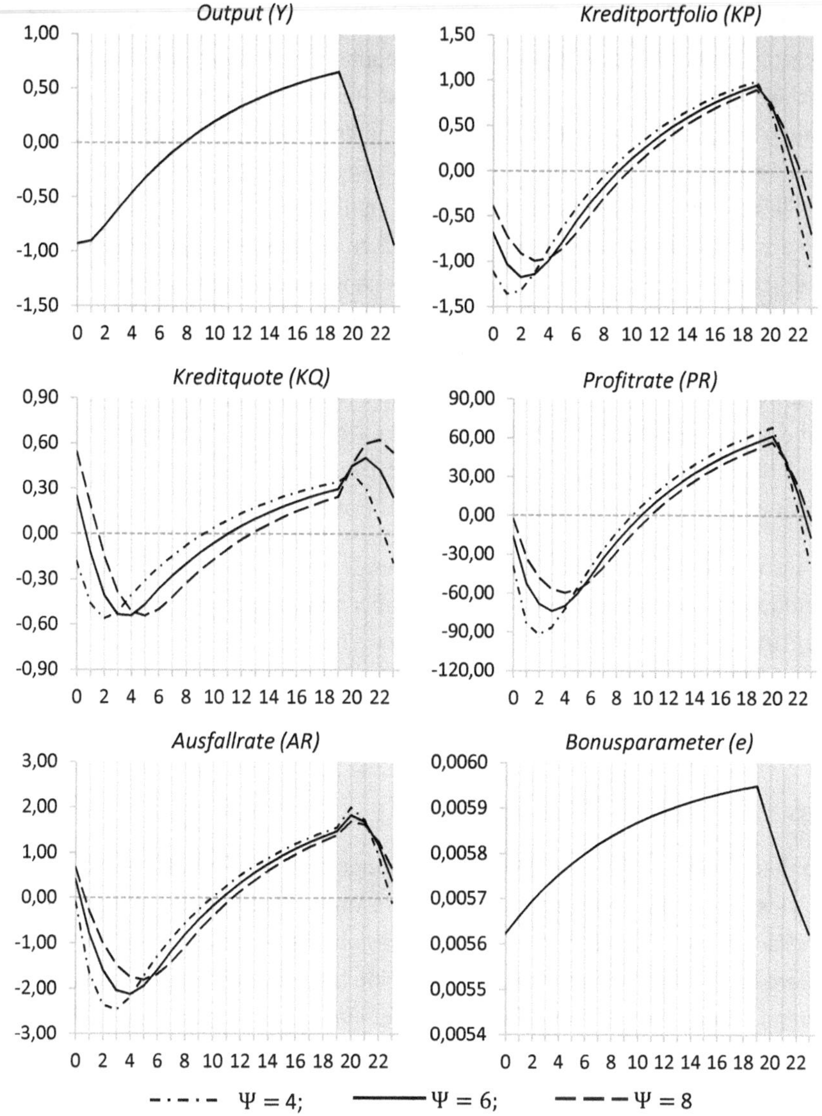

Anmerkungen: Angaben für e in absoluten Werten, Rest in Prozent; graue Bereiche stellen Abschwungperioden dar.

Es zeigt sich, dass der Output einen perfekt prozyklischen Verlauf aufweist, während sich für das Kreditportfolio zu Beginn des Aufschwungs ein kurzfristiger Rückgang ergibt. Die Kreditquote nimmt ebenfalls in den ersten Perioden des Aufschwungs ab und steigt anschließend bis Periode 21 an, wobei die Abweichungen niedriger als für den Output und das Kreditportfolio ausfallen. Für die Profitrate ergibt sich zu Beginn des Aufschwungs ein temporärer Rückgang, der anschließend in einen kontinuierlichen Anstieg übergeht, der bis in die erste Periode des Abschwungs anhält. Für den restlichen Abschwung ergibt sich ein kontinuierlicher Rückgang, wobei die Abweichungen für die Profitrate deutlich stärker ausfallen als für die anderen Größen. Der kurzfristige Anstieg zu Beginn des Abschwungs ergibt sich erneut durch die buchhalterische Erfassung des Gewinns. Die Ausfallrate nimmt mit dem Einsetzen eines Aufschwungs über vier Perioden ab und steigt anschließend bis Periode 20 an. Der Betrag der Abweichungen ist dabei höher als für den Output, das Kreditportfolio und die Kreditquote, liegt jedoch deutlich unter den Angaben für die Profitrate.

Mit Ausnahme des Outputs hängt der Verlauf der betrachteten Größen von der Kreditlaufzeit der Annuitätendarlehen ab. Dabei nimmt die Synchronität des Kreditportfolios, der Kreditquote und der Profitrate mit steigender Kreditlaufzeit ab, während die Ausfallrate einen umgekehrten Zusammenhang aufweist. Gleichzeitig ergeben sich für das Kreditportfolio sowie die Profit- und die Ausfallrate mit zunehmender Laufzeit niedrigere und für die Kreditquote höhere Abweichungen.

4.3.3.4 Vergleich der untersuchten Fälle

Ausgehend von der Analyse der drei Fälle über den repräsentativen Konjunkturzyklus lassen sich Gemeinsamkeiten sowie Unterschiede in der Dynamik des Modells aufzeigen. In allen drei Szenarien ergeben sich für das Kreditportfolio stärkere prozentuale Abweichungen sowie eine höhere Standardabweichung als für den Output. Das Kreditportfolio weist demnach überproportionale Schwankungen im Vergleich zum gesamtwirtschaftlichen Output auf. Zudem reagieren das Kreditportfolio und die Kreditquote in allen Fällen mit einer Verzögerung auf Änderungen des Konjunkturzustandes. Die prozentualen Abweichungen der Profit- und der Ausfallrate unterliegen häufig deutlich stärkeren Schwankungen als die Abweichungen des Outputs, des Kreditportfolios oder der Kreditquote. Die Synchronität des Kreditportfolios, der Kreditquote und der Profitrate mit dem Konjunkturzyklus nimmt zudem in allen drei Fällen mit steigender Kreditlaufzeit ab.

Neben diesen Gemeinsamkeiten ergeben sich ebenfalls deutliche Unterschiede zwischen den betrachteten Fällen. So weist der Output bei einer kontrazyklischen Veränderung des Marktrisikos als einzige Größe keine Abweichungen vom Steady-State-Niveau auf. Gleichzeitig unterliegen die restlichen Größen einem wesentlich monotoneren Verlauf in Abhängigkeit des jeweiligen Konjunkturzustandes als bei einer Variation der Kreditnachfrage oder des Kreditangebotes. Für die Abweichungen des Kreditportfolios, der Kreditquote und der Profitrate ergibt sich bei einer Änderung des Angebotes und der Nachfrage an Krediten ein ähnliches Timing über den Aufschwung des repräsentativen Zyklus. Lediglich die Dynamik der Ausfallrate weist wesentliche Unterschiede zwischen den beiden Fällen auf. So ergibt sich bei einer prozyklischen Veränderung des Kreditangebotes im Abschwung ein Rückgang, wohingegen eine Variation der Kreditnachfrage im Abschwung einen Anstieg aufweist. Gleichzeitig nehmen die prozentualen Abweichungen der Ausfallrate in beiden Fällen über den Großteil des Aufschwungs zu, während sich bei einer kontrazyklischen Veränderung des Marktrisikos ein kontinuierlicher Rückgang einstellt.

4.4 Vergleich der Modellsimulationen mit den Ergebnissen der empirischen Analyse

Im letzten Teil des Kapitels wird die Dynamik der simulierten Zeitreihen mit den Ergebnissen der empirischen Analyse verglichen. Dabei wird untersucht, welche charakteristischen Eigenschaften der empirischen Zeitreihen sich mithilfe des theoretischen Modells aus Kapitel 3 erklären lassen. Es wird somit die Hypothese geprüft, dass das Anreizsystem von Kreditreferenten als Treiber von Kreditzyklen in Frage kommt. In dem Modell erfolgt die Kreditvergabe über Kreditreferenten, die zum einen für den Prozess der Kreditwürdigkeitsprüfung und zum anderen für die Vermarktung und den Vertrieb von Kreditanträgen zuständig sind. Das Kreditangebot hängt von dem Anreizsystem der Kreditreferenten ab, die eine Prämie pro vergebenen Kredit erhalten. Bei den Krediten handelt es sich um Annuitätendarlehen mit einer Laufzeit von mehreren Perioden, wobei sich das Gleichgewicht auf dem Kreditmarkt in jeder Periode durch den Schnittpunkt von Angebot und Nachfrage ergibt. Die Dynamik des Modells wird über den repräsentativen Konjunkturzyklus analysiert. Dabei hängt die Entwicklung verschiedener Parameter des Modells von dem Konjunkturzustand ab, der entweder einen Auf- oder einen Abschwung annimmt.

Im nächsten Abschnitt wird die Vorgehensweise beschrieben. In Abschnitt 4.4.2 werden die Ergebnisse der Modellsimulationen mit den Resultaten der empirischen Analyse verglichen, wobei zwischen nachfrage- sowie angebotsseitigen Variationen auf dem Kreditmarkt unterschieden wird. In Abschnitt 4.4.3 wird der maximale Erklärungsgehalt des Modells ermittelt.

4.4.1 Vorgehensweise

Als Ausgangspunkt für den Vergleich der empirischen und der simulierten Zeitreihen dienen die Resultate aus Abschnitt 4.3, wobei im Gegensatz zur bisherigen Vorgehensweise zwei Änderungen in der Durchführung der Modellsimulationen vorgenommen werden. Der erste Unterschied besteht darin, dass eine kontrazyklische Variation des Marktrisikos in Kombination mit einer prozyklischen Veränderung der Kreditnachfrage und des Kreditangebotes betrachtet wird.[91] Die Verknüpfung mehrerer konjunkturabhängiger Parameter lässt sich dadurch begründen, dass in allen drei Szenarien einzelne Größen einen unrealistischen Verlauf über den repräsentativen Konjunkturzyklus aufweisen, was eine alleinige Berücksichtigung der jeweiligen Fälle ausschließt.[92] So ergeben sich für den Output bei einer kontrazyklischen Veränderung des Marktrisikos keine Abweichungen vom Steady-State-Niveau. Gleichzeitig kann eine alleinige Analyse einer prozyklischen Variation des Kreditangebotes oder der Kreditnachfrage aufgrund der steigenden Tendenz der prozentualen Abweichungen der Ausfallrate über den Aufschwung ausgeschlossen werden. Daneben lässt sich ebenfalls annehmen, dass die Entwicklung der Kreditnachfrage und des Kreditangebotes von dem Marktrisiko beeinflusst wird. So betont Bikker (2004, S. 260), dass die erwarteten Erträge von Unternehmen und Banken negativ von der Entwicklung des Marktrisikos abhängen. Ausgehend von der Berücksichtigung verschiedener Kombinationen der drei Szenarien werden im Folgenden zuerst eine kontrazyklische Veränderung des Marktrisikos in Verbindung mit einer prozyklischen Variation der Kreditnachfrage und anschließend mit einer prozyklischen Veränderung des Kreditangebotes analysiert. Danach werden alle drei Fälle gemeinsam in den Simulationen berücksichtigt, um den maximalen Erklärungsgehalt des Modells zu ermitteln. Die Anpassung des Marktrisikos (z), des Achsenabschnittes der Kreditnachfrage (a) und des Bonusparameters der Kreditreferenten (e) erfolgt weiterhin durch die bereits beschriebenen Gleichungen (4.5), (4.6) und (4.7).

Die zweite Änderung im Vergleich zu Abschnitt 4.3 besteht in der Festlegung einzelner Parameterwerte für die Modellsimulationen. Dabei wird in Einklang mit der Ermittlung eines realistischen Steady-State-Niveaus ein Teil der Parameterwerte weiterhin aufgrund empirischer Analysen festgelegt und entspricht somit den Ausgangswerten aus Tabelle 4.5. Die verbleibenden Parameterwerte, die vorher durch ein heuristisches Suchverfahren bestimmt wurden, werden im Folgenden durch einen nichtlinearen Optimierungsmechanismus ermittelt. Dabei

91 Für eine genauere Beschreibung der einzelnen Szenarien vgl. Abschnitt 4.3.3.

92 Diese Ausschlusskriterien treten unabhängig von den gewählten Parameterwerten auf.

werden die Parameterwerte unter Berücksichtigung verschiedener Nebenbedingungen so bestimmt, dass die gewichtete quadratische Abweichung zwischen den prozentualen Abweichungen der empirischen und der simulierten Zeitreihen über den repräsentativen Konjunkturzyklus minimiert wird. Es wird somit in jedem Szenario der Abstand zwischen den empirischen und den simulierten Zeitreihen minimiert. Die Festlegung der Parameterwerte durch einen nichtlinearen Optimierungsmechanismus lässt sich dadurch begründen, dass keine empirischen Angaben vorhanden sind, die als Grundlage für die jeweiligen Parameterwerte verwendet werden können.[93]

Tabelle 4.13 fasst die Parameterwerte für die Simulationen zusammen. In Anlehnung an die Steady-State-Analyse werden folgende Angaben aus Tabelle 4.5 übernommen: Kreditlaufzeit, Depositenzinssatz, Mindestreservesatz und marginale Konsumneigung. Die Parameterwerte für die Veränderung des Marktrisikos werden wie in Abschnitt 4.3.3.1 in Anlehnung an Bartram et al. (2018) gewählt, wobei sich im Abschwung ein durchschnittliches Marktrisiko von 0,054 % und im Aufschwung von 0,032 % ergibt. Die Werte für diese Parameter werden unabhängig von dem betrachteten Szenario beibehalten und sind somit in allen folgenden Simulationen gleich. Die Zinsreagibilität der Kreditnachfrage wird weiterhin durch die Zinselastizität der Kreditnachfrage über den repräsentativen Konjunkturzyklus festgelegt.[94]

93 Die Ermittlung von Parameterwerten durch einen Optimierungsmechanismus, bei dem die Differenz zwischen dem Verlauf von simulierten und empirischen Zeitreihen minimiert wird, findet beispielsweise bei der Analyse von Preisvariationen auf Aktienmärkten (Recchioni et al., 2015) oder Wechselkursanpassungen (Gilli und Winker, 2003) Anwendung.

94 Der Parameterwert für b wird demnach nicht über den Optimierungsmechanismus ermittelt, sondern über die Formel $b = (\varepsilon_D ac)/(d\tilde{e} - \tilde{a} - \varepsilon_D d\tilde{e})$ bestimmt, wobei $\varepsilon_D = -0{,}5$ (vgl. Abschnitt 4.3.1). Da sich $\tilde{a}$ und $\tilde{e}$ auf den Durchschnitt des Achsenabschnittes der Kreditnachfrage und der Prämie der Kreditreferenten über den repräsentativen Konjunkturzyklus beziehen, ergeben sich in den Simulationen für die verschiedenen Szenarien unterschiedliche Werte für b.

Tabelle 4.13: Ausgangswerte für den Vergleich der Modellsimulationen mit den empirischen Angaben

Kategorie	Parameter		
	Notation	Beschreibung	Wert
Festgelegte Parameter	Ψ	Kreditlaufzeit	6,00
	i	Depositenzinssatz	0,0064
	μ	Mindestreservesatz	0,10
	α_1	Marginale Konsumneigung	0,30
	$\overline{z}$	Marktrisiko (Abschwung)	0,001930
	$\underline{z}$	Marktrisiko (Aufschwung)	0,000031
	λ_z	Anpassungsparameter Marktrisiko	0,10
	b	Zinsreagibilität Kreditnachfrage	Durch ε_D
Optimierte Parameter	α_0	Autonomer Konsum	Siehe Durchlauf
	c	Zinsreagibilität Kreditangebot	Siehe Durchlauf
	d	Bonusreagibilität Kreditangebot	Siehe Durchlauf
	g	Bonusreagiblität Ausfallrisiko	Siehe Durchlauf
	w_0	Fixkosten	Siehe Durchlauf
	e	Bonusparameter	Siehe Durchlauf
	a	Achsenabschnitt Kreditnachfrage	Siehe Durchlauf
	$\overline{e}$	Bonusparameter (Aufschwung)	Siehe Durchlauf
	$\underline{e}$	Bonusparameter (Abschwung)	Siehe Durchlauf
	λ_e	Anpassungsparameter Bonusparameter	Siehe Durchlauf
	$\overline{a}$	Achsenabschnitt Kreditnachfrage (Aufschwung)	Siehe Durchlauf
	$\underline{a}$	Achsenabschnitt Kreditnachfrage (Abschwung)	Siehe Durchlauf
	λ_a	Anpassungsparameter Achsenabschnitt Kreditnachfrage	Siehe Durchlauf
Nebenbedingungen	KQ	Kreditquote	(1,3788; 1,9085)
	PR	Profitrate	(0,0001; 0,0035)
	AR	Ausfallrate	(0,0009; 0,0068)
	KZ	Kreditzins	(0,0080; 0,0200)
	ϑ	Aufwands-Ertrags-Verhältnis	(0,5597; 0,6390)
	ε_D	Zinselastizität	(−0,7500; −0,2500)

Anmerkung: Alle Angaben in absoluten Werten.

Im Gegensatz dazu werden die Fixkosten nicht über das Aufwands-Ertrags-Verhältnis bestimmt, sondern durch den Optimierungsmechanismus ermittelt, wobei die empirischen Angaben für das Aufwands-Ertrags-Verhältnis als zusätzliche Nebenbedingungen eingeführt werden.[95] In Anlehnung an die Ermittlung des Steady-State-Niveaus werden weiterhin die empirischen Angaben der Kreditquote, der Profit- und der Ausfallrate sowie des Kreditzinssatzes über den repräsentativen Konjunkturzyklus als Nebenbedingungen in den Simulationen berücksichtigt. Die zulässige Bandbreite entspricht dabei den empirischen Angaben über den Konjunkturzyklus von 2002:Q1-2009:Q2. Ausgehend von diesem Zeitraum ergibt sich für das Aufwands-Ertrags-Verhältnis ein Minimum von 0,56 und ein Maximum von 0,64. Als weitere Nebenbedingung wird die Zinselastizität der Kreditnachfrage hinzugefügt, die zur Ermittlung der Zinsreagibilität der Kreditnachfrage verwendet wird. Dabei wird in Anlehnung an die Schätzungen von Chirinko et al. (1999) eine Obergrenze von –0,25 und eine Untergrenze von –0,75 festgelegt.

Die restlichen Parameterwerte aus Tabelle 4.13 werden unter Berücksichtigung der Nebenbedingungen durch einen nichtlinearen Optimierungsmechanismus bestimmt, bei dem eine Zielfunktion (Ω) minimiert wird. Als Zielfunktion für den nichtlinearen Optimierungsmechanismus wird die gewichtete quadratische Abweichung verwendet, die ein gängiges Maß zur Ermittlung der Anpassungsgüte eines Modells darstellt (Vanni et al., 2011). Dabei ist die Anpassungsgüte eines Szenarios umso besser, je niedriger der Wert von Ω ist. Die gewichtete quadratische Abweichung ergibt sich aus dem Verhältnis der quadrierten Differenz zwischen den empirischen und den simulierten Zeitreihen und der Varianz der empirischen Größen über den repräsentativen Konjunkturzyklus:

$$\Omega(\rho) = \sum_{t=1}^{23} \sum_{i=1}^{5} \frac{\left(x_{t,i}^{e} - x_{t,i}^{s}\right)^2}{\sigma_i^2}. \tag{4.8}$$

95 Die Notwendigkeit, w_0 durch den Optimierungsmechanismus zu ermitteln, ergibt sich dadurch, dass eine automatische Bestimmung über ϑ häufig zu negativen Werten führt, die als unrealistisch betrachtet werden.

Dabei stellt $x_{t,i}^e$ die prozentuale Abweichung einer empirischen Zeitreihe i in Periode t dar, $x_{t,i}^s$ die Abweichung der entsprechenden simulierten Zeitreihe und σ_i^2 die Varianz der empirischen Zeitreihe i über den repräsentativen Zyklus. Die Berücksichtigung der Varianz führt dazu, dass die deutlich stärkeren Schwankungen der Profit- und der Ausfallrate in Verbindung mit einer höheren Volatilität eine geringere Gewichtung bei der Ermittlung der Parameterwerte des Modells erhalten.[96] Der Ausdruck ρ stellt die Menge der Parameterwerte dar, die in Abhängigkeit des betrachteten Szenarios mithilfe des Optimierungsmechanismus angepasst werden. Ausgehend von Gleichung (4.8) wird die Anpassungsgüte des Modells für jedes Szenario demnach lediglich über die prozentualen Abweichungen der empirischen und der simulierten Zeitreihen bestimmt und nicht unter Berücksichtigung zusätzlicher Maße, die das Timing oder die Synchronität der Größen über den Zyklus erfassen. Neben den bereits eingeführten Nebenbedingungen wird für die Anpassungsparameter λ_a und λ_e ein Minimum von 0,01 berücksichtigt, während für die restlichen Parameter aus ρ eine Untergrenze von 0,00001 festgelegt wird.

Die Lösung des nichtlinearen Optimierungsproblems erfolgt mithilfe der *Generalized Reduced Gradient Method* (*GRGM*), die auf die Arbeiten von Abadie und Carpentier (1969) sowie Lasdon et al. (1973) zurückgeht. Bei der *GRGM* handelt es sich um einen nichtlinearen Optimierungsprozess, bei dem die Zielfunktion gegen ein lokales Minimum konvergiert.[97] Ausgehend von frei festgelegten Startwerten werden die Parameterwerte dabei in Richtung des negativen Gradienten um einen flexiblen Betrag verändert und die Auswirkungen auf die Zielfunktion dokumentiert.[98] Verringert sich Ω, werden die ursprünglichen Angaben durch die variierten Werte ersetzt, die anschließend wieder schrittweise in Richtung des negativen Gradienten verändert werden. Dieser Prozess wird solange wiederholt,

96 Zudem unterliegen beide Zeitreihen aufgrund des *Income Smoothings* und des kürzeren Beobachtungszeitraums einer höheren Unsicherheit, was ebenfalls für eine geringere Gewichtung spricht.

97 Die Durchführung des *GRGM* erfolgt durch das Solver Add-in von EXCEL. Für eine Einführung in die Verwendung des Solvers vgl. Peng (2007).

98 Beim Gradienten handelt es sich um einen Differentialoperator, der die Änderungsrate des Skalarfeldes in einem Punkt angibt und durch ein Vektorfeld ausgedrückt wird.

bis die Zielfunktion ein Minimum erreicht, bei dem der ausgegebene Wert für Ω um weniger als sechs Dezimalstellen nach dem Komma vom vorherigen Wert abweicht, oder sich über einen längeren Zeitraum keine Änderung mehr ergibt. Bei diesem Wert der Zielfunktion existieren demnach keine Parameterwerte in der Nähe der aktuellen Werte, die mithilfe der *GRGM* zu einer zusätzlichen Verringerung von Ω führen, womit ein lokales Minimum für die Zielfunktion erreicht ist.[99]

4.4.2 Nachfrage- und angebotsseitige Variationen

Wie bereits erläutert, werden zuerst die Auswirkungen einer prozyklischen Variation des Kreditangebotes in Form des Bonusparameters und einer prozyklischen Veränderung der Kreditnachfrage mit den Ergebnissen der empirischen Analyse verglichen. In beiden Fällen weist das Marktrisiko einen kontrazyklischen Verlauf auf. Ein solches Vorgehen ermöglicht es, den Erklärungsgehalt angebots- sowie nachfrageseitiger Variationen auf dem Kreditmarkt zu ermitteln und miteinander zu vergleichen. Gleichzeitig liefert die Analyse Aufschluss über die Bedeutung des Anreizsystems der Kreditreferenten auf die Dynamik von Kreditzyklen.

In beiden Fällen müssen neun Parameterwerte durch den Optimierungsmechanismus bestimmt werden, wobei die Startwerte den Vorgaben aus Tabelle 4.5 und den Angaben für die jeweiligen Anpassungsfunktionen aus den Modellsimulationen aus Abschnitt 4.3.3 entsprechen. Tabelle 4.14 gibt die ermittelten Parameterwerte und die Bandbreite für die simulierten Werte an, die als Nebenbedingungen im Optimierungsmechanismus berücksichtigt werden. Fett gedruckte Werte geben erreichte Ober- bzw. Untergrenzen in Abhängigkeit der vorgegebenen Nebenbedingungen aus Tabelle 4.13 an.

99 Die Ergebnisse der Simulationen werden auf zwei verschiedene Arten überprüft. Zum einen werden ausgehend von der *GRGM* verschiedene Startwerte für die Minimierung der Zielfunktion berücksichtigt. Zum anderen werden die Resultate durch einen evolutionären Algorithmus, der ebenfalls in Excel verfügbar ist, validiert. Für eine Einführung in das Konzept des evolutionären Algorithmus vgl. Eiben und Smith (2003).

Tabelle 4.14: Parameterwerte für den Vergleich der Modellsimulationen bei angebots- und nachfrageseitigen Variationen mit den empirischen Angaben

Kategorie	Notation	Szenario	
		Kreditnachfrage (a)	Kreditangebot (e)
Parameterwerte	α_0	0,17691	0,00290
	c	30,49083	0,00049
	d	0,00010	15,44536
	g	0,03485	2,00000
	w_0	0,00007	0,00012
	e	0,02192	—
	a	—	0,00825
	$\overline{e}$	—	0,00038
	$\underline{e}$	—	0,00023
	λ_e	—	0,03995
	$\overline{a}$	0,84165	—
	$\underline{a}$	0,68226	—
	λ_a	0,09744	—
Bandbreite der simulierten Werte	KQ	(1,8499; 1,8950)	(1,6083; 1,6432)
	PR	(0,0024; **0,0035**)	(0,0022; 0,0033)
	AR	(**0,0009**; 0,0015)	(**0,0009**; 0,0015)
	KZ	(0,0171; 0,0182)	(0,0168; 0,0189)
	ϑ	(**0,5597**; 0,6142)	(0,5725; **0,6390**)
	ε_D	(−0,5000; −0,5000)	(−0,5503; −0,4612)
Zielfunktion	$\Omega(\rho)$	47,4295	41,1033

Anmerkungen: Alle Angaben in absoluten Werten; fett gedruckte Werte geben Grenzwerte an.

Tabelle 4.15 vergleicht die Ergebnisse der Modellsimulationen mit den empirischen Angaben aus Tabelle 4.4. Abbildung 4.9 stellt die Entwicklung der prozentualen Abweichungen über den repräsentativen Konjunkturzyklus dar, wobei die gestrichelten Linien den simulierten Verlauf angeben, während die durchgezogenen Linien die Entwicklung der Größen aus der empirischen Analyse aus Abbildung 4.5 darstellen.

Es wird deutlich, dass sich bei einer prozyklischen Variation der Kreditnachfrage und des Kreditangebotes für das Timing des Outputs, des Kreditportfolios, der Kreditquote und der Ausfallrate eine hohe Übereinstimmung zwischen den simulierten und den empirischen Zeitreihen über den repräsentativen Konjunkturzyklus ergibt. Dabei entspricht das Timing der modellierten Zeitreihen entweder den empirischen Vorgaben oder weicht nur geringfügig davon ab. Im Gegensatz dazu ergeben sich in den Simulationen betragsmäßig niedrigere prozentuale Abweichungen als für die empirischen Zeitreihen. Gleichzeitig weist der simulierte Verlauf des Outputs, der Kredite und der Kreditquote einen zu hohen Konkordanzindex auf. Die Dynamik der Ausfallrate wird in beiden Simulationen von einer kontrazyklischen Variation des Marktrisikos bestimmt, was zu einem Konkordanzindex von null führt.

Für die Profitrate ergeben sich die deutlichsten Unterschiede zwischen den simulierten und den empirischen Zeitreihen, wobei sich lediglich über einzelne Abschnitte des repräsentativen Konjunkturzyklus ein einheitlicher Verlauf ergibt. So weist eine Veränderung des Kreditangebotes nur in der ersten Hälfte des Aufschwungs einen korrekten Verlauf im Vergleich zu den empirischen Vorgaben auf, während eine Variation der Kreditnachfrage in der zweiten Hälfte des Aufschwungs und im Abschwung die richtige Tendenz aufzeigt. Ausgehend von diesen Unterschieden ergibt sich für die Dynamik der Profitrate bei einer Veränderung der Nachfrage eine übermäßige Synchronität mit dem Konjunkturzyklus, während eine Variation des Angebotes einen zu geringen Konkordanzindex aufweist. Im Zuge des Optimierungsmechanismus wird in beiden Fällen für die Ausfallrate der untere Grenzwert erreicht, während das Aufwands-Ertrags-Verhältnis entweder an das Minimum oder das Maximum heranreicht. Für die Variation der Kreditnachfrage ist zusätzlich das Maximum der Profitrate bindend. Die Angaben für die Zielfunktion verdeutlichen zudem, dass sich für eine Variation des Anreizsystems der Kreditreferenten eine bessere Anpassungsgüte als für eine Veränderung des Achsenabschnittes der Kreditnachfrage ergibt.

Es wird deutlich, dass sich im Zuge des Optimierungsmechanismus sowohl für eine prozyklische Variation der Kreditnachfrage als auch für eine Veränderung des Kreditangebotes eine gute Übereinstimmung zwischen den simulierten und den empirischen Zeitreihen ergibt. Dabei weist das Timing des Outputs, des Kreditportfolios, der Kreditquote sowie der Ausfallrate in beiden Fällen eine mittlere bis hohe Kongruenz mit den empirischen Angaben auf. Lediglich für die Profitrate ergibt sich in beiden Szenarien eine geringe Übereinstimmung mit den empirischen Vorgaben. Sowohl eine prozyklische Veränderung des Kreditangebotes als auch der Kreditnachfrage können demnach einen maßgeblichen Teil der empirischen Beobachtungen erklären, wobei sich jedoch für eine Veränderung des Kreditangebotes eine bessere Anpassungsgüte ergibt. Das Anreizsystem der Kreditreferenten kommt demnach als Treiber von Kreditzyklen in Frage.

Tabelle 4.15: Ergebnisse für den Vergleich der Modellsimulationen bei angebots- und nachfrageseitigen Variationen mit den empirischen Angaben

	Kreditnachfrage (a)									
	Output		Kreditportfolio		Kreditquote		Profitrate		Ausfallrate	
	Sim.	Empirie	Sim.	Empirie	Sim.	Empirie	Sim.	Empirie	Sim.	Empirie
Timing (Quartal)										
Maximum	19	18	19	18	21	22	19	16	23	23
Minimum	23	23	2	4	4	4	3	23	19	17
Positiv	8	8	10	10	13	12/14	10	3/11	21	1
Negativ	21	21	22	1	2	2/13	23	8/20	8	6
Abweichung (in %)										
Maximum	1,75	1,91	2,22	3,71	1,27	3,15	17,48	21,12	36,05	57,51
Minimum	−2,47	−2,89	−2,72	−3,30	−1,14	−2,53	−20,43	−50,69	−20,91	−38,68
Stab (in%)	1,33	1,42	1,64	2,31	0,70	1,70	12,41	18,06	16,64	27,30
Konkordanzindex	1,00	0,83	0,91	0,78	0,74	0,65	0,87	0,61	0,00	0,22

Fortsetzung Tabelle 4.15

	Kreditangebot (e)									
	Output		Kreditportfolio		Kreditquote		Profitrate		Ausfallrate	
	Sim.	Empirie	Sim.	Empirie	Sim.	Empirie	Sim.	Empirie	Sim.	Empirie
Timing (Quartal)										
Maximum	19	18	19	18	21	22	5	16	23	23
Minimum	1	23	3	4	4	4	21	23	19	17
Positiv	10	8	11	10	13	12/14	2	3/11	21	1
Negativ	22	21	23	1	2	2/13	14	8/20	7	6
Abweichung (in %)										
Maximum	1,68	1,91	2,26	3,71	1,14	3,15	18,56	21,12	37,73	57,51
Minimum	−1,81	−2,89	−2,31	−3,30	−1,00	−2,53	−21,50	−50,69	−20,66	−38,68
Stab (in %)	1,09	1,42	1,49	2,31	0,64	1,70	12,50	18,06	17,00	27,30
Konkordanzindex	0,96	0,83	0,87	0,78	0,74	0,65	0,30	0,61	0,00	0,22

Anmerkung: a gibt die Variation der Kreditnachfrage an; e gibt die Variation des Kreditangebotes an; Sim. = Simulationen; Stab = Standardabweichung.

Abbildung 4.9: Vergleich der Modellsimulationen bei angebots- und nachfrageseitigen Variationen mit den empirischen Angaben

Kreditnachfrage (α)

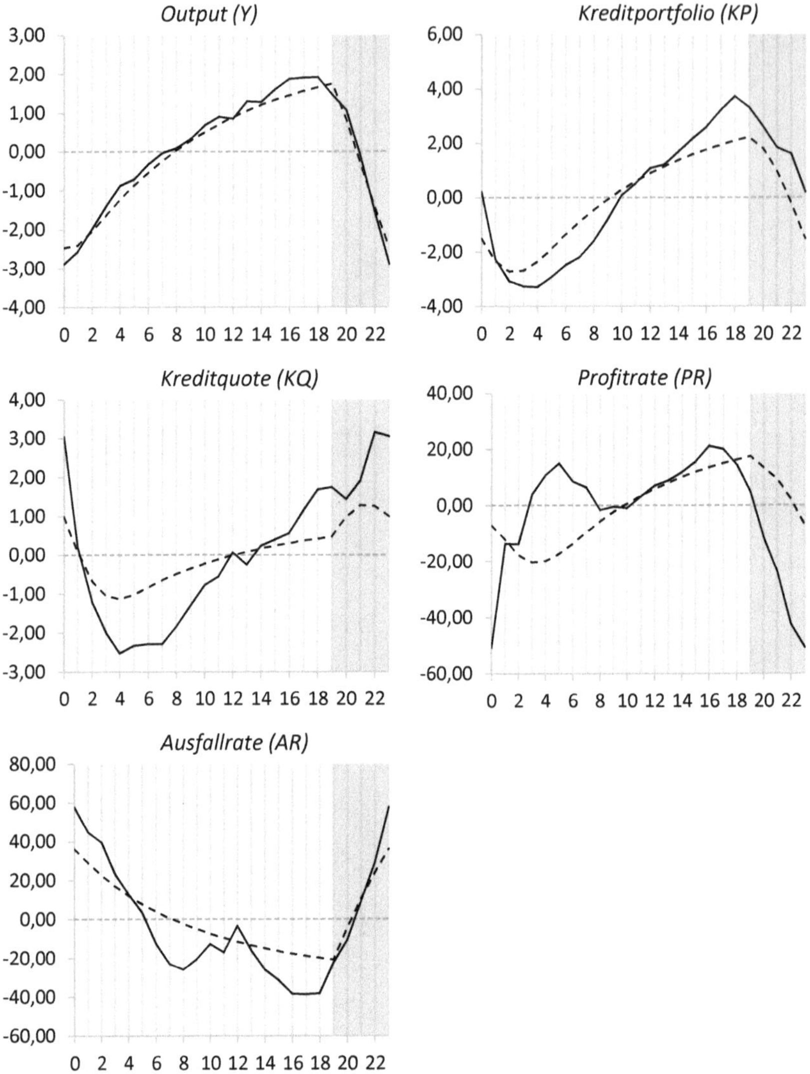

Fortsetzung Abbildung 4.9
Kreditangebot (e)

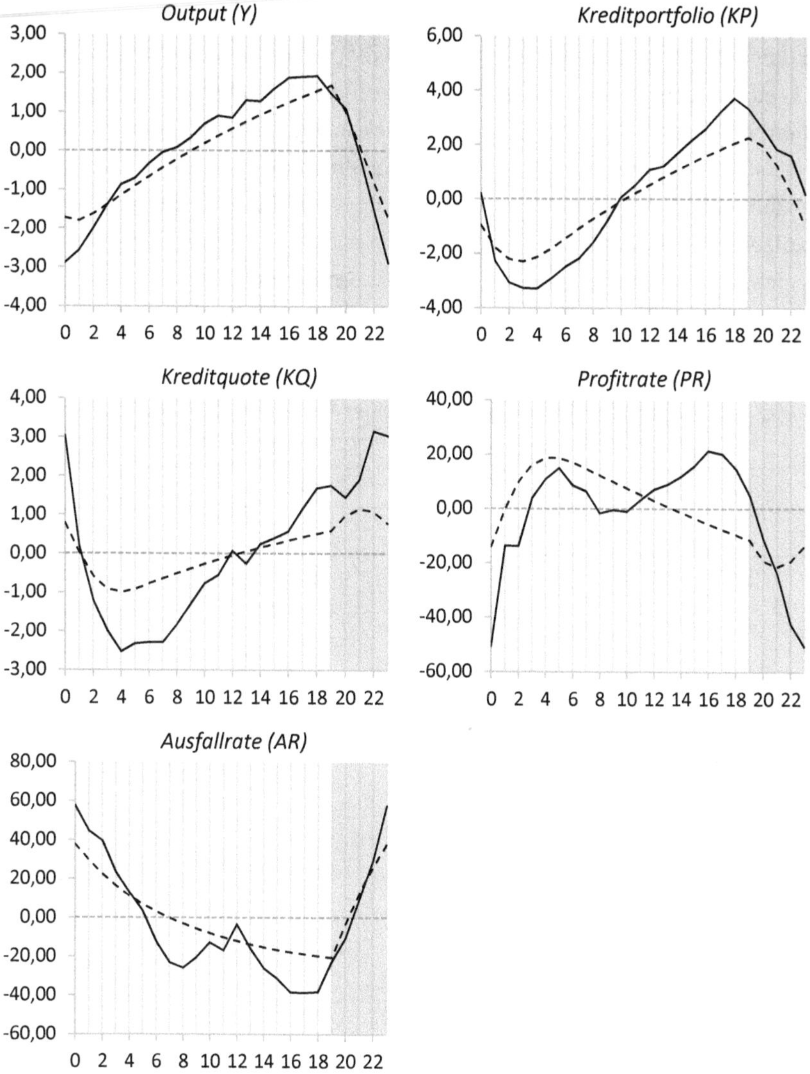

Anmerkungen: Alle Angaben in Prozent; graue Bereiche stellen Abschwungquartale dar; gestrichelte Linien geben die simulierten und durchgezogene Linien die empirischen Zeitreihen an.

4.4.3 *Maximale Anpassungsgüte*

Im letzten Schritt wird die maximale Anpassungsgüte zwischen den simulierten und den empirischen Zeitreihen ermittelt. Dabei wird eine prozyklische Variation des Kreditangebotes und der Kreditnachfrage in Verbindung mit einer kontrazyklischen Veränderung des Marktrisikos berücksichtigt. Die Simulationen werden jeweils für eine Laufzeit der Annuitätendarlehen von vier, sechs und acht Quartalen durchgeführt, um die Anpassungsgüte des Modells in Abhängigkeit der Kreditlaufzeit zu analysieren. In allen drei Fällen müssen 11 Parameterwerte durch den nichtlinearen Optimierungsmechanismus ermittelt werden. Tabelle 4.16 gibt die entsprechenden Parameterwerte und die Bandbreite für die simulierten Größen des Modells an.

Tabelle 4.16: Parameterwerte für den Vergleich der Modellsimulationen bei maximaler Anpassungsgüte mit den empirischen Angaben

Kategorie	Notation	Szenario		
		$\Psi = 4$	$\Psi = 6$	$\Psi = 8$
Parameterwerte	α_0	0,09000	0,25847	0,32196
	c	0,39015	0,39433	0,70762
	d	129,77082	90,64757	70,44813
	g	0,28767	0,22909	0,15519
	w_0	0,00146	0,00191	0,00251
	e	–	–	–
	a	–	–	–
	$\overline{e}$	0,00286	0,00415	0,00507
	$\underline{e}$	0,00136	0,00175	0,00316
	λ_e	0,04074	0,04456	0,07805
	$\overline{a}$	0,61336	0,62215	0,54264
	$\underline{a}$	0,03757	**0,00001**	0,36958
	λ_a	0,01072	0,01285	0,04919

Fortsetzung Tabelle 4.16

Kategorie	Notation	Szenario $\Psi = 4$	$\Psi = 6$	$\Psi = 8$
Bandbreite simulierte Werte	KQ	(**1,3788**; 1,4052)	(1,3799; 1,4338)	(1,6020; 1,6759)
	PR	(0,0004; 0,0007)	(0,0003; 0,0006)	(0,0002; 0,0006)
	AR	(**0,0009**; 0,0015)	(0,0010; 0,0016)	(**0,0009**; 0,0015)
	KZ	(0,0115; 0,0119)	(0,0115; 0,0119)	(0,0113; 0,0117)
	ϑ	(0,5763; 0,6194)	(**0,5597**; 0,6083)	(0,5847; **0,6390**)
	ε_D	(−0,5344; −0,4779)	(−5401; −04761)	(−5460; −0,4764)
Zielfunktion	$\Omega(\rho)$	28,5234	16,7911	11,3014

Anmerkungen: Alle Angaben in absoluten Werten; fett gedruckte Werte geben Grenzwerte an.

Tabelle 4.17 vergleicht die Ergebnisse der simulierten und der empirischen Zeitreihen. Abbildung 4.10 gibt die entsprechende Dynamik über den repräsentativen Konjunkturzyklus an, wobei die durchgezogenen Linien den empirischen und die gestrichelten Linien den simulierten Zeitreihen entsprechen.

In allen drei Fällen ergibt sich zwischen den simulierten und den empirischen Zeitreihen eine hohe Kongruenz. Dabei weist der Verlauf aus den Simulationen und den empirischen Zeitreihen für die meisten Größen eine einheitliche Entwicklung auf, wobei eine Kreditlaufzeit von acht Quartalen die beste Anpassungsgüte liefert. Für das Timing der simulierten Zeitreihen ergibt sich für fast alle Größen eine exakte Übereinstimmung mit den empirischen Vorgaben, während die Bandbreite der Abweichungen insbesondere für den Output, das Kreditportfolio, die Kreditquote und die Profitrate nur geringfügig von den empirischen Angaben abweicht. Zudem ergibt sich für die simulierten Abweichungen der Profitrate in Einklang mit der empirischen Analyse während des Aufschwungs ein temporärer Rückgang. Lediglich für die Ausfallrate liegen die Abweichungen weiterhin unter den empirischen Angaben, wobei der Verlauf unabhängig von der Laufzeit von der kontrazyklischen Variation des Marktrisikos dominiert wird. In allen drei Fällen werden durch den Optimierungsmechanismus zwei Grenzwerte erreicht.

Tabelle 4.17: Vergleich der Modellsimulationen bei maximaler Anpassungsgüte mit den empirischen Angaben

	Kreditlaufzeit $\Psi = 4$									
	Output		Kreditportfolio		Kreditquote		Profitrate		Ausfallrate	
	Sim.	Empirie	Sim.	Empirie	Sim.	Empirie	Sim.	Empirie	Sim.	Empirie
Timing (Quartal)										
Maximum	19	18	19	18	21	22	19	16	23	23
Minimum	1	23	2	4	3	4	23	23	19	17
Positiv	10	8	10	10	12	12/14	3	3/11	21	1
Negativ	22	21	22	1	1	2/13	20	8/20	7	6
Abweichung (in %)										
Maximum	2,65	1,91	3,20	3,71	1,05	3,15	16,32	21,12	36,98	57,51
Minimum	−2,86	−2,89	-3,46	−3,30	-0,95	−2,53	−35,38	-50,69	−19,35	−38,68
Stab (in %)	1,72	1,42	2,11	2,31	0,57	1,70	13,95	18,06	16,18	27,30
Konkordanzindex	0,96	0,83	0,91	0,78	0,78	0,65	1,00	0,61	0,00	0,22

Fortsetzung Tabelle 4.17

Kreditlaufzeit $\Psi = 6$										
	Output		Kreditportfolio		Kreditquote		Profitrate		Ausfallrate	
	Sim.	Empirie	Sim.	Empirie	Sim.	Empirie	Sim.	Empirie	Sim.	Empirie
Timing (Quartal)										
Maximum	19	18	19	18	21	22	19	16	23	23
Minimum	1	23	3	4	4	4	23	23	19	17
Positiv	9	8	11	10	12	12/14	3	3/11	21	1
Negativ	22	21	23	1	1	2/13	20	8/20	7	6
Abweichung (in %)										
Maximum	2,29	1,91	3,63	3,71	1,91	3,15	16,31	21,12	34,60	57,51
Minimum	−2,52	−2,89	−3,74	−3,30	−1,92	−2,53	−41,25	−50,69	−17,24	−38,68
Stab (in %)	1,50	1,42	2,40	2,31	1,19	1,70	15,01	18,06	15,00	27,30
Konkordanzindex	0,96	0,83	0,87	0,78	0,74	0,65	0,78	0,61	0,00	0,22

Fortsetzung Tabelle 4.17

	Kreditlaufzeit $\Psi = 8$									
	Output		Kreditportfolio		Kreditquote		Profitrate		Ausfallrate	
	Sim.	Empirie	Sim.	Empirie	Sim.	Empirie	Sim.	Empirie	Sim.	Empirie
Timing (Quartal)										
Maximum	19	18	19	18	21	22	19	16	23	23
Minimum	23	23	4	4	5	4	23	23	19	17
Positiv	9	8	11	10	13	12/14	3	3/11	21	1
Negativ	21	21	23	1	2	2/13	20	8/20	7	6
Abweichung (in %)										
Maximum	2,04	1,91	3,47	3,71	2,26	3,15	19,23	21,12	37,97	57,51
Minimum	−2,59	−2,89	−3,60	−3,30	−2,26	−2,53	−49,04	−50,69	−19,44	−38,68
Stab (in %)	1,46	1,42	2,37	2,31	1,42	1,70	17,58	18,06	16,72	27,30
Konkordanzindex	1,00	0,83	0,83	0,78	0,70	0,65	0,83	0,61	0,00	0,22

Anmerkung: a gibt die Variation der Kreditnachfrage an; e gibt die Variation des Kreditangebotes an; Sim. = Simulationen; Stab = Standardabweichung.

Abbildung 4.10: Vergleich der Modellsimulationen bei maximaler Anpassungsgüte mit den empirischen Angaben

Kreditlaufzeit $\Psi = 4$

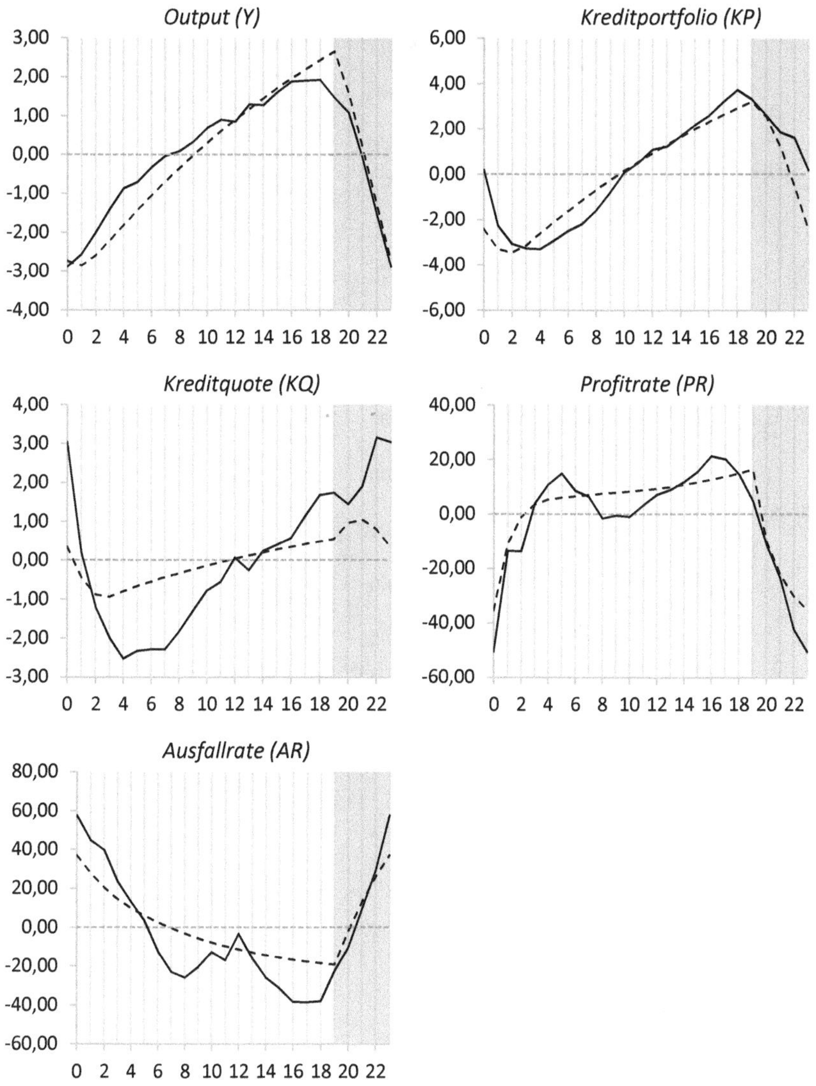

Fortsetzung Abbildung 4.10

Kreditlaufzeit $\Psi = 6$

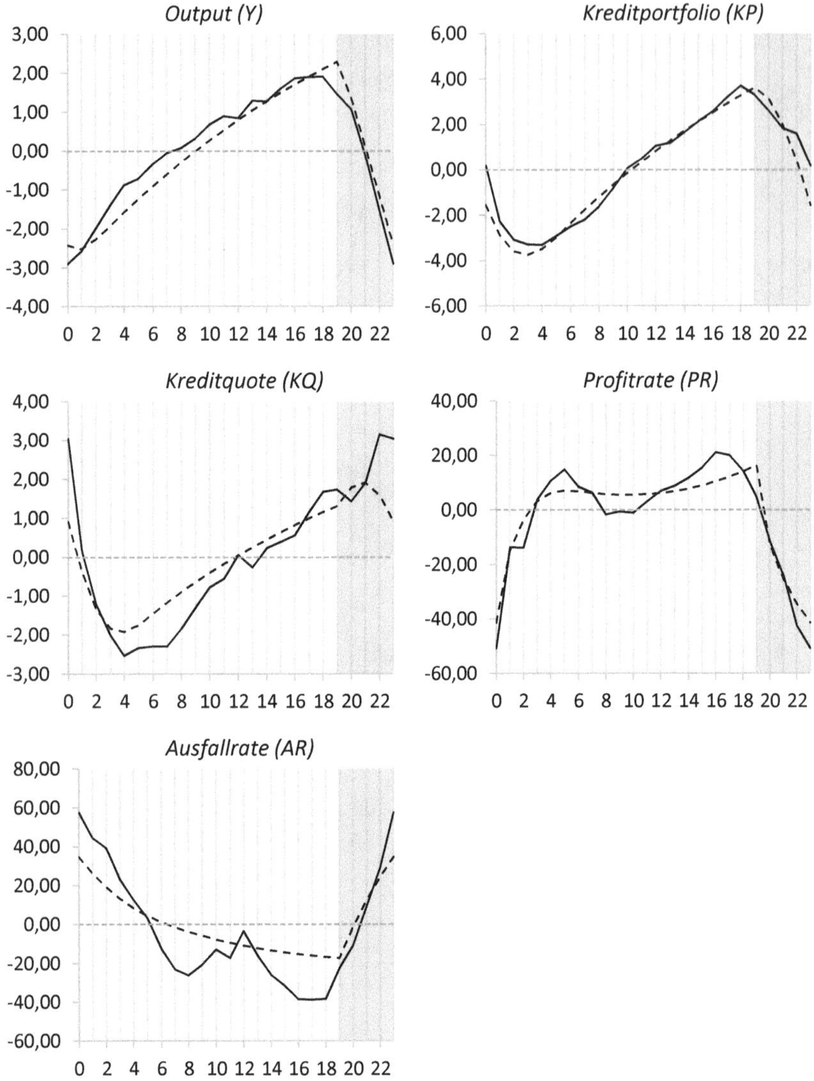

Fortsetzung Abbildung 4.10

Kreditlaufzeit $\Psi = 8$

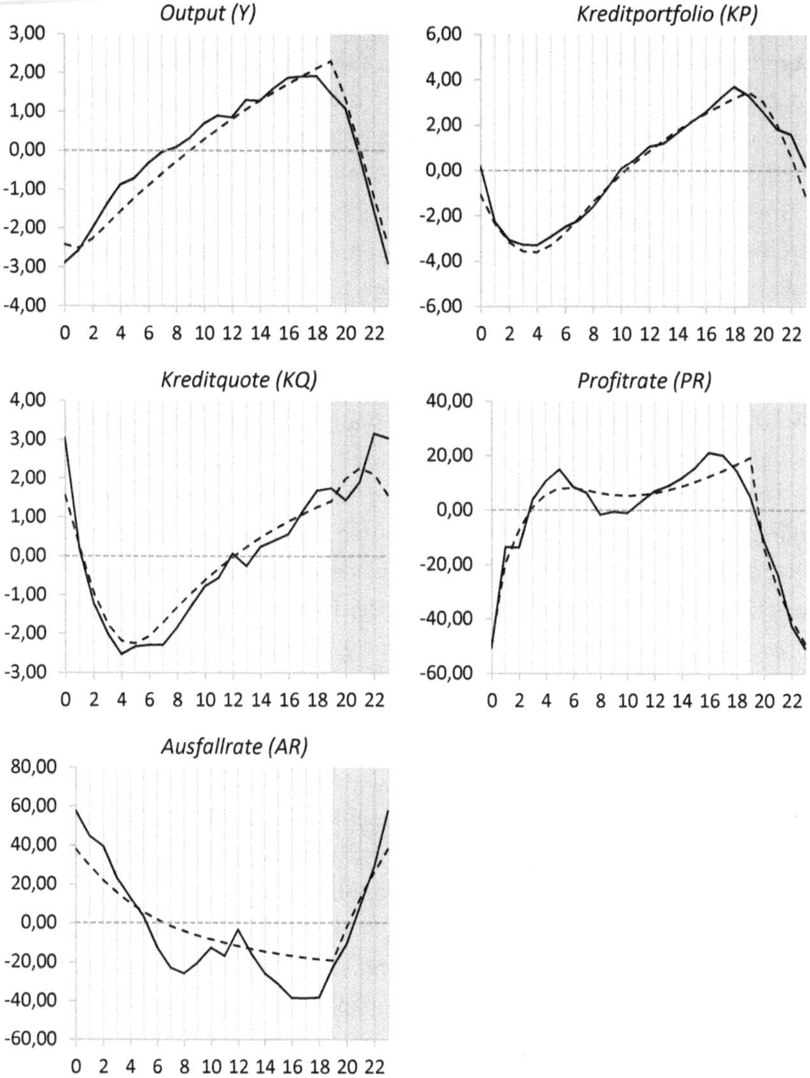

Anmerkungen: Alle Angaben in Prozent; graue Bereiche stellen Abschwungquartale dar; gestrichelte Linien geben die simulierten und durchgezogene Linien die empirischen Zeitreihen an.

Es lässt sich festhalten, dass ausgehend von einer kontrazyklischen Variation des Marktrisikos in Verbindung mit einer prozyklischen Veränderung des Angebotes und der Nachfrage an Krediten die simulierten Zeitreihen eine sehr hohe Übereinstimmung mit den empirischen Zeitreihen aufweisen. Dabei ergibt sich sowohl für das Timing als auch die Bandbreite der prozentualen Abweichungen eine hohe Kongruenz, wobei die Anpassungsgüte positiv von der Laufzeit der Annuitätendarlehen abhängt. Das theoretische Modell aus Kapitel 3 kann demnach einen Großteil der Ergebnisse aus der empirischen Analyse erklären. Gleichzeitig liefert die Untersuchung Evidenz dafür, dass das Anreizsystem der Kreditreferenten als Treiber von Kreditzyklen in Frage kommt.

4.5 Zusammenfassung

In diesem Kapitel wurde die Dynamik des theoretischen Modells aus Kapitel 3 analysiert und mit den Ergebnissen einer empirischen Analyse für die USA verglichen. Dabei wurde die Hypothese überprüft, dass sich die Dynamik von Kreditzyklen durch das Anreizsystem der Kreditreferenten erklären lässt. Zur Überprüfung der Hypothese wurde die Entwicklung verschiedener Größen über den repräsentativen Konjunkturzyklus geschätzt und mit der Dynamik des theoretischen Modells verglichen, wobei verschiedene Fälle analysiert wurden.

Im ersten Teil des Kapitels wurde der Verlauf des BIPs, des Kreditvolumens, der Kreditquote sowie der Profit- und Ausfallrate des Bankensektors über den repräsentativen Konjunkturzyklus für die USA hergleitet und charakterisiert. Dazu wurden ausgehend von der Ermittlung des repräsentativen Konjunkturzyklus die Angaben der fünf Größen zuerst um deterministische sowie stochastische Trends bereinigt. Anschließend wurde der Verlauf des BIPs, des Kreditvolumens, der Kreditquote sowie der Profit- und Ausfallrate über den repräsentativen Konjunkturzyklus mithilfe eines spezifischen Verfahrens ermittelt, bei dem die Entwicklung über verschiedene Auf- und Abschwungphasen durch Interpolation und Glättung an die Länge des repräsentativen Zyklus angepasst wurde. Die Dynamik der fünf Größen wurde mithilfe verschiedener Maße über den repräsentativen Zyklus charakterisiert. Im zweiten Teil des Kapitels wurde unter Berücksichtigung empirischer Angaben zuerst ein realistisches Steady-State-Niveau des theoretischen Modells ermittelt und einer Sensitivitätsanalyse unterzogen. Anschließend wurde die Dynamik des Modells über den repräsentativen Konjunkturzyklus bei einer kontrazyklischen Variation des Marktrisikos sowie einer prozyklischen Veränderung der Kreditnachfrage und des Kreditangebotes analysiert. Sowohl die Darstellung des Steady-State-Niveaus als auch die Dynamik des Modells wurden aufgrund einer Laufzeit von mehreren Perioden mithilfe von Simulationen veranschaulicht. Ausgehend von der Analyse des Steady-State-Niveaus und der Dynamik des Modells wurden anschließend die Ergebnisse der empirischen Analyse mit dem theoretischen Modell verglichen. Dazu wurde ein Teil der Parameterwerte des Modells durch einen nichtlinearen Optimierungsmechanismus ermittelt, bei dem die Differenz zwischen den empirischen und den simulierten Zeitreihen minimiert wurde. Ebenso wie bei der Darstellung der Modelldynamik wurden dabei verschiedene Fälle analysiert und miteinander verglichen, wobei zuerst die Unterschiede von angebots- sowie nachfrageseitigen Variationen auf dem Kreditmarkt untersucht wurden. Anschließend wurde die maximale Anpassungsgüte zwischen den empirischen und den simulierten Zeitreihen in Abhängigkeit der Kreditlaufzeit ermittelt. Dabei wurde eine kontrazyklische Variation des Marktrisikos in Verbindung mit einer prozyklischen Veränderung des Kreditangebotes und der Kreditnachfrage berücksichtigt.

Ein Vergleich der Ergebnisse der empirischen Analyse mit der Dynamik des Modells hat gezeigt, dass sich ein Großteil der Charakteristiken der empirischen Zeitreihen durch das theoretische Modell aus Kapitel 3 erklären lässt. So ergibt sich ausgehend von geeigneten Parameterwerten ein realistisches Steady-State-Niveau, welches robust gegenüber verschiedenen Variationen der Parameterwerte ist. Zudem ergibt sich für verschiedene Modellspezifikationen eine hohe Übereinstimmung zwischen der Dynamik der simulierten und der empirischen Zeitreihen über den repräsentativen Konjunkturzyklus. Dabei können sowohl für angebots- als auch nachfrageseitige Variationen auf dem Kreditmarkt verschiedene charakteristische Eigenschaften der empirischen Größen hinsichtlich des Timings, der Schwankungen und der Synchronität mit dem Konjunkturzyklus durch das theoretische Modell erklärt werden. Unter Berücksichtigung einer kontrazyklischen Variation des Marktrisikos in Verbindung mit einer prozyklischen Veränderung des Kreditangebotes und der Kreditnachfrage lassen sich ein Großteil der charakteristischen Merkmale der empirischen Zeitreihen erklären, wobei sich mit zunehmender Laufzeit eine bessere Anpassungsgüte ergibt. Die Hypothese, wonach das Anreizsystem der Kreditreferenten eine Ursache von Kreditzyklen ist, wird somit bestätigt und deckt sich mit den beschriebenen Unternehmens- und Feldexperimenten sowie einer Vielzahl an anekdotischer Evidenz. Das Anreizsystem der Kreditreferenten kommt demnach als Treiber von Kreditzyklen in Frage.

5 Anreizsysteme und Kreditzyklen in mehreren Ländern

5.1 Einleitung

Im letzten Teil der Arbeit wird die Dynamik von Kreditzyklen in mehreren Ländern analysiert. Dabei wird untersucht, inwiefern sich empirisch signifikante Unterschiede in der Zins- und Kreditvolatilität zwischen den Ländern mithilfe des theoretischen Modells aus Kapitel 3 erklären lassen. Als treibende Kraft für die Differenzen zwischen den Ländern werden nationale Verschiedenheiten im Bonussystem der Kreditreferenten berücksichtigt. Es wird somit die Hypothese überprüft, dass sich signifikante Unterschiede in der Dynamik von Kreditzyklen durch nationale Verschiedenheiten im Anreizsystem des Bankensektors erklären lassen. Das Vorgehen liefert ebenfalls indirekt Evidenz dafür, dass das Bonussystem in den ausgewählten Ländern Kreditzyklen erklärt. Die Dynamik von Kreditzyklen wird durch die Volatilität des Kreditzinssatzes, des Kreditvolumens und der Kreditquote dargestellt. Dabei werden Daten für die USA, Kanada, GB, Australien, Deutschland und Frankreich untersucht.

Zur Überprüfung der Hypothese wird ein ähnliches Vorgehen wie in Kapitel 4 verwendet. Im ersten Teil der Analyse wird die Dynamik des Kreditzinssatzes, des Kreditvolumens und der Kreditquote über den länderspezifischen repräsentativen Konjunkturzyklus ermittelt. Da nicht für alle sechs Länder vergleichbare Konjunkturangaben vorliegen, müssen die Auf- und Abschwungphasen zuvor durch ein einheitliches Vorgehen bestimmt werden. Darüber hinaus lassen sich die Zeitreihen nur dann über mehrere Zyklen betrachten, wenn die Angaben um verschiedene Komponenten bereinigt werden und der Verlauf an die Länge des repräsentativen Zyklus angepasst wird. Ausgehend von der Herleitung und der Charakterisierung der Dynamik der drei Größen über den repräsentativen Zyklus erfolgt ein paarweiser Ländervergleich. Dabei werden signifikante Unterschiede in der Standardabweichung des Kreditzinssatzes, des Kreditvolumens und der Kreditquote zwischen den Ländern ermittelt. Diese werden anschließend in einen qualitativen Vergleich überführt, der als Grundlage zur Überprüfung der Hypothese dient. Die Ergebnisse der empirischen Untersuchung werden im zweiten

C. Mölleken, *Anreizsysteme der Banken als Treiber von Kreditzyklen*,
https://doi.org/10.1007/978-3-658-29834-0_5

Teil der Analyse mit Modellsimulationen verglichen. Dabei wird für jedes Land die Dynamik des Kreditzinssatzes, des Kreditvolumens und der Kreditquote über den repräsentativen Zyklus simuliert. Als Approximation für die Unterschiede im Bonussystem der Kreditreferenten werden in den Simulationen empirische Angaben über das Anreizsystem des Führungspersonals für die sechs Länder berücksichtigt. Die daraus resultierenden Standardabweichungen der drei Größen werden ebenfalls durch einen paarweisen Vergleich der Länder auf signifikante Unterschiede analysiert und anschließend in Form eines qualitativen Vergleichs dargestellt. Anders als bei der länderspezifischen Analyse für die USA aus Kapitel 4 besteht das Ziel des Vorgehens somit darin, signifikante Unterschiede zwischen den Ländern in der Dynamik von Kreditzyklen mithilfe des theoretischen Modells aus Kapitel 3 zu erklären und nicht eine möglichst hohe Übereinstimmung im Verlauf verschiedener Zeitreihen über den repräsentativen Konjunkturzyklus zu ermitteln. Die Beschränkung auf die Erklärung qualitativer Unterschiede zwischen den Ländern ergibt sich dadurch, dass nicht für alle Länder empirische Angaben über die Performance des Bankensektors oder über das Bonussystem der Kreditreferenten vorliegen. Der Vergleich der Ergebnisse der empirischen Analyse mit den Modellsimulationen zeigt, dass sich ein Großteil der signifikanten Unterschiede in der Volatilität des Zinssatzes, des Kreditvolumens und der Kreditquote zwischen den Ländern durch Verschiedenheiten im Bonussystem der Kreditreferenten erklären lässt. Gleichzeitig liefert die Untersuchung Hinweise dafür, dass das Anreizsystem im Bankensektor für mehrere Länder ein Treiber von Kreditzyklen ist.

Die folgende Analyse begrenzt sich auf nationale Unterschiede im Anreizsystem der Kreditreferenten zur Erklärung signifikanter Unterschiede in der Zins- und Kreditvolatilität. Dadurch werden bewusst andere Mechanismen vernachlässigt, die ebenfalls einen potentiellen Einfluss auf die Dynamik von Kreditzyklen besitzen.[100] Die Fokussierung auf einen einzelnen Aspekt in der Analyse wird dadurch begründet, dass zur Verdeutlichung komplexer Phänomene wie dem Kreditzyklus verschiedene Aspekte und Mechanismen berücksichtigt werden müssen. Andere

100 Für einen Überblick über verschiedene Ansätze zur Erklärung von Kreditzyklen vgl. Kapitel 2.

Ansätze zur Erklärung von Differenzen in der Dynamik von Kreditzyklen betonen die Bedeutung politischer und institutioneller Unterschiede (Fernández-Villaverde et al., 2013), Verschiedenheiten in der Innovationstätigkeit der Länder (Kindleberger, 2000; Gericke, 2010) sowie Differenzen in der Ausbreitungen exogener Schocks (Giannetti und Laeven, 2012). Daneben lässt sich die Volatilität von Zinssätzen durch internationale Kapitalbewegungen sowie Wechselkursanpassungen (Dornbusch et al. 2008, Kapitel 18) und nationale Unterschiede in der monetären Politik (Kuttner, 2001; Rapach und Wohar, 2005) erklären. Die Berücksichtigung des Anreizsystems im Bankensektor zur Erklärung der Dynamik von Kreditzyklen schließt keine der anderen Theorien aus und stellt in einigen Fällen einen komplementären Ansatz dar.[101]

Das Kapitel ist folgendermaßen aufgebaut: Eingangs wird der repräsentative Konjunkturzyklus für alle sechs Länder hergeleitet. Anschließend wird der Verlauf des Kreditzinssatzes, des Kreditvolumens und der Kreditquote über den jeweiligen repräsentativen Zyklus ermittelt. In Abschnitt 5.3 wird zuerst die Volatilität der empirischen Zeitreihen ermittelt. Anschließend werden signifikante Unterschiede zwischen den Ländern bestimmt und in Form eines paarweisen Vergleichs dargestellt. Eine Gegenüberstellung der empirischen Ergebnisse mit den Modellsimulationen erfolgt in Abschnitt 5.4. Dabei wird zuerst die Vorgehensweise für die Simulationen beschrieben. Anschließend werden die Ergebnisse der Modellsimulationen mit den empirischen Resultaten verglichen. Das Kapitel endet mit einer Zusammenfassung.

---

101 So zeigt Rajan (2006), dass die Ausbreitung und Vertiefung des Bonussystems im Bankensektor häufig in Kombinationen mit der Implementierung von Finanzmarktinnovationen auftritt. Beide Effekte können demnach einen komplementären Einfluss auf die Dynamik von Kreditzyklen besitzen.

5.2 Methodik und Daten

In diesem Abschnitt wird der Verlauf des Kreditzinssatzes, des Kreditvolumens und der Kreditquote über den länderspezifischen repräsentativen Konjunkturzyklus hergeleitet. Dabei ist es erforderlich, zuerst die Länge der Auf- und Abschwungphasen mithilfe eines einheitlichen Verfahrens für alle sechs Länder zu bestimmen. Anschließend werden die prozentualen Abweichungen des Kreditzinssatzes unter Berücksichtigung von Strukturbrüchen über den jeweiligen repräsentativen Zyklus ermittelt. Die Anpassung des Verlaufs der Abweichungen über die einzelnen Konjunkturzyklen an die Länge des repräsentativen Zyklus erfolgt erneut durch das Konzept des *Time-Scalings*, welches bereits in Abschnitt 4.2.2 eingeführt wurde. Im letzten Teil des Abschnitts werden die prozentualen Abweichungen des Kreditvolumens und der Kreditquote über den repräsentativen Zyklus hergeleitet, wobei die Zeitreihen zuvor um Trends bereinigt werden.

5.2.1 Konjunkturdatierung

Zur Datierung von Konjunkturzyklen für die USA, Kanada, GB, Australien, Deutschland und Frankreich stehen verschiedene Methoden zur Verfügung.[102] Eine Möglichkeit besteht darin, konjunkturelle Schwankungen über Wachstumszyklen zu ermitteln. Dabei werden die Auf- und Abschwungphasen durch Fluktuationen um einen langfristigen Trend datiert, wobei Abschwünge durch negative Abweichungen vom gesamtwirtschaftlichen Produktionspotential gekennzeichnet sind. Ein solches Vorgehen wird beispielsweise von der *OECD* verwendet, die für 39 Länder eine monatliche Konjunkturdatierung vornimmt (Nilsson und Gyomai, 2011). Ein Vergleich der Datierung für die USA durch die *OECD* mit dem *NBER* zeigt jedoch, dass nur geringe Übereinstimmungen zwischen den Angaben vorliegen. So gibt das *NBER* seit 1947 lediglich 11 Abschwünge an, während die *OECD* über den gleichen Zeitraum 16 Rezessionen ermittelt, wovon zwei Abschwünge auf die Zeit nach der Finanzkrise datiert sind. Die Unterschiede zwischen den Angaben der *OECD* und dem *NBER* ergeben sich dadurch, dass erstere

102 Die Auswahl der Länder erfolgt durch die Verfügbarkeit der Angaben für den Zinssatz, das Kreditvolumen, die Kreditquote und das Bonussystem.

das Konzept der Wachstumszyklen zur Bestimmung konjunktureller Schwankungen verwendet, während das *NBER* Schwankungen in den absoluten Niveauwerten verschiedener Zeitreihen berücksichtigt, was einer klassischen Vorgehensweise nach Burns und Mitchell (1946) entspricht.[103] Da in Kapitel 4 bereits die Angaben des *NBER* zur Ermittlung des repräsentativen Konjunkturzyklus für die USA verwendet wurden, scheint die Datierung der *OECD* für den Ländervergleich ungeeignet zu sein.

Eine Alternative zur Datierung von Auf- und Abschwungphasen stellt der Algorithmus von Harding und Pagan (2002, 2005) dar, der auch als BBQ-Algorithmus bezeichnet wird. Dabei handelt es sich um eine Erweiterung des Verfahrens von Bry und Boschan (1971), welches eine Formalisierung des Vorgehens des *NBER* zur Ermittlung von Auf- und Abschwungphasen darstellt und damit einer klassischen Konjunkturdatierung entspricht. Der BBQ-Algorithmus ermittelt die Paare benachbarter lokaler Extremwerte einer logarithmierten Zeitreihe y_t unter Berücksichtigung der Laufzeit eines vollständigen Konjunkturzyklus von mindestens fünf Quartalen. Gleichzeitig müssen die einzelnen Auf- und Abschwungphasen eine Mindestlaufzeit von zwei Quartalen aufweisen. Die Datierung eines Maximums lässt sich folgendermaßen angeben (Claessens et al., 2012):

$$[(y_t - y_{t-2}) > 0, (y_t - y_{t-1}) > 0]\,;\,[(y_{t+2} - y_t) < 0, (y_{t+1} - y_t) < 0], \quad (5.1)$$

sowie eines Minimums:

$$[(y_t - y_{t-2}) < 0, (y_t - y_{t-1}) < 0]\,;\,[(y_{t+2} - y_t) > 0, (y_{t+1} - y_t) > 0]. \quad (5.2)$$

Ausgehend von der Bestimmung lokaler Extremwerte setzt sich ein vollständiger Konjunkturzyklus im Folgenden aus einem Aufschwung (von einem Minimum zu einem Maximum) und einem anschließenden Abschwung (von einem Maximum zu einem Minimum) zusammen. Als Grundlage für die logarithmierte Zeitreihe y_t

103 Für eine Gegenüberstellung der beiden Konzepte vgl. Nierhaus und Sturm (2003).

werden für alle sechs Länder vierteljährliche Angaben über das reale Bruttoinlandsprodukt für den einheitlichen Zeitraum von 1970:Q1-2015:Q4 verwendet. Die Daten stammen von der *OECD*.[104]

Tabelle 5.1 fasst die Angaben der repräsentativen Konjunkturzyklen, die sich aus dem arithmetischen Mittel aller datierten Zyklen ergeben, zusammen.[105] Über den Zeitraum von 1970-2015 werden durch den BBQ-Algorithmus je nach Land zwischen fünf und acht Konjunkturzyklen erfasst. Die Unterschiede in der Anzahl der ermittelten Zyklen spiegeln sich zum einen darin wider, dass lediglich vollständige Auf- und Abschwungphasen berücksichtigt werden. Zum anderen variiert die Länge der einzelnen Konjunkturzyklen zwischen 7 und 71 Quartalen, was ebenfalls einen Einfluss auf die Menge der ermittelten Zyklen besitzt. Die Länge des repräsentativen Abschwungs unterscheidet sich kaum zwischen den Ländern und beträgt entweder drei oder vier Quartale. Der repräsentative Aufschwung weist mit einer Bandbreite von 13 bis 27 Quartalen hingegen deutliche Unterschiede auf, wobei sich für Australien der niedrigste und für Frankreich der höchste Wert ergibt. Während die USA, Kanada, GB, Deutschland und Frankreich einen relativ einheitlichen Zeitraum zur Ermittlung des repräsentativen Konjunkturzyklus aufweisen, ergibt sich für Australien das Ende des letzten vollständigen Zyklus im vierten Quartal im Jahr 2000.

---

104 Details zu den Quellen finden sich in Anhang A.3:Tabelle A.3.

105 Eine detaillierte Auflistung der Auf- und Abschwungphasen findet sich in Anhang A.5: Tabelle A.4.

Tabelle 5.1: Länge der repräsentativen Konjunkturzyklen

Land	Anzahl Zyklen	Berücksichtigter Zeitraum		Länge in Quartalen		
		Start	Ende	Aufschwung	Abschwung	Zyklus
USA	6	1971:Q1	2009:Q2	22	4	26
Kanada	6	1971:Q2	2015:Q2	26	4	30
GB	5	1974:Q2	2009:Q2	24	4	28
Australien	7	1972:Q2	2000:Q4	13	4	17
Deutschland	8	1975:Q3	2013:Q1	16	3	19
Frankreich	5	1975:Q3	2013:Q1	27	3	30

Anmerkungen: Ermittlung über den Zeitraum 1970:Q1-2015:Q4;„Start" gibt den Beginn des ersten vollständigen Zyklus an; „Ende" das Quartal des letzten vollständigen Zyklus; ein vollständiger Konjunkturzyklus setzt sich aus einem abgeschlossenen Auf- und einem abgeschlossenen Abschwung zusammen.

Die Eignung des BBQ-Algorithmus zur Datierung von Auf- und Abschwungphasen lässt sich erneut durch einen Vergleich der Konjunkturdatierung für die USA mit den Angaben des *NBER* überprüfen. Ab 1970 ergibt sich für zwei von sechs Abschwüngen eine exakte zeitliche Übereinstimmung der beiden Maße, während die verbleibenden Rezessionen lediglich eine Abweichung von einem Quartal aufweisen.[106] Die Länge des repräsentativen Auf- bzw. Abschwungs von 22 bzw. 4 Quartalen stimmt ebenfalls mit den Angaben des *NBER* überein. Für die verbleibenden Länder erfolgt eine Überprüfung des BBQ-Algorithmus durch einen Abgleich mit den Angaben des *Economic Cycle Research Institutes* (*ECRI*). Beim *ECRI* handelt es sich um ein unabhängiges Forschungsinstitut, das für mehr als 20 Volkswirtschaften eine vierteljährliche Konjunkturdatierung vornimmt, wobei jedoch das Verfahren zur Ermittlung der Auf- und Abschwungphasen nicht öffentlich bekannt ist.[107] Für alle Länder ergibt sich eine hohe Übereinstimmung zwischen den Angaben des *ECRI* und den Resultaten durch den BBQ-Algorithmus.

---

106 Die geringfügigen Unterschiede ergeben sich dadurch, dass das *NBER* monatliche Angaben zur Datierung von Auf- und Abschwungphasen vornimmt und neben dem BIP weitere Indikatoren berücksichtigt.

107 Nach eigenen Angaben verwendet das *ECRI* eine weiterentwickelte Version des Verfahrens von Burns und Mitchell (1946). Da keine Dokumentierung über das Vorgehen verfügbar ist, werden die Angaben des *ECRI* lediglich zur Kontrolle verwendet.

Ausgehend von der Überprüfung der Angaben durch den BBQ-Algorithmus mit der Datierung des *NBER* und dem *ECRI* werden für das weitere Vorgehen die Angaben aus Tabelle 5.1 über den jeweiligen repräsentativen Konjunkturzyklus für die sechs Länder verwendet.

5.2.2 Kreditzinssatz

Basierend auf der Datierung der einzelnen Auf- und Abschwungphasen besteht der nächste Schritt darin, den Verlauf des Kreditzinssatzes für die einzelnen Länder über den repräsentativen Konjunkturzyklus zu ermitteln. Als Maß für den Zinssatz auf dem Kreditmarkt wird der nominale Zinssatz für kurz- bis mittelfristige Darlehen an den privaten nicht-finanziellen Sektor verwendet. Dabei werden in Anlehnung an die Konjunkturdatierung ebenfalls vierteljährliche Angaben über den Zeitraum von 1970:Q1-2015:Q4 berücksichtigt. Die Daten für den nominalen Zinssatz stammen zum Großteil vom *IMF* und werden für Deutschland bis 1977:Q2 durch die Angaben der *Deutschen Bundesbank* und für Deutschland und Frankreich ab 2003:Q1 durch Daten der *EZB* ergänzt.

Die Verwendung des nominalen Zinssatzes lässt sich dadurch rechtfertigen, dass keine einheitlichen Angaben über die Inflationserwartungen zur Ermittlung eines ex ante Realzinses vorliegen. Darüber hinaus beziehen sich die Zinssätze auf kurz- bis mittelfristige Darlehen, was in Verbindung mit der Charakterisierung der Zinsreihen über den jeweiligen repräsentativen Konjunkturzyklus mit einer Länge von maximal 30 Quartalen eine Vernachlässigung der Auswirkungen von Variationen der Inflationsrate rechtfertigt.[108]

Abbildung 5.1 gibt den Verlauf des nominalen Zinssatzes für alle Länder von 1970:Q1 bis 2015:Q4 an, wobei graue Bereiche die ermittelten Abschwungquartale durch den BBQ-Algorithmus darstellen. Der Kreditzins nimmt in allen Ländern über den gesamten Beobachtungszeitraum ab, wobei die Entwicklung von unterschiedlichen Fluktuationen begleitet wird. So weisen die englischsprachigen

108 Für den ex post Realzins ergeben sich ähnliche Ergebnisse wie für den nominalen Zinssatz. Dabei stellt sich für GB eine höhere Volatilität als für die USA ein, was zu einem Wechsel der Rangordnung führt. Für die anderen Länder ergeben sich keine Änderungen in der Rangordnung.

Länder deutlich stärkere Schwankungen als Deutschland oder Frankreich auf, wobei das Maximum des nominalen Zinssatzes für alle Länder in den 80er Jahren liegt. Für die USA und Kanada ist zudem eine ähnliche Entwicklung erkennbar, die sich durch die enge wirtschaftliche und politische Verflechtung der beiden Nationen erklären lässt (Iacoviello und Navarro, 2018).[109]

Die Dynamik des Zinssatzes für die sechs Länder lässt sich nur dann über den repräsentativen Konjunkturzyklus charakterisieren, wenn die Zeitreihen eine niedrige Persistenz aufweisen und damit stationär sind. Bei einer niedrigen Persistenz führen Schocks lediglich zu vorübergehenden Abweichungen vom Ausgangsniveau, während sich bei einer hohen Persistenz langfristige Abweichungen ergeben, die häufig als Ausdruck für einen nichtstationären Prozess interpretiert werden.[110] Beginnend mit einer Studie von Rose (1988) findet eine Vielzahl an empirischen Untersuchungen Hinweise auf Nichtstationarität des nominalen Zinssatzes, die durch einen stochastischen Trend erklärt werden. So kann für die Zinsreihen der sechs Länder aus Abbildung 5.1 lediglich für Deutschland die Nullhypothese für das Vorliegen von Nichtstationarität verworfen werden.[111] Eine Möglichkeit für das weitere Vorgehen würde demnach darin bestehen, ähnlich wie in Kapitel 4, für die restlichen Länder einen Trend zu ermitteln und anschließend lediglich die stationären Komponenten des Zinssatzes zu berücksichtigen.

---

109 Die Unterschiede in der Volatilität des Kreditzinssatzes zwischen den Ländern lassen sich beispielsweise durch Transaktionskosten, Liquiditätsrisiken, politische Risiken sowie Imperfektionen auf Finanzmärkten erklären. Für empirische Hinweise auf nationale Verschiedenheiten von Zinssätzen vgl. z. B. Balke und Wohar (1998) sowie Du et al. (2018).

110 Die Unterscheidung eines nichtstationären Prozesses von einem Prozess mit einer hohen Persistenz ist nicht immer eindeutig möglich, da beide Spezifikationen beobachtungsäquivalent sein können (Faust, 1996).

111 Zur Überprüfung der Zinsreihen auf Nichtstationarität wird ein Augmented-Dickey-Fuller-Test (ADF) verwendet. Dabei wird eine Konstante angenommen, die automatische Auswahl der einbezogenen Lags erfolgt durch das Akaike-Informationskriterium. Die Ergebnisse des Tests auf Stationarität vor und nach der Berücksichtigung von Strukturbrüchen findet sich in Anhang A.5: Tabelle A.5.

Abbildung 5.1: Kreditzinssatz

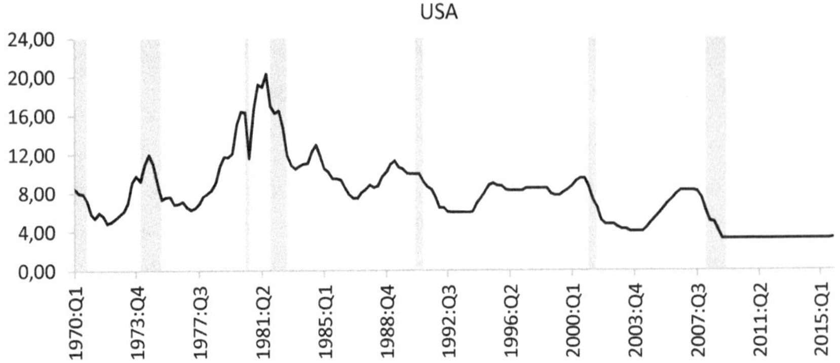

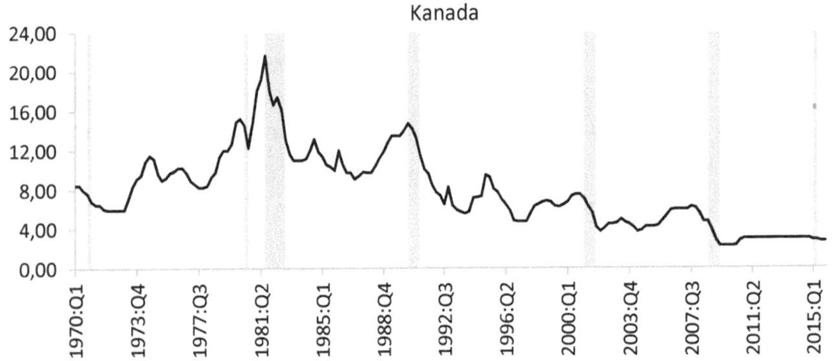

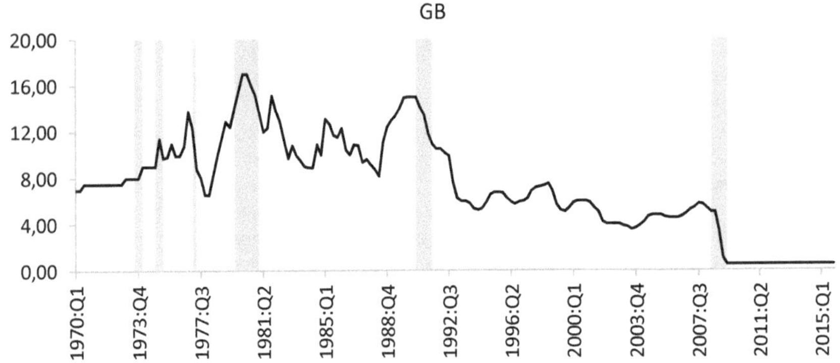

Fortsetzung Abbildung 5.1

Australien

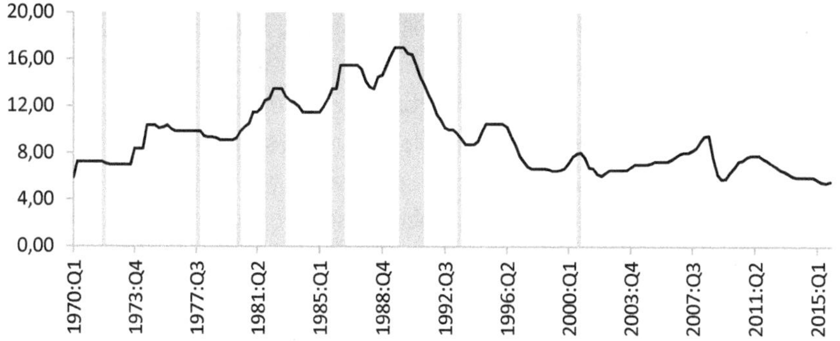

Deutschland

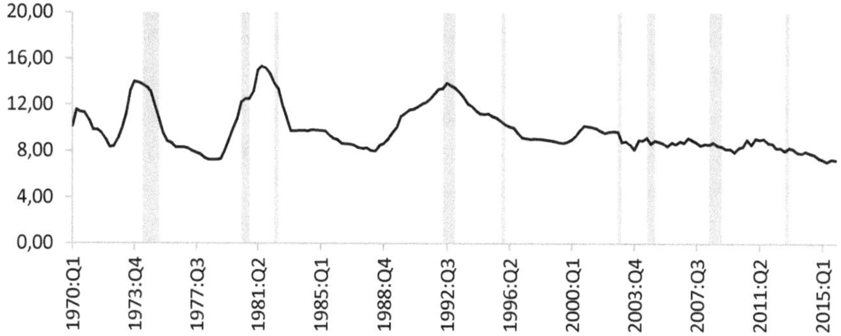

Frankreich

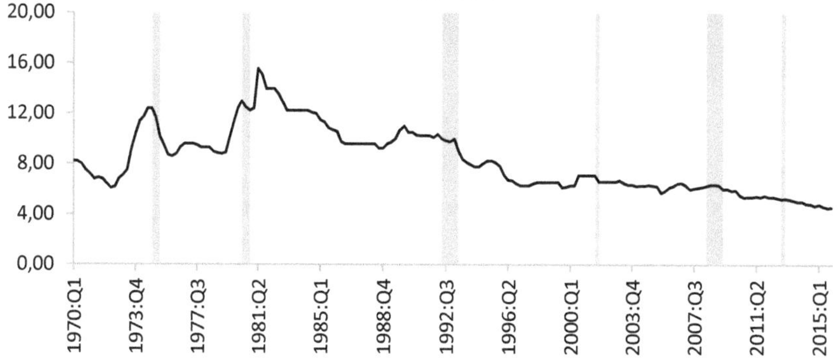

Anmerkungen: Alle Angaben in Prozent; Zeitraum 1970:Q1-2015:Q4; graue Bereiche stellen Abschwungquartale dar.

Neuere Untersuchungen deuten jedoch darauf hin, dass die Dynamik von Zinssätzen durch Strukturbrüche im Mittelwert und nicht durch stochastische Trends charakterisiert ist (Neely und Rapach, 2008). Demnach können die Zinsreihen in verschiedene zeitliche Phasen mit unterschiedlichen Mittelwerten zerlegt werden. Unter Berücksichtigung von Strukturbrüchen lassen sich ebenfalls zyklische Komponenten der Zeitreihen ermitteln. Diese ergeben sich aus der Differenz der ursprünglichen Angaben und dem phasenspezifischen Mittelwert. Die so eruierten zyklischen Komponenten der Zeitreihen weisen eine niedrige Persistenz auf und können somit über mehrere Konjunkturzyklen zusammengefasst werden. Für das weitere Vorgehen wird angenommen, dass die Zinsreihen Strukturbrüche im Mittelwert aufweisen, die im nächsten Schritt bestimmt werden.

Zur Ermittlung der phasenspezifischen Mittelwerte des nominalen Zinssatzes wird die Methode von Bai und Perron (BP) verwendet (Bai und Perron, 1998, 2003a, 2006). Bei der BP-Methode werden die Zeitreihen zuerst auf eine unbekannte Zahl an Strukturbrüchen hin untersucht. Anschließend wird die Anzahl, der Zeitpunkt und der Wert der phasenspezifischen Mittelwerte unter Berücksichtigung verschiedener Nebenbedingungen so bestimmt, dass die Summe der quadrierten Residuen über den gesamten Zeitraum minimiert wird.[112] Die Residuen ergeben sich aus der Differenz der ursprünglichen Angaben und dem phasenspezifischen Durchschnitt. Der Vorteil der BP-Methode besteht darin, dass zum einen keine Annahmen über das Timing und die Anzahl der Strukturbrüche getroffen werden müssen. Zum anderen lassen sich in den Teststatistiken und den Konfidenzintervallen die Auswirkungen von Autokorrelation und Heteroskedastizität berücksichtigen.

Bai und Perron (1998) entwickeln zwei Teststatistiken zur Überprüfung der Nullhypothese für die Abwesenheit von Strukturbrüchen und der Alternativhypothese für das Vorliegen einer unbekannten Zahl an Niveauverschiebungen: UD_{max} und WD_{max}. Darüber hinaus werden sogenannte $F(l + 1|l)$-Tests einge-

112 Eine detaillierte Beschreibung des Verfahrens und der verwendeten Spezifikationen findet sich in Anhang A.7.

führt, welche die Nullhypothese von l Strukturbrüchen und die Alternativhypothese von $l+1$ Strukturbrüchen überprüfen. Dadurch lässt sich kontrollieren, ob die Berücksichtigung eines zusätzlichen Strukturbruchs zu einer signifikanten Reduzierung der Summe der quadrierten Residuen führt. Die $F(l+1|l)$-Tests geben somit die Anzahl der Verschiebungen im Mittelwert an. Ausgehend von Monte-Carlo-Simulationen empfehlen Bai und Perron (2006) folgendes Vorgehen: Zuerst werden mithilfe von UD_{max} und WD_{max} die Zeitreihen auf eine unbekannte Zahl an Strukturbrüchen analysiert. Falls beide Teststatistiken signifikant ausfallen, kann anschließend durch die $F(l+1|l)$-Tests die Anzahl der Niveauverschiebungen ermittelt werden. Abschließend werden das Timing und der Wert des phasenspezifischen Durchschnitts so bestimmt, dass die Summe der quadrierten Residuen minimiert wird.

Die Ergebnisse für die Überprüfung der Zinsreihen auf multiple Strukturbrüche sind in Tabelle 5.2 angegeben. Sowohl UD_{max} als auch WD_{max} weisen für alle Länder signifikante Werte auf, womit in allen Fällen die Nullhypothese für die Abwesenheit von Strukturbrüchen verworfen werden kann. Für die USA, GB, Deutschland und Frankreich werden vier Strukturbrüche (fünf Phasen) identifiziert, während sich für Australien lediglich drei Niveauverschiebungen (vier Phasen) ergeben. Für Kanada werden fünf Strukturbrüche (sechs Phasen) ermittelt. Die Ergebnisse aus Tabelle 5.2 verdeutlichen, dass der nominale Zinssatz für alle Länder mehrere Strukturbrüche aufweist. Das ist im Einklang mit anderen Untersuchungen. So können Rapach und Wohar (2005) mithilfe der BP-Methode für 13 Industrienationen ebenfalls mehrere Niveauverschiebungen im Zinssatz feststellen.

Tabelle 5.2: Test auf multiple Strukturbrüche des Kreditzinssatzes

Land	$UD^a_{\max}$	$WD^b_{\max}$	$F(1\|0)^c$	$F(2\|1)^c$	$F(3\|2)^c$	$F(4\|3)^c$	$F(5\|4)^c$
USA	7.363,15***	16.157,50***	23,79***	44,39***	130,83***	57,91***	8,52
Kanada	198,90***	389,90***	20,00***	42,44***	42,36***	37,59***	17,90***
GB	500,47***	1.098,22***	55,53***	177,44***	29,16***	29,16***	0,48
Australien	130,23***	285,77***	15,42***	32,57***	48,20***	4,67	4,67
Deutschland	190,63***	327,78***	26,24***	70,07***	13,74***	13,74***	–
Frankreich	255,06***	438,56***	34,12***	26,24***	24,50***	45,06***	5,53

Anmerkungen: *, **, *** geben das 10 %, 5 % und 1 % Signifikanzniveau an; [a] einseitiger Test für die Nullhypothese keiner Strukturbrüche gegen die Alternativhypothese von maximal fünf Strukturbrüchen, kritische Werte sind 7,46; 8,88 12,37; [b] einseitiger Test für die Nullhypothese keiner Strukturbrüche und der Alternativhypothese von maximal fünf Strukturbrüchen, kritische Werte sind 8,20; 9,91 und 13,83; [c] einseitiger Test der Nullhypothese auf l Strukturbrüche gegen die Alternativhypothese mit $l+1$ Strukturbrüche, kritische Werte für $F(1|0)$ sind 7,04; 8,58 und 12,29; für $F(2|1)$ 8,51; 10,13 und 11,86, für $F(3|2)$ 9,41; 11,14 und 14,80 für $F(4|3)$ 10,04, 11,83 und 15,28 und für $F(5|4)$ 10,58; 12,25 und 15,76; – keine weiteren Strukturbrüche aufgrund der Nebenbedingungen.

Ausgehend von der Überprüfung der Zinsreihen auf Strukturbrüche lassen sich im nächsten Schritt mit der BP-Methode der Zeitraum und der Wert des phasenspezifischen Durchschnitts ermitteln. Tabelle 5.3 fasst die Ergebnisse für alle Länder zusammen und Abbildung 5.2 stellt den Verlauf des nominalen Zinssatzes mit den phasenspezifischen Mittelwerten dar. Für alle Länder wird das niedrigste Zinsniveau in der letzten Phase erreicht, wobei mit Ausnahme von Australien ein Strukturbruch während der Finanzkrise auftritt. Für die USA und Kanada ergibt sich aufgrund des ähnlichen Verlaufs des Zinssatzes eine hohe Übereinstimmung in der Datierung der phasenspezifischen Mittelwerte.

Tabelle 5.3: Datierung und Niveau der Strukturbrüche des Kreditzinssatzes

Land	Phase 1	Phase 2	Phase 3	Phase 4	Phase 5	Phase 6
USA	7,49	13,68	8,40	5,84	3,28	
	1978:Q3	1985:Q2	2001:Q2	2008:Q3	2015:Q4	
Kanada	8,40	13,87	11,25	6,70	4,90	2,86
	1978:Q2	1985:Q1	1991:Q4	2001:Q2	2008:Q3	2015:Q4
GB	8,68	12,04	6,17	4,51	0,52	
	1978:Q3	1992:Q3	2001:Q2	2008:Q4	2015:Q4	
Australien	8,77	13,80	9,11	6,99		
	1980:Q4	1991:Q4	1998:Q3	2015:Q4		
Deutschland	10,65	9,19	11,97	9,16	8,26	
	1989:Q4	1989:Q3	1996:Q2	2007:Q3	2015:Q4	
Frankreich	8,84	12,44	9,85	6,68	5,27	
	1979:Q2	1986:Q1	1993:Q3	2009:Q1	2015:Q4	

Anmerkungen: Die Anzahl der Phasen ergibt sich gemäß den Ergebnissen aus Tabelle 5.2 ; der obere Wert gibt den Mittelwert für die jeweilige Periode an und der untere Wert gibt die Datierung des letzten Quartals für die entsprechende Phase an; alle Angaben beziehen sich auf einen Zeitraum von 1970:Q1-2015:Q4.

Für das weitere Vorgehen werden die prozentualen Abweichungen der Kreditzinsreihen berücksichtigt. Diese ergeben sich aus dem Quotienten der zyklischen Komponenten und den phasenspezifischen Mittelwerten. Die zyklischen Komponenten resultieren wiederum aus der Differenz der ursprünglichen Angaben und dem Mittelwert. Die prozentualen Abweichungen der Zinsreihen sind in Abbildung 5.3 dargestellt. Mit Ausnahme von Australien und GB weisen alle Länder in den 70er und 80er Jahren die höchsten prozentualen Abweichungen auf, wobei sich für die USA, Kanada und GB ab 2009 nur noch geringfüge Unterschiede zum Mittelwert einstellen. Die höchste Abweichung über alle Länder hinweg ergibt sich für GB im ersten Quartal 2009 und resultiert aus einem starken Rückgang des nominalen Zinssatzes in den beiden angrenzenden Quartalen um jeweils zwei Prozentpunkte.

Bevor sich die Zinsreihen über den repräsentativen Konjunkturzyklus charakterisieren lassen, muss der Verlauf der prozentualen Abweichungen für die verschiedenen Zyklen mithilfe der Angaben aus Tabelle 5.1 an die Länge der länderspezifischen Auf- und Abschwungphasen angepasst werden. Zur Angleichung wird erneut das mittlerweile bekannte Verfahren des *Time-Scalings* verwendet, welches in Abschnitt 4.2.2.2 beschrieben wurde. So wird beispielsweise für die USA der Verlauf der prozentualen Abweichungen des Zinssatzes über die sechs Auf- bzw. Abschwungphasen von 1971:Q1 bis 2009:Q2 an eine Länge von 22 bzw. 4 Quartalen angepasst. Die Dynamik des Kreditzinssatzes über den repräsentativen Konjunkturzyklus ergibt sich aus dem mittleren Verlauf über die sechs angepassten Zyklen.

Abbildung 5.2: Kreditzinssatz mit phasenspezifischen Mittelwerten

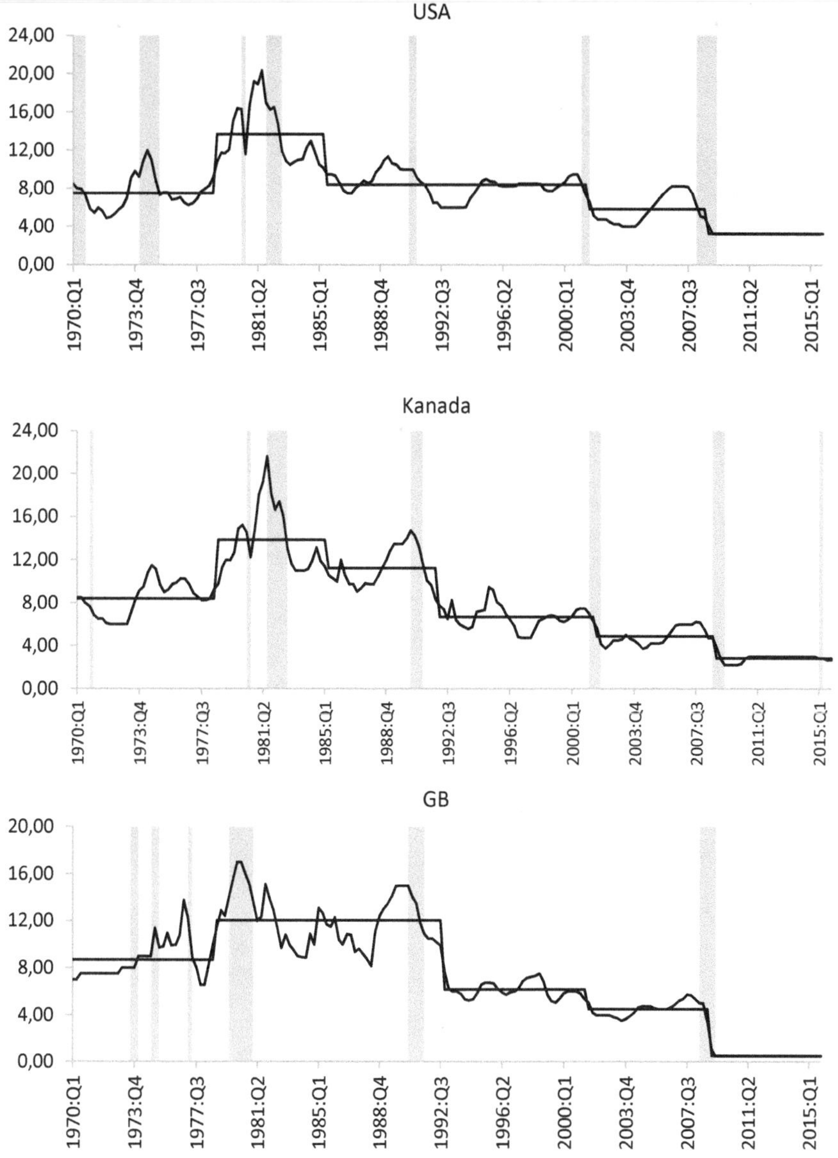

Fortsetzung Abbildung 5.2

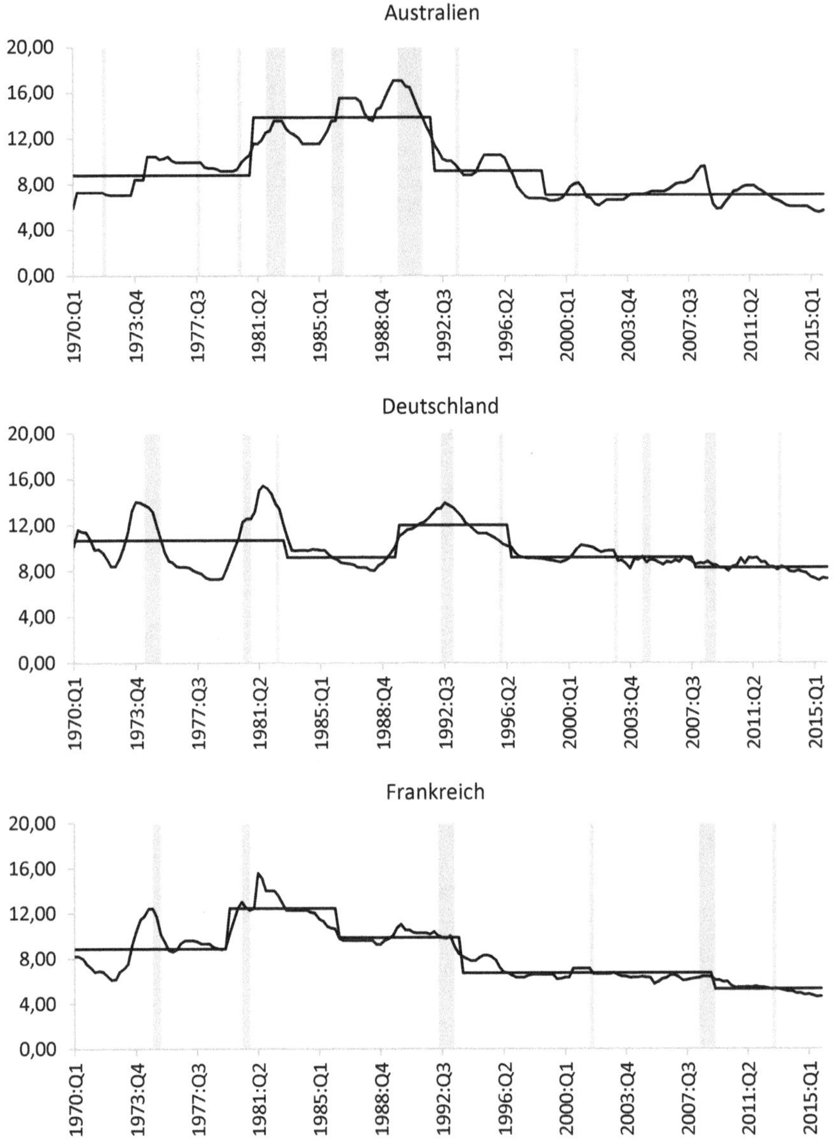

Anmerkungen: Alle Angaben in Prozent; Zeitraum 1970:Q1-2015:Q4; graue Bereiche stellen Abschwungquartale dar.

Abbildung 5.3: Abweichungen des Kreditzinssatzes

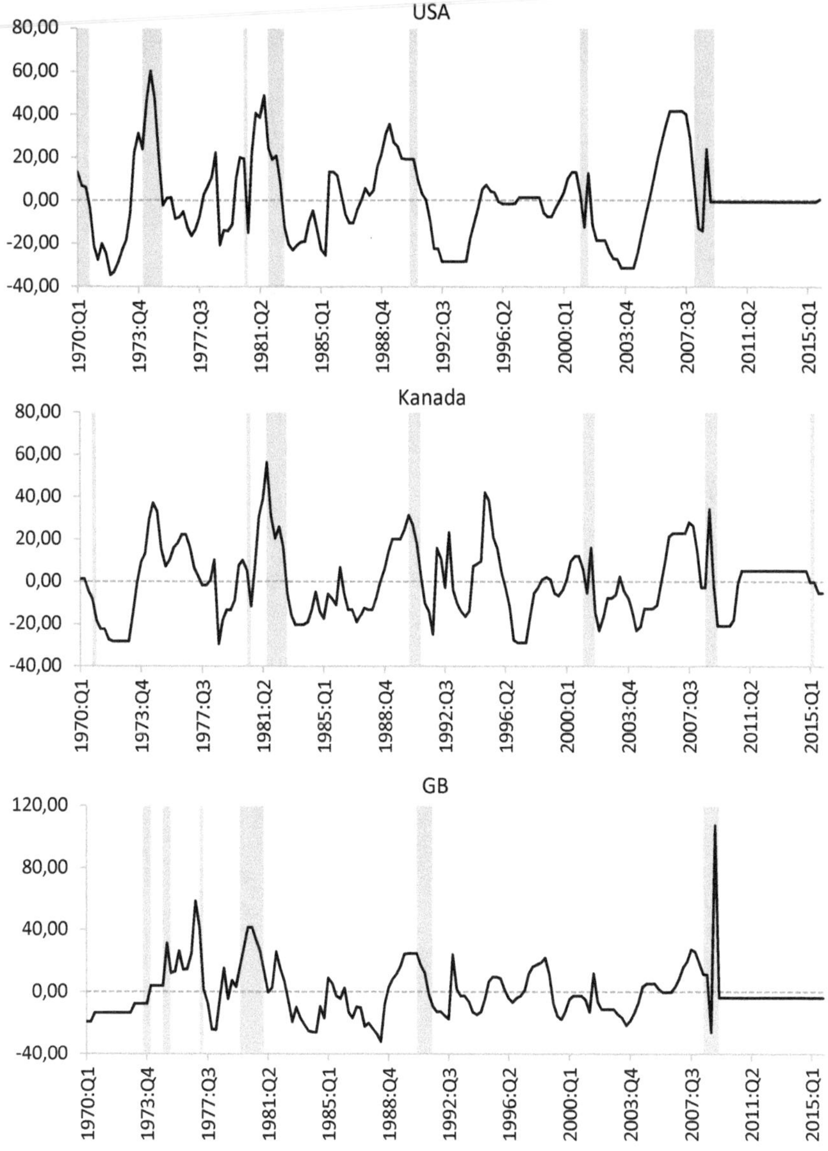

Fortsetzung Abbildung 5.3

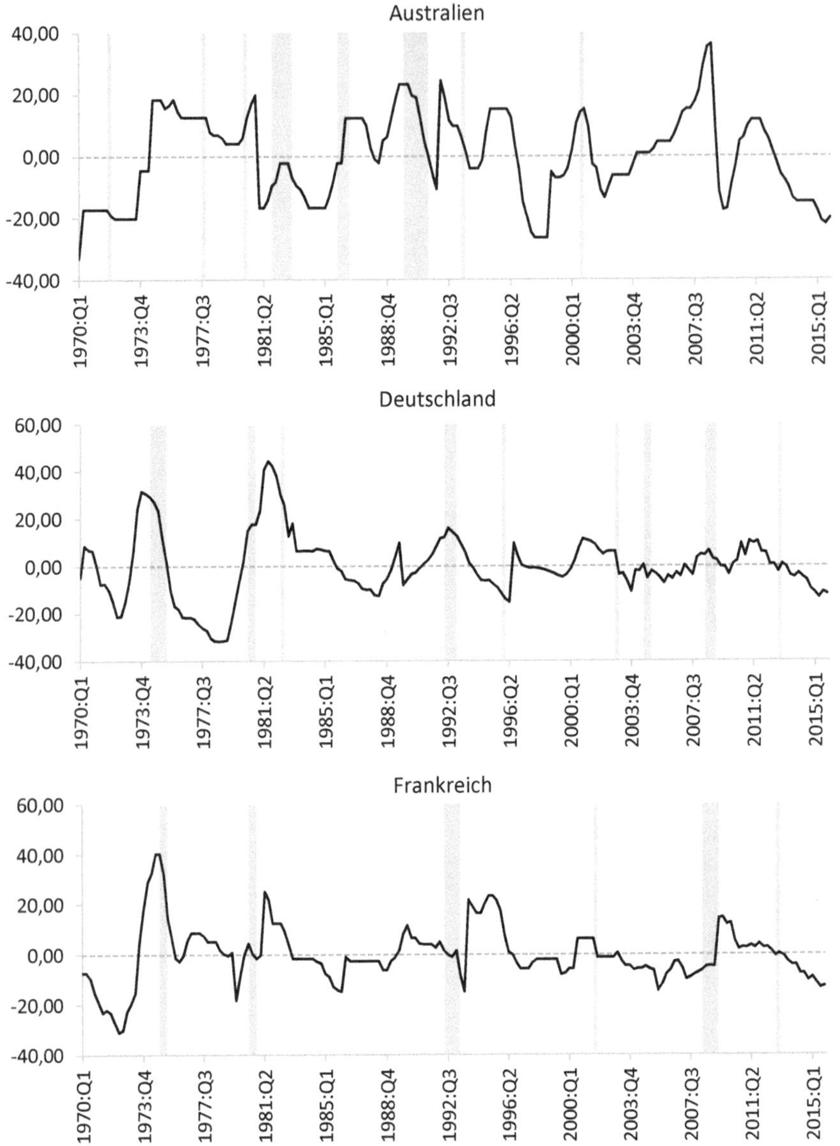

Anmerkungen: Alle Angaben in Prozent; Zeitraum 1970:1-2015:Q4; graue Bereiche stellen Abschwungquartale dar.

5.2.3 *Kreditvolumen und Kreditquote*

Neben dem Zinssatz werden das reale Kreditvolumen und die Kreditquote für alle sechs Länder untersucht. Dabei wird ein ähnliches Vorgehen wie in Kapitel 4 zur Herleitung der Dynamik über den repräsentativen Konjunkturzyklus verwendet. Das Kreditvolumen stellt die Summe aller laufenden Forderungen des inländischen Bankensektors an den privaten nicht-finanziellen Sektor in nationalen Währungseinheiten dar, wobei die Angaben mithilfe des KPI in Preisen des Jahres 2010 deflationiert werden. Die Kreditquote ergibt sich aus dem Verhältnis des Kreditvolumens und des BIPs und bildet damit die Entwicklung des Bankensektors in Relation zur Realwirtschaft ab.[113] Die Daten für das Kreditvolumen und die Kreditquote stammen von der *BIS* und die Angaben für den KPI vom *IMF*.

Über den Beobachtungszeitraum von 1970:Q1 bis 2015:Q4 weisen sowohl das Kreditvolumen als auch die Kreditquote für alle Länder einen positiven Trend auf, weshalb die Zeitreihen zuerst auf Stationarität überprüft werden.[114] Tabelle 5.4 gibt die Ergebnisse des Augmented-Dickey-Fuller-Tests (ADF-Test) für alle Länder an. In der Teststatistik wird neben einer Konstanten ebenfalls ein zeitlicher Trend berücksichtigt, während die Auswahl der einbezogenen Lags mithilfe des Akaike-Informationskriteriums erfolgt. Es zeigt sich, dass für keine der Zeitreihen die Nullhypothese für das Vorliegen von Nichtstationarität verworfen werden kann, weshalb die Angaben vor der Ermittlung des Verlaufs über den repräsentativen Zyklus erst um stationäre sowie deterministische Trends bereinigt werden müssen.

In Anlehnung an das Vorgehen aus Kapitel 4 wird zur Ermittlung der Trends ein zweiseitiger, gleitender Durchschnitt verwendet, der sich folgendermaßen ergibt:

---

113 Die Berücksichtigung der Kreditquote schließt aus, dass die signifikanten Unterschiede in der Zins- und Kreditvolatilität durch Verschiedenheiten in den Konjunkturschwankungen des gesamtwirtschaftlichen Outputniveaus verursacht werden, da das Kreditvolumen und der Output positiv miteinander korreliert sind (Borio et al., 2001; Bikker und Hu, 2002).

114 Eine Darstellung des zeitlichen Verlaufs findet sich in Anhang A.4: Abbildung A.3 und Abbildung A.4.

$$x_{t,i}^{s} = \frac{1}{2K+1} \sum_{\tau=-K}^{K} x_{t-\tau,i}. \tag{5.3}$$

Dabei stellt $x_{t,i}^{s}$ die Trendkomponente und $x_{t-\tau,i}$ den ursprünglichen Wert des realen Kreditvolumens bzw. der Kreditquote von Land i dar. Für den Glättungsparameter K wird erneut ein Wert von 12 verwendet, womit insgesamt 25 Quartale zur Ermittlung von Trends berücksichtigt werden. Die zyklischen Komponenten der Zeitreihen ergeben sich aus $x_{t,i}^{c} = x_{t,i} - x_{t,i}^{s}$. Die Angaben des Kreditvolumens werden vor der Ermittlung des Trends logarithmiert, womit die zyklischen Komponenten direkt als prozentuale Abweichungen interpretiert werden können. Für die Kreditquote ergeben sich die prozentualen Abweichungen aus dem Quotienten der zyklischen Komponenten und dem Trend.

Tabelle 5.4: Test auf Stationarität des Kreditvolumens und der Kreditquote

Land	Kreditvolumen		Kreditquote	
	t-Statistik	p-Wert	t-Statistik	p-Wert
USA	−2,649	0,259	−2,493	0,331
Kanada	0,263	0,998	−1,341	0,874
GB	−3,366	0,060	−3,058	0,119
Australien	−0,659	0,974	−2,116	0,532
Deutschland	−2,172	0,501	−1,732	0,732
Frankreich	−2,369	0,394	−1,974	0,610

Anmerkungen: ADF-Test auf Stationarität über einen Zeitraum von 1970:Q1-2015:Q4; Schätzgleichung berücksichtigt eine Konstante und einen zeitlichen Trend; Auswahl der einbezogenen Lags erfolgt mithilfe des Akaike-Informationskriteriums.

Die ermittelten prozentualen Abweichungen der Zeitreihen werden erneut auf Stationarität überprüft. Die Ergebnisse des ADF-Tests finden sich in Tabelle 5.5. In den Schätzgleichungen wird eine Konstante berücksichtigt und die Auswahl der einbezogenen Lags erfolgt durch das Akaike-Informationskriterium. Sowohl für das reale Kreditvolumen als auch für die Kreditquote lässt sich für jedes Land die Nullhypothese auf Nichtstationarität verwerfen. Die ermittelten prozentualen Abweichungen können demnach als stationär angesehen werden.

Tabelle 5.5: Test auf Stationarität der Abweichungen des Kreditvolumens und der Kreditquote

Land	Abweichungen Kreditvolumen		Abweichungen Kreditquote	
	t-Statistik	p-Wert	t-Statistik	p-Wert
USA	−3,821	0,003	−3,955	0,002
Kanada	−5,852	0,000	−5,981	0,000
GB	−5,549	0,000	−4,334	0,001
Australien	−5,606	0,000	−5,253	0,000
Deutschland	−5,197	0,000	−3,330	0,015
Frankreich	−3,998	0,002	−3,239	0,019

Anmerkungen: Ergebnisse des ADF-Tests über einen Zeitraum von 1970:Q1-2015:Q4 (außer für Frankreich von 1973:Q1-2015:Q4); Schätzgleichung berücksichtigt eine Konstante; Auswahl der einbezogenen Lags erfolgt durch das Akaike-Informationskriterium.

Abbildung 5.4 und Abbildung 5.5 geben den Verlauf der prozentualen Abweichungen für das reale Kreditvolumen und die Kreditquote zwischen 1970:Q1 und 2015:Q4 an.[115] Es zeigt sich, dass die prozentualen Abweichungen der Kreditquote einen ähnlichen Verlauf wie für das Kreditvolumen aufweisen, wobei die Fluktuationen der Kreditquote in den meisten Quartalen betragsmäßig bescheidener ausfallen. Für die USA, Kanada und GB ergeben sich deutlich stärkere Schwankungen als für die restlichen Länder, während die betragsmäßig höchsten Abweichungen für das Kreditvolumen in den 70er und 80er Jahren erreicht werden.

Der Verlauf der prozentualen Abweichungen für das reale Kreditvolumen und die Kreditquote werden abschließend mithilfe des Verfahrens des *Time-Scalings* an die Länge der Auf- und Abschwungphasen aus Tabelle 5.1 angepasst. Die Entwicklung über den repräsentativen Konjunkturzyklus ergibt sich aus dem mittleren Verlauf über alle angepassten Zyklen.

---

115 Für Frankreich sind die Angaben für das Kreditvolumen erst ab 1969:Q1 vorhanden, weshalb unter Berücksichtigung des Trends die prozentualen Abweichungen erst ab 1973:Q1 angegeben werden können. Diese Einschränkung hat jedoch keine Auswirkungen auf die Ermittlungen des Verlaufs über den repräsentativen Zyklus, der erst ab 1975:Q3 ermittelt wird.

Abbildung 5.4: Abweichungen des Kreditvolumens

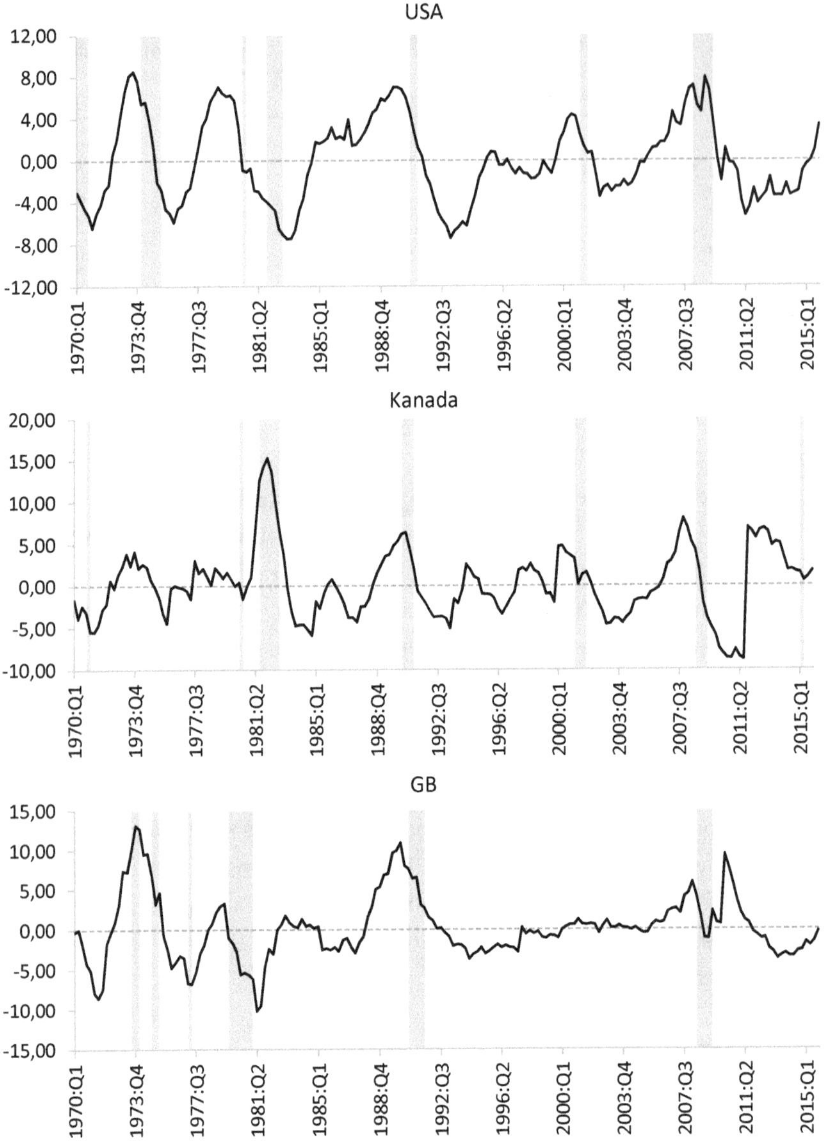

Fortsetzung Abbildung 5.4

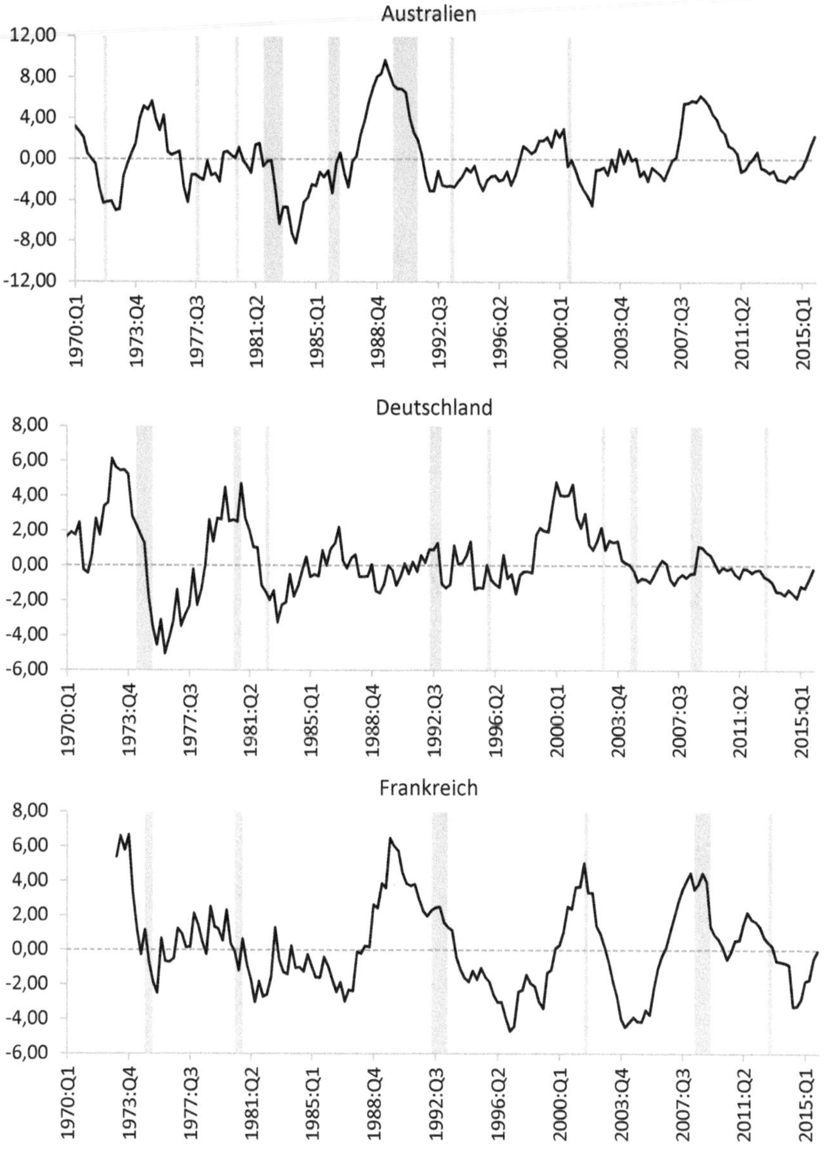

Anmerkungen: Alle Angaben in Prozent; Zeitraum 1970:Q1-2015:Q4 (außer Frankreich ab 1973:Q1); graue Bereiche stellen Abschwungquartale dar.

Abbildung 5.5: Abweichungen der Kreditquote

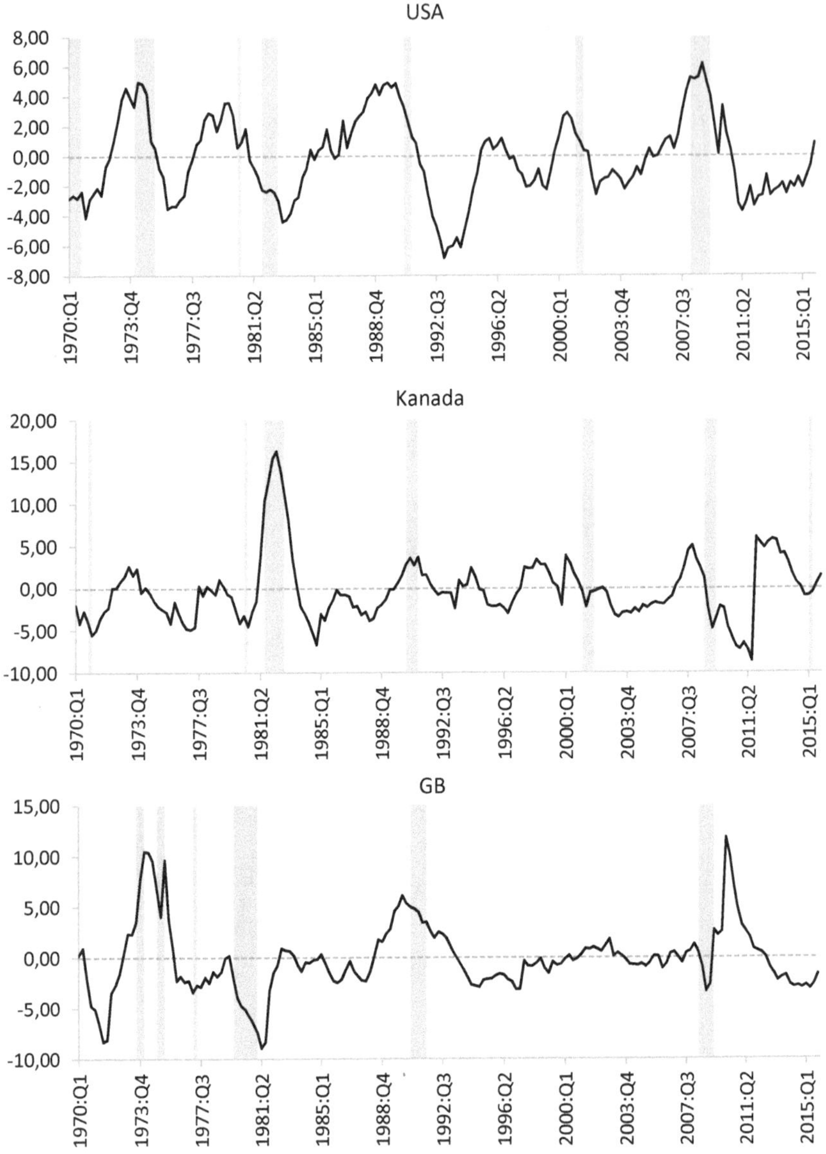

Fortsetzung Abbildung 5.5

Australien

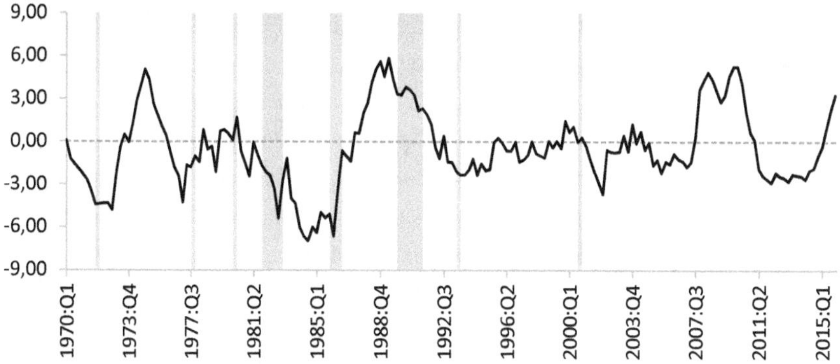

Deutschland

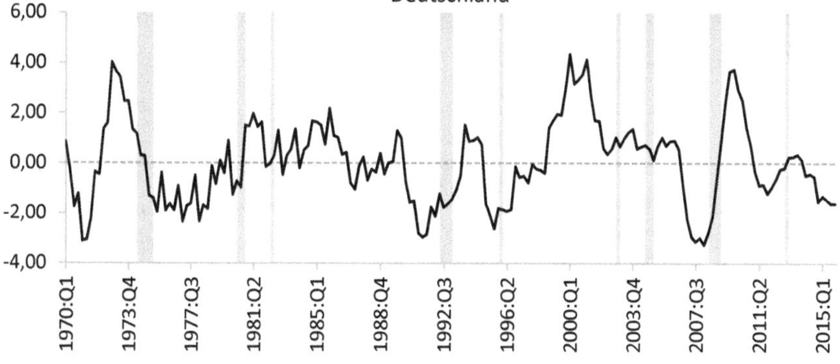

Frankreich

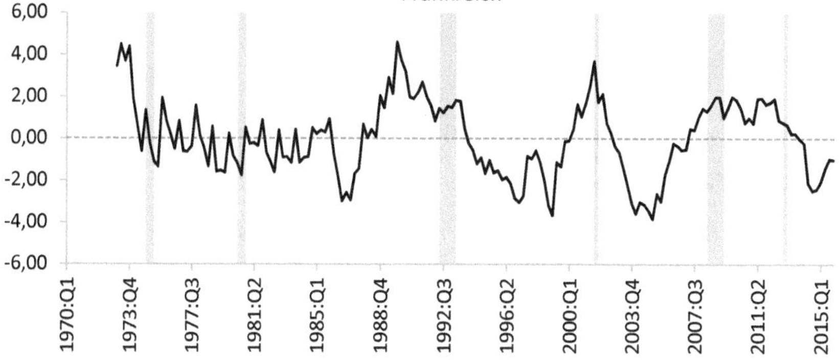

Anmerkungen: Alle Angaben in Prozent; Zeitraum 1970:Q1-2015:Q4 (außer Frankreich ab 1973:Q1); graue Bereiche stellen Abschwungquartale dar.

5.3 Charakterisierung und Vergleich der Länder

Ausgehend von der Herleitung des Verlaufs der prozentualen Abweichungen des nominalen Zinssatzes, des realen Kreditvolumens und der Kreditquote über den repräsentativen Konjunkturzyklus werden in diesem Abschnitt signifikante Unterschiede zwischen den Ländern in der Dynamik der Zeitreihen ermittelt.[116] Die Resultate der empirischen Analyse werden anschließend mit den Ergebnissen von Modellsimulationen verglichen. Dabei wird die Hypothese geprüft, dass sich signifikante Unterschiede zwischen den Ländern durch Verschiedenheiten im Anreizsystem der Kreditreferenten erklären lassen. Zur Charakterisierung der Dynamik der drei Größen wird die Standardabweichung verwendet, die als Maß für die Schwankungen der Zeitreihen berücksichtigt wird. Tabelle 5.6 gibt die Standardabweichung für alle drei Größen über den jeweiligen repräsentativen Konjunkturzyklus der Länder an.

Tabelle 5.6: Standardabweichung des Kreditzinssatzes, des Kreditvolumens und der Kreditquote

Land	Standardabweichung in %			Länge repräsentativer Zyklus in Quartalen
	Kreditzinssatz	Kreditvolumen	Kreditquote	
USA	12,33	2,75	1,70	26
Kanada	8,91	2,52	1,49	30
GB	9,34	1,54	0,68	28
Australien	3,92	1,24	0,39	17
Deutschland	2,39	0,38	0,63	19
Frankreich	3,94	1,47	0,81	30

Anmerkungen: Angaben für die Standardabweichung des Zinssatzes, des Kreditvolumens und der Kreditquote beziehen sich auf den jeweiligen repräsentativen Konjunkturzyklus; Länge der Zyklen entspricht den Angaben aus Tabelle 5.1.

Es zeigt sich, dass zwischen den Ländern erhebliche Unterschiede in der Zins- und Kreditvolatilität bestehen. So weisen die USA für alle drei Größen die höchste

116 Das Vorgehen ähnelt der Analyse von Gericke (2010), der signifikante Unterschiede in der Innovationstätigkeit und der Kundenbindung im Bankensektor zwischen sechs Industrieländern ermittelt.

Standardabweichung auf, gefolgt von GB für den Zinssatz sowie Kanada für das Kreditvolumen und die Kreditquote. Die niedrigste Standardabweichung für den Zinssatz und das Kreditvolumen sowie den zweitniedrigsten Wert für die Kreditquote ergibt sich für Deutschland, während Australien eine umgekehrte Reihung aufweist.

Die Ermittlung signifikanter Unterschiede in der Zins- und Kreditvolatilität erfolgt durch einen paarweisen Vergleich aller möglichen Länderkombinationen. Dabei wird analysiert, inwiefern sich die Volatilität einer Größe von Land i signifikant von Land j unterscheidet. Der Vergleich erfolgt durch einen zweiseitigen F-Test. Die Nullhypothese ist, dass die Standardabweichung von Land i der Standardabweichung von Land j entspricht, während die Alternativhypothese von einem signifikanten Unterschied zwischen den beiden Ländern ausgeht. Die Teststatistik für den F-Test lautet:

$$F = \frac{\sigma_i^2}{\sigma_j^2}, \tag{5.4}$$

wobei σ_i die Standardabweichung von Land i und σ_j die Standardabweichung von Land j für den Kreditzins, das Kreditvolumen oder die Kreditquote angibt. Die Freiheitsgrade zur Ermittlung der kritischen Werte ergeben sich aus der Anzahl der Quartale des jeweiligen repräsentativen Konjunkturzyklus, wobei ein Signifikanzniveau von 5 % zur Ermittlung von Unterschieden in der Volatilität verwendet wird.

Die Ergebnisse des paarweisen Vergleichs der Standardabweichungen für alle drei Größen finden sich in Tabelle 5.7.[117] Für den Kreditzinssatz und das Kreditvolumen wird für vier Länderkombinationen die Nullhypothese bestätigt. Für die Volatilität der Kreditquote ergeben sich in fünf Fällen keine signifikanten Unterschiede. Für alle anderen Länderkombinationen wird die Nullhypothese nicht bestätigt, womit signifikante Unterschiede zwischen den Ländern vorliegen. Die Ergebnisse aus Tabelle 5.7 werden abschließend in einen qualitativen Vergleich

117 Da bei einem F-Test immer die höhere Standardabweichung im Zähler berücksichtigt wird, erfolgt die Reihung der Länder in absteigender Reihenfolge.

überführt. Dabei wird lediglich angegeben, ob die Standardabweichung von Land i im Vergleich zu Land j signifikant größer ($>$) oder gleich ($=$) ausfällt. Die Ergebnisse sind in Tabelle 5.8 angegeben und werden zur Überprüfung der Hypothese, wonach sich signifikante Unterschiede zwischen den Ländern durch Verschiedenheiten im Anreizsystem der Kreditreferenten erklären lassen, verwendet.

Tabelle 5.7: Überprüfung auf Gleichheit der Volatilität des Kreditzinssatzes, des Kreditvolumens und der Kreditquote

Kreditzinssatz

j \ i	USA	GB	Kanada	Frankreich	Australien	Deutschland
USA	1,000 (2,230)					
GB	1,714 (2,183)	1,000 (2,161)				
Kanada	1,913 (2,142)	1,099 (2,120)	1,000 (2,101)			
Frankreich	9,787* (2,142)	5,622* (2,120)	5,117* (2,101)	1,000 (2,101)		
Australien	9,902* (2,614)	5,689* (2,594)	5,177* (2,756)	1,012 (2,756)	1,000 (2,761)	
Deutschland	26,694* (2,491)	15,335* (2,471)	13,956* (2,453)	2,728* (2,453)	2,696* (2,640)	1,000 (2,596)

Kreditvolumen

j \ i	USA	Kanada	GB	Frankreich	Australien	Deutschland
USA	1,000 (2,230)					
Kanada	1,197 (2,142)	1,000 (2,101)				
GB	3,188* (2,183)	2,663* (2,142)	1,000 (2,161)			
Frankreich	3,491* (2,142)	2,916* (2,101)	1,095 (2,120)	1,000 (2,101)		
Australien	4,967* (2,614)	4,149* (2,576)	1,558 (2,594)	1,423 (2,576)	1,000 (2,761)	
Deutschland	52,071* (2,491)	43,494* (2,453)	16,333* (2,471)	14,914* (2,453)	10,483* (2,640)	1,000 (2,596)

Fortsetzung Tabelle 5.7

Kreditquote						
j \ i	USA	Kanada	Frank-reich	GB	Deutsch-land	Austra-lien
USA	1,000 (2,230)					
Kanada	1,307 (2,149)	1,000 (2,101)				
Frankreich	4,401* (2,149)	3,367* (2,101)	1,000 (2,101)			
GB	6,266* (2,183)	4,794* (2,142)	1,424 (2,142)	1,000 (2,161)		
Deutschland	7,394* (2,491)	5,657* (2,453)	1,680 (2,453)	1,180 (2,471)	1,000 (2,596)	
Australien	19,215* (2,614)	14,699* (2,576)	4,366* (2,576)	3,066* (2,594)	2,599 (2,717)	1,000 (2,761)

Anmerkungen: Angaben in runden Klammern stellen die kritischen Werte der F-Verteilung für das 5 %-Niveau dar; * verdeutlicht signifikante Unterschiede auf dem 5 % Niveau; die Freiheitsgrade ergeben sich durch die Länge des repräsentativen Konjunkturzyklus von Land i und Land j.

Tabelle 5.8: Qualitative Unterschiede in der Volatilität des Kreditzinssatzes, des Kreditvolumens und der Kreditquote

Kreditzinssatz

j \ i	USA	GB	Kanada	Frankreich	Australien	Deutschland
USA	=					
GB	=	=				
Kanada	=	=	=			
Frankreich	>	>	>	=		
Australien	>	>	>	=	=	
Deutschland	>	>	>	>	>	=

Kreditvolumen

j \ i	USA	Kanada	GB	Frankreich	Australien	Deutschland
USA	=					
Kanada	=	=				
GB	>	>	=			
Frankreich	>	>	=	=		
Australien	>	>	=	=	=	
Deutschland	>	>	>	>	>	=

Kreditquote

j \ i	USA	Kanada	Frankreich	GB	Deutschland	Australien
USA	=					
Kanada	=	=				
Frankreich	>	>	=			
GB	>	>	=	=		
Deutschland	>	>	=	=	=	
Australien	>	>	>	>	=	=

Anmerkungen: Signifikante Unterschiede werden durch > und nicht-signifikante Unterschiede durch = angegeben; als Grundlage dienen die Ergebnisse des F-Tests für das 5 %-Niveau aus Tabelle 5.7.

5.4 Vergleich der empirischen Analyse mit Modellsimulationen

Im letzten Abschnitt wurden signifikante Unterschiede in der Volatilität des Kreditzinssatzes, des Kreditvolumens und der Kreditquote über den repräsentativen Konjunkturzyklus zwischen den Ländern in Form eines paarweisen Vergleichs ermittelt. In diesem Abschnitt werden die Ergebnisse der empirischen Analyse mit Modellsimulationen verglichen. Dabei wird die Hypothese überprüft, dass sich die signifikanten Unterschiede in der Zins- und Kreditvolatilität zwischen den Ländern mithilfe von nationalen Verschiedenheiten im Bonussystem der Kreditreferenten erklären lassen. In Abschnitt 5.4.1 wird die Vorgehensweise zur Durchführung der Modellsimulationen erläutert. Anschließend werden die Ergebnisse präsentiert und mit den Resultaten der empirischen Analyse aus Abschnitt 5.3 verglichen.

5.4.1 Vorgehensweise

Der Vergleich der Ergebnisse der empirischen Analyse mit dem theoretischen Modell erfolgt durch ein ähnliches Vorgehen wie in Kapitel 4. Dabei wird für jedes Land der Verlauf der prozentualen Abweichungen für den Kreditzinssatz, das Kreditvolumen und die Kreditquote über den repräsentativen Konjunkturzyklus simuliert und anschließend die jeweilige Standardabweichung ermittelt. Die prozentualen Abweichungen ergeben sich aus dem Quotienten der absoluten Angaben und dem Mittelwert über den repräsentativen Zyklus, subtrahiert mit dem Wert eins. In den Simulationen werden neben den Verschiedenheiten in der Länge der länderspezifischen repräsentativen Konjunkturzyklen ebenfalls Unterschiede im Anreizsystem der Kreditreferenten berücksichtigt. Dadurch lässt sich die Hypothese überprüfen, dass sich die Unterschiede zwischen den Ländern in der Dynamik von Kreditzyklen durch länderspezifische Verschiedenheiten im Anreizsystem der Kreditreferenten ergeben.[118]

118 Um auszuschließen, dass die signifikanten Unterschiede in der Zins- und Kreditvolatilität nicht allein auf die Verschiedenheiten in der Länge der repräsentativen Auf- und Abschwungphasen zurückzuführen sind, werden die Simulationen ebenfalls mit einem einheitlichen Bonussystem durchgeführt. Dabei lassen sich jedoch nur knapp 40 % aller signifikanten Unterschiede in den drei Größen erklären.

In dem theoretischen Modell aus Kapitel 3 erfolgt die Kreditvergabe über Kreditreferenten, die sowohl für die Kreditwürdigkeitsprüfung als auch für die Vermarktung und den Vertrieb von Kreditanträgen zuständig sind. Das Kreditangebot des Bankensektors hängt positiv von dem Anreizsystem der Kreditreferenten ab, die pro vergebenen Kredit eine Prämie erhalten. Bei den Krediten handelt es sich um Annuitätendarlehen mit einer Laufzeit von mehreren Perioden, wobei sich das Gleichgewicht auf dem Kreditmarkt in jeder Periode durch den Schnittpunkt von Angebot und Nachfrage ergibt. Die Entwicklung verschiedener Modellparameter hängt von dem Zustand des repräsentativen Konjunkturzyklus ab, der sich aus einem Auf- und einem Abschwung zusammensetzt. Ausgehend von den Resultaten der Modellanalyse aus Abschnitt 4.4 wird in den folgenden Simulationen eine kontrazyklische Variation des Marktrisikos in Verbindung mit einer prozyklischen Veränderung der Kreditnachfrage und des Kreditangebots berücksichtigt, da sich für diese Konstellation die beste Anpassungsgüte zwischen dem Verlauf der simulierten und der empirischen Zeitreihen ergibt.[119] Das Marktrisiko (z) gibt das systematische Risiko auf dem Kreditmarkt in Abhängigkeit der gesamtwirtschaftlichen Entwicklung an und wird durch folgende Funktion beschrieben:

$$z_t = z_{t-1} + \lambda_z(z^* - z_{t-1}),$$
$$\text{mit } z^* = \begin{cases} \overline{z} \text{ im Abschwung} \\ \underline{z} \text{ im Aufschwung} \end{cases}, \text{ wobei } \overline{z} > \underline{z}. \qquad (5.5)$$

Hierbei steigt das Marktrisiko im Abschwung an und nimmt im Aufschwung wieder ab. Die Veränderung der Kreditnachfrage erfolgt durch eine Variation des Achsenabschnittes (a) und ergibt sich durch:

$$a_t = a_{t-1} + \lambda_a(a^* - a_{t-1}),$$
$$\text{mit } a^* = \begin{cases} \overline{a} \text{ im Aufschwung} \\ \underline{a} \text{ im Abschwung} \end{cases}, \text{ wobei } \overline{a} > \underline{a}, \qquad (5.6)$$

wobei der Achsenabschnitt der Kreditnachfrage im Aufschwung zunimmt und im Abschwung zurückgeht. Die Variation des Kreditangebotes in Abhängigkeit des

[119] Für eine Beschreibung der zugrundeliegenden Anpassungsmechanismen vgl. Abschnitt 4.3.3.

Konjunkturzustandes erfolgt durch eine Veränderung des Bonusparameters (e) der Kreditreferenten und lässt sich folgendermaßen angeben:

$$e_{t,i} = e_{t-1,i} + \lambda_e\left(e_i^* - e_{t-1,i}\right), \qquad (5.7)$$

$$\text{mit } e_i^* = \begin{cases} \overline{e}_i \text{ im Aufschwung} \\ \underline{e} \text{ im Abschwung} \end{cases}, \text{ wobei } \overline{e}_i > \underline{e}.$$

Dabei stellt i den Länderindex dar. Der Bonusparameter nimmt im Aufschwung zu und geht im Abschwung zurück. Im Gegensatz zur Kreditnachfrage und dem Marktrisiko berücksichtigt Gleichung (5.7) in Abhängigkeit von i demnach unterschiedliche Werte für den Bonusparameter im Aufschwung $\overline{e}$, wobei später gezeigt wird, dass es sich dabei um eine hinreichende Differenzierung des Anpassungsmechanismus handelt.

Eine direkte Festlegung der Parameterwerte für das Anreizsystem der Kreditreferenten in Gleichung (5.7) ist nicht möglich, da bisher keine Angaben oder Studien vorliegen, die einen direkten Vergleich des Anreizsystem über mehrere Länder ermöglichen. So handelt es sich bei den meisten Untersuchungen über das Bonussystem in unteren sowie mittleren Hierarchieebenen um Labor- oder Unternehmensexperimente, die keine Rückschlüsse über nationale Verschiedenheiten im Anreizsystem des Bankensektor zulassen.[120] Als alternative Lösung wird die variable Entlohnung des Führungspersonals als Approximation für das Anreizsystem in den darunterliegenden Hierarchieebenen verwendet. Dabei wird angenommen, dass die Höhe der Bonuszahlungen in den Führungsetagen ein fester Bestandteil der Unternehmenskultur ist und Aufschluss über das allgemeine Anreizsystem liefert. Kerr und Slocum (1987) zeigen, dass das Bonussystem insbesondere in Industrien mit einem intensiven Wettbewerb um qualifizierte Arbeitskräfte sowie einer hohen Fluktuation an Mitarbeitern ein wesentlicher Bestandteil der Unternehmenskultur ist und sich auf allen Hierarchieebenen widerspiegelt. Beide Merkmale treffen auf den Bankensektor zu, der durch eine umfangreiche Bonuskultur geprägt ist (Clementi et al., 2009; Bannier et al., 2013).

120 Für einen Überblick vgl. Abschnitt 3.2.

Hohe Bonuszahlungen in der Führungsetage deuten somit auf eine hohe variable Entlohnung der Kreditreferenten hin.

Ausgehend von den Implikationen des Anreizsystems für das Führungspersonal auf das Bonussystem der Kreditreferenten lassen sich ebenfalls Unterschiede in der Entwicklung des Anreizsystems im Bankensektor verdeutlichen. Während in den USA bereits in den 1930er Jahren hohe Prämien ein fester Bestandteil des Anreizsystems waren, verbreitete sich in Europa eine umfangreiche Bonuskultur erst in der zweiten Hälfte des 20. Jahrhunderts (Conyon et al., 2011, S. 5 ff.). So führten hohe Managervergütungen in den USA bereits während der Weltwirtschaftskrise zu öffentlicher Entrüstung, weshalb die *Federal Reserve* 1933 Untersuchungen aufgrund des Verdachts unangemessener Bonuspraktiken in ihren Mitgliedsbanken einleitete. Mitte der 1980er Jahre bis zur Jahrtausendwende fand zusätzlich ein beispielloser Anstieg der Managergehälter in den USA statt, der vor allem durch eine Zunahme der variablen Entlohnung in Form von Aktien und Optionsrechten erfolgte und zu einer Verbreitung des Bonussystems in GB und anschließend auf dem europäischen Festland führte. Seit der Jahrtausendwende findet eine Annäherung der Bonuspraktiken statt, wobei jedoch weiterhin wesentliche Unterschiede zwischen den Ländern bestehen.[121]

Zur Ermittlung der Rangordnung für das Bonussystem der Kreditreferenten über das Anreizsystem in der Führungsebene wird eine Studie von Fernandes et al. (2012, S. 337) verwendet. Die Autoren ermitteln unter Berücksichtigung des Firmenumsatzes und der Industriezugehörigkeit die durchschnittliche Zusammensetzung und die Höhe der Entlohnung des Geschäftsführers eines börsennotierten Unternehmens für das Jahr 2006. Ausgehend von diesen Angaben ergibt sich die Rangordnung der Länder für das Bonussystem der Kreditreferenten aus dem

121 Die Ausbreitung des Anreizsystems in Europa lässt sich nur bedingt verfolgen, da erst seit dem Beginn der 1990er Jahre rechtliche Vorschriften zur Offenlegung der Gehaltsstrukturen verabschiedet wurden. Conyon et al. (2011, S. 54) zeigen jedoch, dass in nahezu allen Ländern die Bekanntgabe exzessiver Bonuspraktiken einer gesetzlichen Offenlegung der Gehaltsstrukturen vorausging. Es kann somit argumentiert werden, dass bereits vor der Verabschiedung gesetzlicher Vorschriften eine umfangreiche Bonuskultur in weiten Teilen Europas bestand.

Verhältnis der kurzfristigen variablen Entlohnung und dem leistungsunabhängigen Einkommen. Da insbesondere in den USA, Kanada und GB ein Großteil der variablen Entlohnung in Form von Aktien und Optionsrechten erfolgt, werden diese ebenfalls in den Bonuszahlungen berücksichtigt. So ergibt sich beispielsweise für die USA mit einer durchschnittlichen variablen Entlohnung von 1,72 Millionen US-Dollar und einem Grundlohn von 0,73 Millionen ein Bonusverhältnis von 2,36. Tabelle 5.9 stellt das Bonusverhältnis der Länder in absteigender Reihenfolge dar. Es zeigt sich, dass in den USA die höchsten Bonuszahlungen im Verhältnis zum Basislohn getätigt werden, gefolgt von Kanada. Im europäischen Raum ergibt sich für Deutschland das höchste Bonusverhältnis, während Frankreich den geringsten Wert aufweist. Die ermittelte Rangordnung deckt sich zum Großteil mit den Ergebnissen von Conyon et al. (2011, S. 53). Die Autoren ermitteln die durchschnittliche Entlohnung des Geschäftsführers eines börsennotierten Unternehmens für die USA sowie mehrere europäische Länder von 2003-2008, wobei jedoch keine Angaben für Kanada oder Australien berücksichtigt werden. Obwohl es sich bei den Angaben aus Tabelle 5.9 um eine Momentaufnahme für das Jahr 2006 handelt, lässt sich die Rangordnung aufgrund der historischen Entwicklung der Bonuskultur ebenfalls zur Erklärung nationaler Unterschiede in der Zins- und Kreditvolatilität über einen längeren Zeitraum berücksichtigen.

Tabelle 5.9: Rangordnung in Abhängigkeit des Bonusverhältnisses

Land	Bonusverhältnis
USA	2,37
Kanada	1,75
Deutschland	1,31
GB	1,16
Australien	0,93
Frankreich	0,61

Anmerkung: Das Bonusverhältnis ergibt sich aus dem Quotienten der variablen Entlohnung und dem leistungsunabhängigen Grundlohn für das Jahr 2006.

Die empirischen Angaben über das Bonusverhältnis in den einzelnen Ländern werden in den Simulationen durch verschiedene Ausprägungen des Bonusparameters im Aufschwung $\overline{e}_i$ aus Gleichung (5.7) berücksichtigt. Dabei werden die Werte für $\overline{e}_i$ so gewählt, dass das mittlere Bonusverhältnis eines Landes über den jeweiligen repräsentativen Zyklus um weniger als 5 % von der empirischen Vorgabe aus Tabelle 5.9 abweicht. Die unterstellte Bandbreite für das Bonusverhältnis über den Zyklus lässt sich dadurch rechtfertigen, dass es sich bei den Angaben aus Tabelle 5.9 um eine Momentaufnahme für das Jahr 2006 handelt, während die variable Entlohnung prozyklische Schwankungen aufweist, was zu Variationen des Bonusverhältnisses führt (Makridis und Gittleman, 2017).

Die Parameterwerte für die Modellsimulationen sind in Tabelle 5.10 angegeben, wobei die ersten sechs Werte die unterschiedlichen Ausprägungen für $\overline{e}_i$ darstellen. Ausgehend von den verschiedenen Werten für $\overline{e}_i$ ergibt sich in den Simulationen eine entsprechende Reihung der maximalen sowie der durchschnittlichen variablen Entlohnung der Kreditreferenten über den Zyklus gemäß der ermittelten Rangordnung aus Tabelle 5.9 und führt somit zu einer hinreichenden Differenzierung des Anreizsystems. Die restlichen Parameterwerte sind für alle Länder in den Simulationen gleich. Dabei wird in Anlehnung an die Ausgangswerte aus Abschnitt 4.3.1, ein Teil der Parameterwerte aufgrund empirischer Analysen festgelegt. So wird für die Kreditlaufzeit ein Wert von sechs Perioden berücksichtigt, während die marginale Konsumneigung 0,3 beträgt. Für die Anpassungsfunktion des Marktrisikos aus Gleichung (5.5) werden die Werte so gewählt, dass sich in Anlehnung an Bartram et al. (2018) für die USA im Aufschwung ein durchschnittliches Marktrisiko von 0,032 % und im Abschwung von 0,054 % ergibt. Die verbleibenden Parameterwerte aus Tabelle 5.10 werden durch ein heuristisches Suchverfahren bestimmt. Dabei werden ausgehend von freien Startwerten die Parameterwerte so lange angepasst, bis sich in allen Simulationen für die Angaben der Kreditausfallwahrscheinlichkeit, den Kreditzins und die Kreditquote realistische Werte ergeben.[122] Es wird demnach gemäß den Angaben aus Tabelle

[122] Die empirischen Vorgaben für die Kreditquote und den Kreditzins beziehen sich auf die nichtstationären Komponenten der Zeitreihen über den Konjunkturzyklus für die USA von 2002:Q1-2009:Q2 und sind in Tabelle 4.6 angegeben.

5.10 für jedes Land der Verlauf des Kreditzinssatzes, des Kreditvolumens und der Kreditquote über den repräsentativen Konjunkturzyklus simuliert und anschließend die Volatilität der Zeitreihen ermittelt. Der Vergleich der empirischen Ergebnisse und der Modellsimulationen erfolgt demnach nicht wie in Abschnitt 4.4 durch einen Optimierungsmechanismus, bei dem ein Teil der Parameterwerte so ermittelt wird, dass sich eine möglichst hohe Übereinstimmung zwischen dem Verlauf der empirischen und der simulierten Zeitreihen ergibt.

Die Standardabweichungen des Kreditzinssatzes, des Kreditvolumens und der Kreditquote, die sich ausgehend von den Werten aus Tabelle 5.10 in den Simulationen ergeben, werden erneut durch einen paarweisen Vergleich mithilfe des zweiseitigen F-Tests aus Gleichung (5.4) auf signifikante Unterschiede analysiert und anschließend in Form eines qualitativen paarweisen Vergleiches mit den empirischen Angaben aus Tabelle 5.8 verglichen.

Tabelle 5.10: Parameterwerte für den Vergleich der Modellsimulationen mit den qualitativen Unterschieden in der Volatilität

Kategorie	Parameter		
	Notation	Beschreibung	Wert
Länderabhängige Parameter	$\overline{e}_{USA}$		0,0122
	$\overline{e}_K$		0,0098
	$\overline{e}_D$	Bonusparameter	0,0070
	$\overline{e}_{GB}$	(Aufschwung)	0,0065
	$\overline{e}_A$		0,0054
	$\overline{e}_F$		0,0032
Länderunabhängige Parameter	Ψ	Kreditlaufzeit	6,00
	α_1	Marginale Konsumneigung	0,30
	$\overline{z}$	Marktrisiko (Aufschwung)	0,001930
	$\underline{z}$	Marktrisiko (Abschwung)	0,000031
	$\overline{a}$	Achsenabschnitt Kreditnachfrage (Aufschwung)	8,50
	$\underline{a}$	Achsenabschnitt Kreditnachfrage (Abschwung)	8,45
	$\underline{e}$	Bonusparameter (Abschwung)	0,001
	$\lambda_z = \lambda_a = \lambda_e$	Anpassungsparameter	0,10
	b	Zinsreagibilität Kreditnachfrage	600
	c	Zinsreagibilität Kreditangebot	100
	d	Bonusreagibilität Kreditangebot	20
	g	Bonusreagibilität Ausfallrisiko	1,00
	w_0	Fixkosten	0,0064
	α_0	Autonomer Konsum	1,00

Anmerkungen: Die länderabhängigen Parameter ergeben sich aus dem ermittelten Bonusverhältnis aus Tabelle 5.9; die Werte für die Kreditlaufzeit, die marginale Konsumneigung und das Marktrisiko entsprechen den Angaben aus Abschnitt 4.3.1; die restlichen Parameter werden unter Berücksichtigung der Nebenbedingungen durch ein heuristisches Suchverfahren bestimmt.

5.4.2 *Ergebnisse*

Ausgehend von der Beschreibung des Vorgehens lassen sich die Ergebnisse der Modellsimulationen mit den empirischen Angaben aus Abschnitt 5.3 vergleichen. Dabei wird die Hypothese geprüft, dass sich die Unterschiede in der Dynamik von Kreditzyklen zwischen Ländern durch das theoretische Modell aus Kapitel 3 in Verbindung mit Verschiedenheiten im Anreizsystem der Kreditreferenten erklären lassen. Tabelle 5.10 gibt die Ergebnisse für den qualitativen paarweisen Ländervergleich aus den Simulationen und den empirischen Untersuchungen an.[123] Der obere Eintrag stellt die Ergebnisse aus den Modellsimulationen dar, während die Werte in Klammern den empirischen Angaben aus Tabelle 5.8 entsprechen. Es wird deutlich, dass sich sowohl für den Kreditzins als auch das Kreditvolumen 73 % aller empirischen Beobachtungen mithilfe des theoretischen Modells erklären lassen, während es für die Kreditquote sogar 80 % sind.[124] Insgesamt lassen sich somit knapp 76 % aller qualitativen Unterschiede in der Volatilität des Kreditzinssatzes, des Kreditvolumens und der Kreditquote durch Verschiedenheiten im Anreizsystem der Kreditreferenten erklären. Die häufigsten Abweichungen zwischen dem Modell und den empirischen Vorgaben für den Kreditzinssatz und das Kreditvolumen ergeben sich für Länderkombinationen mit Deutschland, während für die Kreditquote die meisten Unstimmigkeiten zwischen den Simulationen und der Empirie für Australien bestehen. Ungeachtet dieser Abweichungen kann die Hypothese weitestgehend bestätigen werden, nach der sich signifikante Unterschiede in der Zins- und Kreditvolatilität zwischen den Ländern durch nationale Verschiedenheiten im Anreizsystem der Kreditreferenten erklären lassen. Gleichzeitig liefern die Ergebnisse aus dem Vergleich der Modellsimulationen mit

---

123 Der durchschnittliche Kreditzins über alle Simulationen beträgt 1,2 %, während sich die mittlere Kreditquote auf 139 % beläuft. Die Kreditausfallwahrscheinlichkeit variiert zwischen 0,30 % und 1,16 % und das durchschnittliche Bonusverhältnis beträgt 2,28 (USA), 1,84 (Kanada), 1,25 (Deutschland), 1,16 (GB), 0,88 (Australien) und 0,59 (Frankreich).

124 Bei dem Vergleich der Ergebnisse der empirischen Analyse mit den Modellsimulationen werden die einheitlichen paarweisen Vergleiche nicht berücksichtigt.

den empirischen Angaben indirekt Evidenz dafür, dass das Anreizsystem in unteren sowie mittleren Ebenen des Bankensektors in mehreren Ländern ein Treiber von Kreditzyklen ist.

Tabelle 5.11: Vergleich der Modellsimulationen mit den qualitativen Unterschieden in der Volatilität

Kreditzinssatz

j \ i	USA	GB	Kanada	Frank-reich	Austra-lien	Deutsch-land
USA	= (=)					
GB	> (=)	= (=)				
Kanada	= (=)	= (=)	= (=)			
Frankreich	> (>)	> (>)	> (>)	= (=)		
Australien	> (>)	> (>)	> (>)	= (=)	= (=)	
Deutschland	> (>)	= (>)	> (>)	= (>)	= (>)	= (=)

Kreditvolumen

j \ i	USA	Kanada	GB	Frank-reich	Austra-lien	Deutsch-land
USA	= (=)					
Kanada	= (=)	= (=)				
GB	> (>)	> (>)	= (=)			
Frankreich	> (>)	> (>)	> (=)	= (=)		
Australien	> (>)	> (>)	= (=)	= (=)	= (=)	
Deutschland	> (>)	> (>)	= (>)	= (>)	= (>)	= (=)

Fortsetzung Tabelle 5.11

Kreditquote						
j \ i	USA	Kanada	Frank-reich	GB	Deutsch-land	Frank-reich
USA	= (=)					
Kanada	= (=)	= (=)				
Frankreich	> (>)	> (>)	= (=)			
GB	> (>)	= (>)	= (=)	= (=)		
Deutschland	> (>)	> (>)	= (=)	= (=)	= (=)	
Australien	> (>)	> (>)	= (>)	= (>)	= (=)	= (=)

Anmerkungen: Der obere Wert gibt das Resultat aus den Simulationen an und der Wert in Klammern entspricht den empirischen Angaben aus Tabelle 5.8; die Ermittlung signifikanter Unterschiede für die Simulationen erfolgt durch einen F-Test, wobei sich die Freiheitsgrade aus der Länge der repräsentativen Konjunkturzyklen von Land i und Land j ergeben.

5.5 Zusammenfassung

In diesem Kapitel wurde die Dynamik von Kreditzyklen in mehreren Ländern analysiert und mit dem theoretischen Modell aus Kapitel 3 verglichen. Dabei wurde die Hypothese überprüft, dass sich signifikante Unterschiede in der Volatilität des Kreditzinssatzes, des Kreditvolumens und der Kreditquote zwischen den USA, Kanada, GB, Australien, Deutschland und Frankreich mithilfe von nationalen Verschiedenheiten im Anreizsystem der Kreditreferenten erklären lassen.

Zur Überprüfung der Hypothese wurde im ersten Teil des Kapitels mithilfe eines einheitlichen Verfahrens die Länge des repräsentativen Konjunkturzyklus für alle sechs Länder bestimmt. Anschließend wurde der Verlauf des Kreditzinssatzes, des Kreditvolumens und der Kreditquote über den repräsentativen Zyklus geschätzt, wobei in der Entwicklung der Zinssätze Strukturbrüche und in den Kreditreihen Trends berücksichtigt wurden. Die Ermittlung signifikanter Unterschiede in der Dynamik von Kreditzyklen zwischen den Ländern erfolgte durch einen paarweisen Vergleich der Standardabweichungen der Zins- und Kreditreihen. Zur besseren Vergleichbarkeit mit dem Modell wurden die Ergebnisse der empirischen Analyse anschließend in eine qualitative Darstellung überführt. Im zweiten Teil des Kapitels erfolgte ein Vergleich der empirischen Ergebnisse mit dem theoretischen Modell aus Kapitel 3. Dabei wurde für jedes Land der Verlauf des Kreditzinssatzes, des Kreditvolumens und der Kreditquote über den repräsentativen Konjunkturzyklus simuliert und anschließend die Standardabweichung geschätzt. In den Modellsimulationen wurden nationale Verschiedenheiten in der prozyklischen Variation des Bonussystems berücksichtigt. Als Approximation für die Unterschiede im Anreizsystem der Kreditreferenten wurden empirische Angaben über die variable Entlohnung in der Führungsetage verwendet. Diese Näherung wurde dadurch gerechtfertigt, dass der Bankensektor durch eine umfangreiche Bonuskultur geprägt ist, bei der das Anreizsystem in der Führungsetage ebenfalls Aufschluss über die Bonuszahlungen in den darunterliegenden Hierarchieebenen liefert. Die Volatilität der simulierten Zeitreihen wurde ebenfalls durch einen paarweisen Vergleich aller sechs Länder auf signifikante Unterschiede analysiert und in qualitativer Form dargestellt und abschließend mit den Ergebnissen der empirischen Analyse verglichen.

Im Zuge der empirischen Untersuchung hat sich gezeigt, dass zwischen den meisten Ländern signifikante Unterschiede in der Volatilität des Kreditzinssatzes, des Kreditvolumens und der Kreditquote bestehen. Dabei weisen die USA für alle drei Größen die höchste Standardabweichung auf, gefolgt von GB für den Kreditzinssatz und Kanada für die beiden Kreditreihen. Die niedrigste Volatilität für den Zins sowie das Kreditvolumen ergibt sich für Deutschland und für die Kreditquote für Australien. Der Vergleich der empirischen Ergebnisse mit den Modellsimulationen hat verdeutlicht, dass sich ein Großteil der signifikanten Unterschiede in der Dynamik von Kreditzyklen zwischen den Ländern durch Verschiedenheiten im Anreizsystem der Kreditreferenten erklären lassen. Insbesondere für Länderkombinationen mit den USA und Kanada decken sich die Ergebnisse der Modellsimulationen mit den Resultaten der empirischen Analyse, während sich die häufigsten Unstimmigkeiten für Länderkombinationen mit Deutschland und Australien ergeben. Die Resultate liefern ebenfalls indirekt Hinweise dafür, dass das Bonussystem in unteren sowie mittleren Ebenen des Bankensektors in mehreren Ländern die Dynamik von Kreditzyklen erklärt. Die Ergebnisse der Analyse sind ebenfalls in Einklang mit der aufgezeigten anekdotischen Evidenz sowie den analysierten Unternehmens- und Feldexperimente. Das Anreizsystem in unteren sowie mittleren Ebenen des Bankensektors kommt demnach auch für mehrere Länder als Treiber von Kreditzyklen in Frage.

Literaturverzeichnis

Abadie, Jean M. und Carpentier, Jean-Pierre (1969): Generalization of the Wolfe Reduced Gradient Method to the Case of Nonlinear Constraints, in Fletcher, Roger (Hrsg.) *Optimization*. New York: Academic Press, S. 37–47.

Acharya, Viral, Litov, Lubomir P. und Sepe, Simone M. (2014): Seeking Alpha, Taking Risk: Evidence from Non-Executive Pay in U.S. Bank Holding Companies, *Financial Institutions Center Working Paper*.

Agarwal, Sumit und Ben-David, Itzhak (2014): Loan Prospecting and the Loss of Soft Information, *NBER Working Paper*, 19945.

Aikman, David, Haldane, Andrew G. und Nelson, Benjamin D. (2015): Curbing the Credit Cycle, *The Economic Journal*, 125(585), S. 1072–1109.

Almeida, Heitor, Campello, Murillo und Liu, Crocker (2006): The Financial Accelerator in Household Spending: Evidence from International Housing Markets, *Review of Finance*, 10(3), S. 321–352.

Andreasen, Martin M., Ferman, Marcelo und Zabczyk, Pawel (2013): The Business Cycle Implications of Banks' Maturity Transformation, *Review of Economic Dynamics*, 16(4), S. 581–600.

Arnold, Lutz G. und Riley, John G. (2009): On the Possibility of Credit Rationing in the Stiglitz-Weiss Model, *American Economic Review*, 99(5), S. 2012–2021.

Arnold, Martin (2015): Barclays Chairman Attacks Banking's Bonus Culture, *Financial Times vom 22. Oktober*. Verfügbar unter: https://www.ft.com/content/2ece45d8-78e9-11e5-933d-efcdc3c11c89, Zuletzt abgerufen am 25.04.2019.

Asea, Patrick K. und Blomberg, Brock (1998): Lending Cycles, *Journal of Econometrics*, 83(1), S. 89–128.

Avery, Christopher und Zemsky, Peter (1998): Multidimensional Uncertainty and Herd Behavior in Financial Markets, *American Economic Review*, 88(4),

C. Mölleken, *Anreizsysteme der Banken als Treiber von Kreditzyklen*,
https://doi.org/10.1007/978-3-658-29834-0

S. 724–748.

Bai, Jushan und Perron, Pierre (1998): Estimating and Testing Linear Models with Multiple Structural Changes, *Econometrica*, 66(1), S. 47–78.

Bai, Jushan und Perron, Pierre (2003a): Computation and Analysis of Multiple Structural Change Models, *Journal of Applied Econometrics*, 18(1), S. 1–22.

Bai, Jushan und Perron, Pierre (2003b): Critical Values for Multiple Structural Change Tests, *The Econometrics Journal*, 6(1), S. 72–78.

Bai, Jushan und Perron, Pierre (2006): Multiple Structural Change Models: A Simulation Analysis, in Corbae, Dean, Durchlauf, Steven N. und Hansen, Bruce E. (Hrsg.) *Econometric Theory and Practice: Frontiers of Analysis and Applied Research*. Cambridge: Cambridge University Press, S. 212–237.

Balke, Nathan S. und Wohar, Mark E. (1998): Nonlinear Dynamics and Covered Interest Rate Parity, *Empirical Economics*, 23(4), S. 535–559.

Banerjee, Abhijot V. (1992): A Simple Model of Herd Behavior, *The Quarterly Journal of Economics*, 107(3), S. 797–817.

Bannier, Christina E. (2006): *Vertragstheorie: Eine Einführung mit finanzökonomischen Beispielen und Anwendungen*. Berlin: Springer.

Bannier, Christina E., Feess, Eberhard und Packham, Natalie (2013): Competition, Bonuses, and Risk-taking in the Banking Industry, *Review of Finance*, 17(2), S. 653–690.

Bartram, Söhnke M., Brown, Gregory W. und Stulz, René M. (2018): Why Has Idiosyncratic Risk Been Historically Low in Recent Years?, *NBER Working Paper*, 24270.

Baxter, Marianne und King, Robert G. (1999): Measuring Business Cycles: Approximate Band-Pass Filters for Economic Time Series, *The Review of Economics and Statistics*, 81(4), S. 575–593.

Beck, Thorsten und Demirgüç-Kunt, Asli (2009): Financial Institutions and Markets Across Countries and Over Time: Data and Analysis, *World Bank*

Policy Research Working Paper, 4943.

Berg, Tobias, Puri, Manju und Rocholl, Jörg (2013): Loan Officer Incentives and the Limits of Hard Information, *NBER Working Paper*, 19051.

Berger, Allen N. und Udell, Gregory F. (1992): Some Evidence on the Empirical Significance of Credit Rationing, *Journal of Political Economy*, 100(5), S. 1047–1077.

Berger, Allen N. und Udell, Gregory F. (2004): The Institutional Memory Hypothesis and the Procyclicality of Bank Lending Behavior, *Journal of Financial Intermediation*, 13(4), S. 458–495.

Berlin, Mitchell (2009): Bank Credit Standards, *Federal Reserve Bank of Philadelphia Business Review*, Q2, S. 1–10.

Bernanke, Ben S. und Gertler, Mark (1995): Inside the Black Box: The Credit Channel of Monetary Policy Transmission, *Journal of Economic Perspectives*, 9(4), S. 27–48.

Bernanke, Ben S., Gertler, Mark und Gilchrist, Simon (1996): The Financial Accelerator and the Flight to Quality, *The Review of Economics and Statistics*, 78(1), S. 1–15.

Bernanke, Ben S., Lown, Cara S. und Friedman, Benjamin M. (1991): The Credit Crunch, *Brookings Papers on Economic Activity*, 1991(2), S. 205–247.

Bikhchandani, Sushil, Hirshleifer, David und Welch, Ivo (1992): A Theory of Fads, Fashion, Custom, and Cultural Change as Informational Cascades, *Journal of Political Economy*, 100(5), S. 992–1026.

Bikker, Jacob A. (2004): *Competition and Efficiency in a Unified European Banking Market*. Cheltenham: Edward Elgar Publishing.

Bikker, Jacob A. und Hu, Haixia (2002): Cyclical Patterns in Profits, Provisioning and Lending of Banks and Procyclicality of the New Basel Capital Requirements, *PSL Quarterly Review*, 55(221), S. 143–175.

Blinder, Alan S. (2009): Crazy Compensation and the Crisis, *The Wall Street Journal vom 28. Mai*. Verfügbar unter: http://www.wsj.com/articles/SB124346974150760597, Zuletzt abgerufen am 25.04.2019.

Bloom, Nicholas und Van Reenen, John (2011): Human Resource Management and Productivity, in Ashenfelter, Orley und Dard, David (Hrsg.) *Handbook of Labor Economics*. Amsterdam: Elsevier, S. 1697–1767.

Boot, Arnoud W. (2000): Relationship Banking: What Do We Know?, *Journal of Financial Intermediation*, 9(1), S. 7–25.

Borio, Claudio, Furfine, Craig und Lowe, Philip (2001): Procyclicality of the Financial System and Financial Stability: Issues and Policy Options, *BIS Papers*, 1(March), S. 1–57.

Böttcher, Anne (2014): *Der Einfluss des Wettbewerbs unter deutschen Banken auf den zyklischen Verlauf des Kreditangebotes*. Köln: Josef Eul Verlag.

Boyd, Stephen und Vandenberghe, Lieven (2004): *Convex Optimization*. Cambridge, UK: Cambridge University Press.

Bridel, Pascal (1987): Credit Cycles, in Eatwall, John, Milgate, Murray und Newman, Peter (Hrsg.) *The New Palgrave: A Dictionary of Economics*. Basingstoke: Macmillan, S. 717–719.

Bry, G. und Boschan, C. (1971): *Cyclical Analysis of Time Series: Selected Procedures and Computer Programs*. New York: NBER.

Brzoza-Brzezina, Michal, Gelain, Paolo und Kolasa, Marcin (2014): Monetary and Macroprudential Policy with Multi-Period Loans, *Norges Bank Research Working Paper*, 16.

Bureau of Labor Statistics (2018): *Loan Officers, Occupational Outlook Handbook*. Verfügbar unter: https://www.bls.gov/ooh/business-and-financial/loan-officers.htm, Zuletzt abgerufen am 25.04.2019.

Burns, Arthur F. und Mitchell, Wesley C. (1946): *Measuring Business Cycles*. New York: NBER.

Canova, Fabio (1998): Detrending and Business Cycle Facts, *Journal of Monetary Economics*, 41, S. 475–512.

Carroll, Christopher, Slacalek, Jiri, Tokuoka, Kiichi und White, Matthew N. (2017): The Distribution of Wealth and the Marginal Propensity to Consume,

Quantitative Economics, 8(3), S. 977–1020.

Chen, Chia-Pin, Hsu, Chih-Wen, Lai, Yi-Hsun und Lien, Tsung-Hsun (2012): The Procyclicality Phenomenon in Bank Lending Behavior: An Empirical Test of Institutional Memory Hypothesis, *Management Review*, 31, S. 117–123.

Chen, Nan-Kuang (2001): Bank Net Worth, Asset Prices and Economic Activity, *Journal of Monetary Economics*, 48(2), S. 415–436.

Chiang, Alpha C. und Wainwright, Kevin (2005): *Fundamental Methods of Mathematical Economics*. New York: McGraw-Hill.

Chirinko, Robert S., Fazzari, Steven M. und Meyer, Andrew P. (1999): How Responsive is Business Capital Formation to its User Cost? An Exploration with Micro Data, *Journal of Public Economics*, 74(1), S. 53–80.

Claessens, Stijn, Kose, Ayhan M. und Terrones, Marco E. (2009): What Happens During Recessions, Crunches and Busts?, *Economic Policy*, 24(60), S. 653–700.

Claessens, Stijn, Kose, Ayhan M. und Terrones, Marco E. (2012): How do Business and Financial Cycles Interact?, *Journal of International Economics*, 87(1), S. 178–190.

Clark, Peter K. und Sichel, Daniel E. (1993): Tax Incentives and Equipment Investment, *Brookings Papers on Economic Activity*, 1993(1), S. 317–347.

Clementi, Gian L., Cooley, Thomas F., Richardson, Matthew und Walter Ingo (2009): Rethinking Compensation in Financial Firms, in Acharya, Viral V. und Richardson, Matthew (Hrsg.) *Restoring Financial Stability: How to Repair a Failed System*. Hoboken: John Wiley & Sons, S. 197–214.

Cole, Shawn, Kanz, Martin und Klapper, Leora (2015): Incentivizing Calculated Risk-Taking: Evidence from an Experiment with Commercial Bank Loan Officers, *The Journal of Finance*, 70(2), S. 537–575.

Conyon, Martin J., Fernandes, Nuno, Ferreira, Miguel A., Matos, Pedro und Murphy, Kevon J. (2011): *The Executive Compensation Controversy: A*

Transatlantic Analysis, Cornell University. Verfügbar unter: https://digitalcommons.ilr.cornell.edu/ics/5/, Zuletzt abgerufen am 25.04.2019.

Cooley, Thomas F. (1997): Calibrated Models, *Oxford Review of Economic Policy*, 13(3), S. 55–69.

Cordoba, Juan-Carlos und Ripoll, Marla (2004): Credit Cycles Redux, *International Economic Review*, 45(4), S. 1011–1046.

Dell'Ariccia, Giovanni und Marquez, Robert (2006): Lending Booms and Lending Standards, *The Journal of Finance*, 61(5), S. 2511–2546.

Dell'Ariccia, Giovanni, Igan, Deniz, Laeven, Luc, Tong, Hui, Bakker, Bas und Vandenbusssche, Jérôme (2012): Policies for Macrofinancial Stability: How to Deal with Credit Booms, *IMF Staff Discussion*, 12/6.

Devenow, Andrea und Welch, Ivo (1996): Rational Herding in Financial Economics, *European Economic Review*, 40(3), S. 603–615.

Dornbusch, Rudiger, Fischer, Stanley und Startz, Richard (2008): *Macroeconomics*. 10. Aufl. New York: McGraw-Hill.

Du, Wenxin, Tepper, Alexander und Verdelhan, Adrien (2018): Deviations from Covered Interest Rate Parity, *Journal of Finance*, 73(3), S. 915–957.

Eiben, Agoston E. und Smith, James E. (2003): *Introduction to Evolutionary Computing*. Berlin: Springer.

Enders, Walter (2004): *Applied Econometric Time Series*. 2. Aufl. New York: John Wiley & Sons.

Faust, Jon (1996): Near Observational Equivalence and Theoretical Size Problems with Unit Root Tests, *Econometric Theory*, 12(4), S. 724–731.

Feinman, Joshua N. (1993): Reserve Requirements: History, Current Practice, and Potential Reform, *Federal Reserve Bulletin*, 79, S. 569–589.

Fernandes, Nuno, Ferreira, Miguel A., Matos, Pedro und Murphy, Kevin J. (2012): Are U.S. CEOs Paid More? New International Evidence, *Review of Financial Studies*, 26(2), S. 323–367.

Fernández-Villaverde, Jesús, Garicano, Luis und Santos, Tano (2013): Political Credit Cycles: The Case of the Eurozone, *Journal of Economic Perspectives*, 27(3), S. 145–166.

Fisher, Irving (1933): The Debt-Deflation Theory of Great Depressions, *Econometrica*, 1(4), S. 337–357.

Friedman, Milton (1953): *Essays in Positive Economics*. Chicago: University of Chicago Press.

Gericke, Pierre-André (2010): *Bankenwettbewerb und Kreditzyklen*. Aachen: Shaker Verlag.

Gersbach, Hans und Rochet, Jean-Charles (2017): Capital Regulation and Credit Fluctuations, *Journal of Monetary Economics*, 90, S. 113–124.

Giannetti, Mariassunta und Laeven, Luc (2012): Flight Home, Flight Abroad, and International Credit Cycles, *American Economic Review*, 102(3), S. 219–224.

Gilli, Manfred und Winker, Peter (2003): A Global Optimization Heuristic for Estimating Agent Based Models, *Computational Statistics & Data Analysis*, 42(3), S. 299–321.

Gorton, Gary B. und He, Ping (2008): Bank Credit Cycles, *The Review of Economic Studies*, 75(4), S. 1181–1214.

Gourinchas, Pierre-Olivier, Valdés, Rodrigo und Landerrechte, Oscar (2001): Lending Booms: Latin America and the World, *Economía*, 1(2), S. 47–99.

Hamby, David M. (1994): A Review of Techniques for Parameter Sensitivity Analysis of Environmental Models, *Environmental Monitoring and Assessment*, 32(2), S. 135–154.

Harding, Don und Pagan, Adrian (2002): Dissecting the Cycle: A Methodological Investigation, *Journal of Monetary Economics*, 49(2), S. 365–381.

Harding, Don und Pagan, Adrian (2005): A Suggested Framework for Classifying the Modes of Cycle Research, *Journal of Applied Econometrics*, 20(2), S. 151–159.

Hart, Oliver und Moore, John (1994): A Theory of Debt Based on the Inalienability of Human Capital, *Quarterly Journal of Economics*, 109(4), S. 841–879.

Hartmann-Wendels, Thomas, Pfingsten, Andreas und Weber, Martin (2010): *Bankbetriebslehre*. 5. Auflage. Berlin: Springer.

Hassett, Kevin A. und Hubbard, Glenn R. (1996): Tax Policy and Investment, *NBER Working Paper*, 5683.

Heider, Florian und Inderst, Roman (2012): Loan Prospecting, *Review of Financial Studies*, 25(8), S. 2381–2415.

Hertzberg, Andrew, Liberti, Jose M. und Paravisini, Daniel (2010): Information and Incentives Inside the Firm: Evidence from Loan Officer Rotation, *The Journal of Finance*, 65(3), S. 795–828.

Hirshleifer, David und Teoh, Siew H. (2003): Herd Behaviour and Cascading in Capital Markets: A Review and Synthesis, *European Financial Management*, 9(1), S. 25–66.

Holmström, Bengt und Milgrom, Paul (1991): Multitask Principal-Agent Analyses: Incentive Contracts, Asset Ownership, and Job Design, *Journal of Law, Economics, & Organization*, 7, S. 24–52.

Iacoviello, Matteo und Navarro, Gaston (2018): Foreign Effects of Higher U.S. Interest Rates, *Journal of International Money and Finance*, S. 1–19.

Jappelli, Tullio und Pistaferri, Luigi (2010): The Consumption Response to Income Changes, *Annual Review of Economics*, 2(1), S. 479–506.

Johnston, Philip (2009): The Curse of the Banking Bonus Culture, *The Telegraph vom 08. Februar*. Verfügbar unter: http://www.telegraph.co.uk/comment/columnists/philipjohnston/4560657/The-curse-of-the-banking-bonus-culture.html, Zuletzt abgerufen am 25.04.2019.

Jordà, Òscar, Schularick, Moritz und Taylor, Alan M. (2013): When Credit Bites Back, *Journal of Money, Credit and Banking*, 45(2–Supplement), S. 3–28.

Juglar, Clément (1862): *Des Crises Commerciales et de Leur Retour Périodique*. Paris: Guillaume et Cie.

Kaufman, George G. (2002): Too Big to Fail in Banking: What Remains?, *Quarterly*

Review of Economics and Finance, 42(3), S. 423–436.

Kerr, Jeffrey und Slocum, John W. (1987): Managing Corporate Culture Through Reward Systems, *Academy of Management Executive*, 1(2), S. 99–108.

Keynes, John M. (2009): *Allgemeine Theorie der Beschäftigung, des Zinses und des Geldes*. 11. Aufl. Berlin: Duncker & Humblot.

Kindleberger, Charles P. (2000): *Manias, Panics, and Crashes*. 4. Aufl. New York: John Wiley & Sons.

Kishan, Ruby P. und Opiela, Timothy P. (2000): Bank Size , Bank Capital , and the Bank Lending Channel, *Journal of Money, Credit and Banking*, 32(1), S. 121–141.

Kiyotaki, Nobuhiro und Moore, John (1997): Credit Cycles, *The Journal of Political Economy*, 105(2), S. 211–248.

Knüppel, Malte (2004): Testing for Business Cycle Asymmetries based on Autoregressions with a Markov-Switching Intercept, *Deutsche Bundesbank Working Paper*, 41.

Kocherlakota, Narayana R. (2000): Creating Business Cycles Through Credit Constraints, *Federal Reserve Bank of Minneapolis Quarterly Review*, 24(3), S. 2–10.

Koopman, Siem Jan und Lucas, André (2005): Business and Default Cycles for Credit Risk, *Journal of Applied Econometrics*, 20(2), S. 311–323.

Koopman, Siem Jan, Kräussl, Roman, Lucas, André und Monteiro, André B. (2009): Credit Cycles and Macro Fundamentals, *Journal of Empirical Finance*, 16(1), S. 42–54.

Krishnamurthy, Arvind (2003): Collateral Constraints and the Amplification Mechanism, *Journal of Economic Theory*, 111(2), S. 277–292.

Kuttner, Kenneth N. (2001): Monetary Policy Surprises and Interest Rates: Evidence from the Fed Funds Futures Market, *Journal of monetary economics*, 47(3), S. 523–544.

Lasdon, Leon S., Fox, Richard L. und Ratner, Margery W. (1973): *Nonlinear Optimization Using the Generalized Reduced Gradient Method*,

Technical Memorandum No. 325, Department of Operations Research, Case Western Reserve University.

Leamer, Edward E. (1985): Sensitivity Analysis Would Help, *American Economic Review*, 75(3), S. 308–313.

Leamer, Edward E. (2008): *Macroeconomic Patterns and Stories*. Berlin: Springer.

Lein, Sarah Marit, Bäurle, Gregor und Steiner, Elisabeth (2016): How Large is the Financial Accelerator? Some Evidence from Firm-Level Data, *Beiträge zur Jahrestagung des Vereins für Socialpolitik - Session: Transmission of Monetary Policy*, No. G14-V2.

Lemieux, Thomas, McLeod, Bentley W. und Parent, Daniel (2009): Performance Pay and Wage Inequality, *Quarterly Journal of Economics*, CXXIV(1), S. 1–49.

Lipsey, Richard G. und Lancaster, Kelvin (1956): The General Theory of Second Best, *The Review of Economic Studies*, 24(1), S. 11–32.

Liu, Chen (2014): Herding Behavior in Bank Lending: Evidence from U.S. Commercial Banks, *SSRN Working Paper*, 1917552.

Lorenzoni, Guido (2008): Inefficient Credit Booms, *Review of Economic Studies*, 75(3), S. 809–833.

Lown, Cara S. und Morgan, Donald P. (2006): The Credit Cycle and the Business Cycle: New Findings Using the Loan Officer Opinion Survey, *Journal of Money, Credit, and Banking*, 38(6), S. 1575–1597.

Makridis, Christos und Gittleman, Maury (2017): Does 'Performance Pay' Pay? Wage Flexibility over the Great Recession, *Working Paper*.

Mendoza, Enrique G. und Terrones, Marco E. (2008): An Anatomy of Credit Booms: Evidence From Macro Aggregates and Micro Data, *NBER Working Paper*, 14049.

Milic, Ljiljana (2009): *Multirate Filtering for Digital Signal Processing: MATLAB Applications*. New York: Information Science Reference.

Mills, John (1867): On Credit Cycles and the Origin of Commercial Panics, *Transactions of the Manchester Statistical Society*, S. 9–40.

Minsky, Hyman P. (1982): The Financial-Instability Hypothesis: Capitalist Processes and the Behavior of the Economy, in Kindleberger, Charles P. und Laffargue, Jean-Pierre (Hrsg.) *Financial Crises: Theory, History, and Policy*. Cambridge, UK: Cambridge University Press, S. 13–41.

Minsky, Hyman P. (1986): *Stabilizing an Unstable Economy*. New Haven: Yale University Press.

Mitchell, Wesley C. (1927): *Business Cycles: The Problem and its Setting*. New York: NBER.

Muth, John F. (1960): Optimal Properties of Exponentially Weighted Forecasts, *Journal of the American Statistical Association*, 55(290), S. 299–306.

Muth, John F. (1961): Rational Expectations and the Theory of price Movements, *Econometrica*, 29(3), S. 315–335.

Myerson, Roger B. (2014): Moral-Hazard Credit Cycles with Risk-Averse Agents, *Journal of Economic Theory*, 153, S. 74–102.

Nakagawa, Ryuichi und Uchida, Hirofumi (2007): Herd Behavior in the Japanese Loan Market: Evidence from Semi-Macro Data, *Journal of Financial Intermediation*, 16(4), S. 555–583.

Neely, Christopher J. und Rapach, David E. (2008): Real Interest Rate Persistence: Evidence and Implications, *Federal Reserve Bank of St. Louis Review*, 90(6), S. 609–641.

Niehans, Jürg (1992): Juglar's Credit Cycles, *History of Political Economy*, 24(3), S. 545–569.

Nierhaus, Wolfgang und Sturm, Jan-Egbert (2003): Methoden der Konjunkturprognose, *ifo Schnelldienst*, 56(04), S. 7–23.

Nilsson, Ronny und Gyomai, Gyorgy (2011): Cycle Extraction: A Comparison of the Phase-Average Trend Method, the Hodrick-Prescott and Christiano-Fitzgerald Filters, *OECD Statistics Working Paper*, 2011–4.

Pannell, David J. (1997): Sensitivity Analysis of Normative Economic Models: Theoretical Framework and Practical Strategies, *Agricultural Economics*, 16(2), S. 139–152.

Peng, Amy (2009): Introducing CGE Models to the Classroom Using Excel, *Ryerson University Working Paper*, 013.

Qian, Jun und Strahan, Philip E. (2007): How Laws and Institutions Shape Financial Contracts: The Case of Bank Loans, *The Journal of Finance*, 62(6), S. 2803–2834.

Rajan, Raghuram G. (1994): Why Bank Credit Policies Fluctuate: A Theory and Some Evidence, *The Quarterly Journal of Economics*, 109(2), S. 399–441.

Rajan, Raghuram G. (2006): Has Financial Development Made the World Riskier?, *European Financial Management*, 12(4), S. 499–533.

Rajan, Raghuram G. (2008): Bankers' Pay is Deeply Flawed, *Financial Times vom 09. Januar*. Verfügbar unter: https://next.ft.com/content/18895dea-be06-11dc-8bc9-0000779fd2ac#axzz3zgdUnluQ, Zuletzt abgerufen am 25.04.2019.

Rapach, David E. und Wohar, Mark E. (2005): Regime Changes in International Real Interest Rates: Are They a Monetary Phenomenon?, *Journal of Money, Credit and Banking*, 37(5), S. 887–906.

Recchioni, Maria C., Tedeschi, Gabriele und Gallegati, Mauro (2015): A Calibration Procedure for Analyzing Stock Price Dynamics in an Agent-Based Framework, *Journal of Economic Dynamics and Control*, 60, S. 1–25.

Reinhart, Carmen M. und Rogoff, Kenneth S. (2009): *This Time is Different: Eight Centuries of Financial Folly*. Princeton: Princeton University Press.

Ronen, Joshua und Sadan, Simcha (1981): *Smoothing Income Numbers: Objectives, Means, and Implications*. Reading, Mass.: Addison-Wesley.

Rose, Andrew K. (1988): Is the Real Interest Rate Stable?, *The Journal of Finance*, 43(5), S. 1095–1112.

Rötheli, Tobias F. (2001): Competition, Herd Behavior, and Credit Cycles: Evidence from Major Swiss Banks, *Journal of Economics and Business*, 53(6), S. 585–592.

Rötheli, Tobias F. (2010): Causes of the Financial Crisis: Risk Misperception, Policy

Mistakes, and Banks' Bounded Rationality, *The Journal of Socio-Economics*, 39(2), S. 119–126.

Rötheli, Tobias F. (2012a): Boundedly Rational Banks' Contribution to the Credit Cycle, *The Journal of Socio-Economics*, 41(5), S. 730–737.

Rötheli, Tobias F. (2012b): Oligopolistic Banks, Bounded Rationality, and the Credit Cycle, *Economics Research International*, 2012, S. 1–4.

Rötheli, Tobias F. (2014): The Credit Cycle: A Behavioral Perspective, in Altman, Morris (Hrsg.) *Real World Decision Making: An Encyclopedia of Behavioral Economics*. Santa Barbara: Greenwood, S. 79–81.

Ruckes, Martin (2004): Bank Competition and Credit Standards, *Review of Financial Studies*, 17(4), S. 1073–1102.

Schularick, Moritz und Taylor, Alan M. (2012): Credit Booms Gone Bust: Monetary Policy, Leverage Cycles, and Financial Crises, 1870-2008, *American Economic Review*, 102(2), S. 1029–1061.

Shiller, Robert J. (1995): Conversation, Information, and Herd Behavior, *American Economic Review*, 85(2), S. 181–185.

Simon, Herbert A. (1955): A Behavioral Model of Rational Choice, *The Quarterly Journal of Economics*, 69(1), S. 99–118.

Simon, Herbert A. (1956): Rational Choice and the Structure of the Environment, *Psychological Review*, 63(2), S. 129–138.

Stern, Gary H. und Feldman, Ron J. (2004): *Too Big to Fail: The Hazards of Bank Bailouts*. Washington, D.C.: Brookings Institution Press.

Stiglitz, Joseph E. und Weiss, Andrew (1981): Credit Rationing in Markets with Imperfect Information, *American Economic Review*, 71(3), S. 393–410.

Stock, James H. und Watson, Mark W. (1999): Business Cycle Fluctuations in U.S. Macroeconomic Time Series, in Taylor, John B. und Woodford, Michael (Hrsg.) *Handbook of Macroeconomics*. Amsterdam: Elsevier, S. 3–64.

Strang, Gilbert und Nguyen, Truong (1996): *Wavelets and Filter Banks*. Wellesley: Wellesley-Cambridge Press.

Sundaram, Rangarajan K. (1996): *A First Course in Optimization Theory*. Cambridge, UK: Cambridge University Press.

Taleb, Nassim N. (2009): How Bank Bonuses Let us all Down, *Financial Times vom 24. Februar*. Verfügbar unter: http://www.ft.com/intl/cms/s/0/fa89be08-02aa-11de-b58b-000077b07658.html#axzz3zgdUnluQ, Zuletzt abgerufen am 25.04.2019.

Tett, Gillina (2009): Market Insight: Banks can learn from football, *Financial Times vom 10. September*. Verfügbar unter: https://www.ft.com/content/489b60fe-9e2a-11de-b0aa-00144feabdc0, Zuletzt abgerufen am 25.04.2019.

Udell, Gregory F. (1989): Loan Quality, Commercial Loan Review and Loan Officer Contracting, *Journal of Banking and Finance*, 13(3), S. 367–382.

Vanni, Tazio, Karnon, Jonathan, Madan, Jason, White, Richard G., Edmunds, W. John, Foss, Anna M. und Legood, Rosa (2011): Calibrating Models in Economic Evaluation: A Seven-Step Approach, *Pharmacoeconomics*, 29(1), S. 35–49.

Wall, Larry D. und Koch, Timothy W. (2000): Bank Loan-Loss Accounting: A Review of Theoretical and Empirical Evidence, *Federal Reserve Bank of Atlanta Economic Review*, 85(2), S. 1–19.

Woodford, Michael (1990): Equilibrium Models of Endogenous Fluctuations: An Introduction, *NBER Working Paper*, 3360.

Yellen, Janet L. (2009): A Minsky Meltdown: Lessons for Central Bankers, *Federal Reserve Bank of San Francisco Economic Letter*, 2009–15.

Zarnowitz, Victor (1992): *Business Cycles: Theory, History, Indicators, and Forecasting*. Chicago: University of Chicago Press.

Anhang

Anhang A.1: Mathematische Beweise

Proposition 1: Es sei $B(e)$ die Restschuld eines Annuitätendarlehens in Abhängigkeit des Bonusparameters e mit $B \subset \mathbb{R}^+$ und $e \in \mathbb{R}^+$. Dann ist $B'(e) < 0$.

Beweis: $B(e)$ ist gegeben durch:

$$B(e) = \frac{(1 + r(e))^{\Psi} - \left(1 + r(e)\right)^{\tau}}{\left(1 + r(e)\right)^{\Psi} - 1}, \text{mit}\, r(e) = \frac{a - de}{b + c}. \tag{A.1}$$

Dabei ist $a, b, c, d, e \in \mathbb{R}^+, r(e) > 0,\ r'(e) < 0$ und $\Psi > \tau > 0$. Definieren von $h(e) := \left(1 + r(e)\right)$, $\alpha := \Psi$ und $\beta := \Psi - \tau$, wodurch (A.1) umgeschrieben werden kann zu:

$$B(e) = \frac{h(e)^{\alpha} - h(e)^{\alpha-\beta}}{h(e)^{\alpha} - 1} \tag{A.2}$$

$$= \frac{1 - h(e)^{-\beta}}{1 - h(e)^{-\alpha}} =: \frac{u}{v}, \tag{A.3}$$

wobei $\alpha > \beta$, $h(e) > 1$ und $h(e)' < 0$ gilt. Ausgehend von (A.3) ist Proposition 1 dann erfüllt, wenn gezeigt werden kann, dass

$$B'(e) = \frac{u'v - v'u}{v^2} < 0, \text{bzw.} \tag{A.4}$$

$$u'v < v'u. \tag{A.5}$$

Hierbei ist $u, v > 0$ und $u', v' < 0$, wodurch Ungleichung (A.5) äquivalent ist zu $u/v < u'/v'$. Unter Verwendung der Identität aus (A.3) muss demnach gelten:

C. Mölleken, *Anreizsysteme der Banken als Treiber von Kreditzyklen*,
https://doi.org/10.1007/978-3-658-29834-0

$$B(e) < \frac{u'}{v'} \tag{A.6}$$

$$\frac{1 - h(e)^{-\beta}}{1 - h(e)^{-\alpha}} < \frac{-(-\beta)h(e)'h(e)^{-\beta-1}}{-(-\alpha)h(e)'h(e)^{-\alpha-1}} \tag{A.7}$$

$$\frac{1 - h(e)^{-\beta}}{1 - h(e)^{-\alpha}} < \left(\frac{\beta}{\alpha}\right) h(e)^{\alpha-\beta} \tag{A.8}$$

$$\frac{1}{\beta}\left(h(e)^{\beta} - 1\right) < \frac{1}{\alpha}\left(h(e)^{\alpha} - 1\right). \tag{A.9}$$

Um zu beweisen, dass Bedingung (A.9) für $\alpha > \beta$ erfüllt ist reicht es aus zu verdeutlichen, dass $f(x) = (1/x)(h^x - 1)$ für $x \in \mathbb{R}^+$ und $h > 1$ stetig ansteigt. Ableiten von $f(x)$ führt zu:

$$f'(x) = \frac{x\, h^x \ln(h) - h^x + 1}{x^2} > 0. \tag{A.10}$$

Ungleichung (A.10) ist dann erfüllt, wenn $h^{-x} > 1 - x\ln(h)$ gilt. Dabei stellt der linke Ausdruck h^{-x} eine konvexe Funktion dar, während $1 - x\ln(h)$ die Tangente von h^{-x} in $x = 0$ angibt. Da eine konvexe Funktion immer oberhalb jeder ihrer Tangenten liegt, ist die Bedingung $h^{-x} > 1 - x\ln(h)$ für $x \in \mathbb{R}^+$ erfüllt (Boyd und Vandenberghe, 2004, S. 69). Daraus folgt, dass Behauptung (A.10) wahr ist, womit ebenfalls Aussage (A.4) wahr, was den Beweis für Proposition 1 vervollständigt. □

Proposition 2: Es sei $\overline{\pi}(e)$ das Steady-State-Niveau der Gewinnfunktion in Abhängigkeit des Bonusparameters e, mit $\overline{\pi} \subset \mathbb{R}^+$ und $e \in \mathbb{R}^+$.Dann gelten folgende Aussagen:

(i) $\overline{\pi}(e)$ weist in Abhängigkeit von e einen strikt quasikonkaven Verlauf auf.

(ii) Jedes lokale Maximum von $\overline{\pi}(e)$ ist gleichzeitig ein globales Maximum; darüber hinaus ist die Menge aller Elemente $\arg\max\{\overline{\pi}(e) \mid e \in \mathbb{R}^+\}$, bei der $\overline{\pi}$ in Abhängigkeit von e ein Maximum aufweist, entweder leer oder enthält genau ein Elemente.

Beweis: Aussage (ii) folgt unmittelbar aus (i), da jedes lokale Maximum einer strikt quasikonkaven Funktion gleichzeitig ein globales Maximum darstellt und die Funktion höchstens über ein Maximum verfügt. Ein Beweis findet sich bei Sundaram (1996, S. 213, Theorem 8.12).

Aussage (i) ist dann erfüllt, wenn für $\bar{\pi}(e)$ mit $e_1, e_2 \in \mathbb{R}^+, e_1 \neq e_2$ und $0 < \lambda < 1$ gilt:

$$\bar{\pi}(\lambda e_1 + (1-\lambda)e_2) > \min\{\bar{\pi}(e_1), \bar{\pi}(e_2)\}. \tag{A.11}$$

Gemäß Gleichung (3.19) ergibt sich das Steady-State-Niveau der Gewinnfunktion aus:

$$\bar{\pi}(e) = NZE(e) - KA(e) - W(e), \tag{A.12}$$

Da es sich bei $\bar{\pi}(e)$ um ein stationäres Niveau mit einem konstanten Bonusparameter handelt, ergibt sich in jeder Periode ein einheitliches Kreditmarktgleichgewicht $\left(L^*(e), r^*(e)\right)$, während die Kredite eine konstante Ausfallwahrscheinlichkeit pro Periode von $\delta(e)$ aufweisen. Unter Berücksichtigung von Gleichung (3.11)-(3.18), lässt sich $\bar{\pi}(e)$ folgendermaßen angegeben:[125]

$$\begin{aligned}\bar{\pi}(e) = &\sum_{\tau=1}^{\Psi}\left(L(e)(1-\delta(e))^{\tau}\frac{(1+r(e))^{\Psi}-(1+r(e))^{\tau-1}}{(1+r(e))^{\Psi}-1}r(e)\right)\\ &-\sum_{\tau=0}^{\Psi-1}\frac{i}{1-\mu}\left(L(e)(1-\delta(e))^{\tau}\frac{(1+r(e))^{\Psi}-(1+r(e))^{\tau}}{(1+r(e))^{\Psi}-1}\right)\\ &-\sum_{\tau=1}^{\Psi}\left(L(e)\delta(e)(1-\delta(e))^{\tau-1}\frac{(1+r(e))^{\Psi}-(1+r(e))^{\tau-1}}{(1+r(e))^{\Psi}-1}\right)\\ &-eL(e)-w_0.\end{aligned} \tag{A.13}$$

Dabei ist $\delta(e) = ge + z$, $r(e) = (a - de)/(b + c)$ und $L(e) = (ac + bde)/(b + c)$, mit $a, b, c, d, g, z \in \mathbb{R}^+$; $\Psi, \tau \in \mathbb{N}$; $L(e) > 0, r(e) > 0$ und $0 < \delta(e) < 1$. Der erste Summenausdruck fasst das Zinseinkommen, der zweite die Zinskosten und der dritte die Kreditausfallkosten zusammen, während

[125] Die Hochstellung für L und r zur Berücksichtigung des Kreditmarktgleichgewichtes und die Tiefstellungen für den Zeitindex werden für das weitere Vorgehen vernachlässig.

$eL(e) - w_0$ die Betriebsaufwendungen berücksichtigt. Ausklammern von $L(e)$ und vereinfachen liefert:

$$\bar{\pi}(e) = L(e)\sum_{\tau=1}^{\Psi}\Bigg(\big(1-\delta(e)\big)^{\tau}\frac{\big(1+r(e)\big)^{\Psi}-\big(1+r(e)\big)^{\tau-1}}{\big(1+r(e)\big)^{\Psi}-1}r(e) - \frac{i}{1-\mu}\big(1-\delta(e)\big)^{\tau-1}\frac{\big(1+r(e)\big)^{\Psi}-\big(1+r(e)\big)^{\tau-1}}{\big(1+r(e)\big)^{\Psi}-1} - \delta(e)\big(1-\delta(e)\big)^{\tau-1}\frac{\big(1+r(e)\big)^{\Psi}-\big(1+r(e)\big)^{\tau-1}}{\big(1+r(e)\big)^{\Psi}-1} - e\Bigg) - w_0 \tag{A.14}$$

$$\bar{\pi}(e) = L(e)\left(\sum_{\tau=1}^{\Psi}\left(\big(1-\delta(e)\big)^{\tau-1}\left(r(e)\big(1-\delta(e)\big)-\delta(e)-\frac{i}{1-\mu}\right)\left(\frac{\big(1+r(e)\big)^{\Psi}-\big(1+r(e)\big)^{\tau-1}}{\big(1+r(e)\big)^{\Psi}-1}\right)\right)-e\right)-w_0. \tag{A.15}$$

Definieren von $h(e) \coloneqq \big(1-\delta(e)\big)^{\tau-1}; j(e) \coloneqq \big(r(e)\big(1-\delta(e)\big)-\delta(e)-i/(1-\mu)\big)$ und $k(e) \coloneqq \Big(\big(1+r(e)\big)^{\Psi}-\big(1+r(e)\big)^{\tau-1}\Big)/\Big(\big(1+r(e)\big)^{\Psi}-1\Big)$, womit sich die Gewinnfunktion aus Gleichung (A.15) darstellen lässt als:

$$\bar{\pi}(e) = L(e)\left(\sum_{\tau=1}^{\Psi}\big(h(e)j(e)k(e)\big)-e\right)-w_0, \text{ wobei gilt} \tag{A.16}$$

$h'(e) = -g(1-z-ge)^{\tau-2}(\tau-1) \leq 0,$

$j'(e) = -\frac{de}{(b+c)}(1-z-ge)-\frac{a-de}{b+c}g-g < 0,$

$k'(e) < 0$ folgt direkt aus Proposition 1,

$L'(e) = \frac{bd}{b+d} > 0.$

$L(e)$ weist demnach einen konstanten Anstieg auf, während $h(e), j(e), k(e)$ einem negativen monotonen Verlauf in Abhängigkeit des Bonusparameters e unterliegen. Gleichzeitig ergibt sich für $m(e) \coloneqq h(e)j(e)k(e)$ ebenfalls ein negativer Anstieg, da $h'(e)j(e)k(e) + h(e)j'(e)k(e) + h(e)j(e)k'(e) < 0$ gilt. Unter

Verwendung der Ungleichung aus (A.11) muss demnach für $e_1 < e_2$ mit $0 < \lambda < 1$ gelten:

$$L(e_1 + (1-\lambda)e_2) > L(e_1) \tag{A.17}$$

sowie

$$m(e_1 + (1-\lambda)e_2) > m(e_2), \tag{A.18}$$

Dabei bezieht sich (A.17) auf das Minimum durch e_1, während (A.18) für das Minimum durch e_2 gilt. Ausgehend von (A.17) sowie (A.18) muss demnach für $\tilde{e} = e_1 + (1-\lambda)e_2$ unter Berücksichtigung des konstanten Anstiegs von $L(e)$ ebenfalls gelten:

$$\begin{gathered} L(\tilde{e})\left(\sum_{\tau=1}^{\Psi}(m(\tilde{e})) - \tilde{e}\right) > \\ \min\left\{L(e_1)\left(\sum_{\tau=1}^{\Psi}(m(e_1)) - e_1\right); L(e_2)\left(\sum_{\tau=1}^{\Psi}(m(e_2)) - e_2\right)\right\}, \end{gathered} \tag{A.19}$$

womit ebenfalls Gleichung (A.11) erfüllt ist, was Aussage (i) von Proposition 2 beweist. □

Anhang A.2: Beispiel Bankkennzahlen

Dieser Anhang gibt verschiedene Kennzahlen der repräsentativen Bank bei einer Kreditlaufzeit der Annuitätendarlehen von drei Perioden zum Zeitpunkt $t = 10$ an. Tabelle A.1 stellt die Höhe des Kreditportfolios, des Zinseinkommens, der Zinskosten und der Kreditausfallkosten dar. Für eine übersichtlichere Darstellung wird auf die Hochstellung für den gleichgewichtigen Kreditzins und die Kreditvergabe verzichtet, wobei sich die Tiefstellung für L und r auf den Bonusparameter zum Zeitpunkt der Kreditvergabe bezieht. Gleiches gilt für den ersten Ausdruck der Tiefstellung für δ, während der zweite Ausdruck die Periode angibt, auf die sich das Marktrisikos bezieht. So gilt für $\delta_{9,10} = e_9 g + z_{10}$, wobei e_9 den Bonusparameter zum Zeitpunkt der Kreditvergabe in Periode 9 und z_{10} das Marktrisiko in Periode 10 angibt. Der Ausdruck $\delta_{9,10}$ ist demnach äquivalent zu $\delta_{9,1}$, wobei der zweite Ausdruck der Tiefstellung die bereits verstrichene Laufzeit bzw. die Differenz zwischen dem Zeitpunkt der Kreditvergabe in t_0 und der Periode des entsprechenden Marktrisikos angibt.

Tabelle A.1: Beispiel Bankkennzahlen

Größe/ Gleichung	Periode: $t = 10$
Kreditportfolio/ Gleichung (3.12)	$KP_{10} = L_{10} + L_9\left(1-\delta_{9,10}\right)\frac{(1+r_9)^3-(1+r_9)^1}{(1+r_9)^3-1}$ $+L_8\left(1-\left(\delta_{8,9}+\delta_{8,10}\left(1-\delta_{8,9}\right)\right)\right)\frac{(1+r_8)^3-(1+r_8)^2}{(1+r_8)^3-1}$
Zinseinkommen/ Gleichung (3.14)	$ZI_{10} = L_9\left(1-\delta_{9,10}\right)r_9$ $+L_8\left(1-\left(\delta_{8,9}+\delta_{8,10}\left(1-\delta_{8,9}\right)\right)\right)\frac{(1+r_8)^3-(1+r_8)^1}{(1+r_8)^3-1}r_8$ $+L_7\left(1-\left(\delta_{7,8}+\delta_{7,9}\left(1-\delta_{7,8}\right)+\delta_{7,10}\left(1-\delta_{7,9}\right)\left(1-\delta_{7,8}\right)\right)\right)$ $\frac{(1+r_7)^3-(1+r_7)^2}{(1+r_7)^3-1}r_7$
Zinskosten/ Gleichung (3.15)	$ZK_{10} = \left(\frac{i}{1-\mu}\right)\left(L_9 + L_8\left(1-\delta_{8,9}\right)\frac{(1+r_8)^3-(1+r_8)^1}{(1+r_8)^3-1}\right.$ $\left.+L_7\left(1-\left(\delta_{7,8}+\delta_{7,9}\left(1-\delta_{7,8}\right)\right)\right)\frac{(1+r_7)^3-(1+r_7)^2}{(1+r_7)^3-1}\right)$
Kreditausfallkosten/ Gleichung (3.17)	$KA_{10} = \delta_{9,10}L_9 + \delta_{8,10}L_8\left(1-\delta_{8,9}\right)\frac{(1+r_8)^3-(1+r_8)^1}{(1+r_8)^3-1}$ $+\delta_{7,10}L_7\left(1-\left(\delta_{7,8}+\delta_{7,9}\left(1-\delta_{7,8}\right)\right)\right)\frac{(1+r_7)^3-(1+r_7)^2}{(1+r_7)^3-1}$

Anhang A.3: Datenquellen

Tabelle A.2: Quellen für Kapitel 4

Größe	Definition	Quelle (Code)
Konjunkturdatierung	Konjunkturangaben (Midpoint-Methode)	NBER
BIP	Bruttoinlandsprodukt in laufenden Preisen	BEA (A191RC)
Kreditvolumen	Summe aller laufenden Leasing- und Geschäftskredite in laufenden Preisen	FED (H.8 – B1020)
BIP-Deflator	Preisindex des Bruttoinlandsproduktes (2009 = 100)	BEA (A191RD)
Profitrate	Verhältnis aus dem Nettoeinkommen und der durchschnittlichen Aktiva	FRED (USROA)
Ausfallrate	Verhältnis aus dem Wert aller Abschreibungen unter Berücksichtigung aller Rückstellungen und dem Kreditportfolio	FRED (CORALACBS)
Depositenzinssatz	Zinssatz, zu dem Einlagen vergeben werden	FED (H.15 – EFFR)
Mindestreservesatz	Gesetzlich vorgeschriebener Mindestreservesatz für große Banken	FED
Prime Rate	Zinssatz, zu dem kurzfristige Darlehen an Unternehmen vergeben werden	FRED (MPRIME)
Kreditlaufzeit	Laufzeit von Unternehmenskrediten	FED (E.2 – E-DANQ)
Cost-Income Ratio	Verhältnis aus den laufenden Betriebsaufwendungen und Nettozinseinkommen sowie anderen betrieblichen Erträgen	World Bank (GFDD.EI.07)

Tabelle A.3: Quellen für Kapitel 5

Größe	Definition	Quelle (Code)
BIP	Bruttoinlandsprodukt in konstanten nationalen Währungseinheiten (Output Approach)	OECD (TEV) (außer für Deutschland mit Index 2015=100 (NAEXKP01))
Zinssatz	Zins für kurzfristige Kredite an den nicht-finanziellen Sektor	IMF (FILR_PA) (außer für Deutschland: 1970:1-1977:2 Deutsche Bundesbank (BBK01.SU0001); 2003:Q1-2015:Q4, EZB (mir.m.de.b.a2b.j.r.a.2250) sowie Frankreich: 2003:Q1-2015:Q4, EZB (mir.n.fr.b.a25.j.r.a.2250))
Kreditvolumen	Summe aller laufenden Kredite inländischer Banken an den privaten nicht-finanziellen Sektor in nationalen Währungseinheiten zu Marktpreisen	BIS (P:B:M:XDC:A)
Kreditquote	Verhältnis aus dem Kreditvolumen am Ende einer Periode und der Summe des nominalen BIPs über die letzten vier Quartale	BIS (P:B:M:770:A)
KPI	Konsumentenpreisindex (2010 = 100)	IMF (PCPI_IX)

Anhang A.4: Zusätzliche Abbildungen

Abbildung A.1: Relative Anpassung über den repräsentativen Konjunkturzyklus

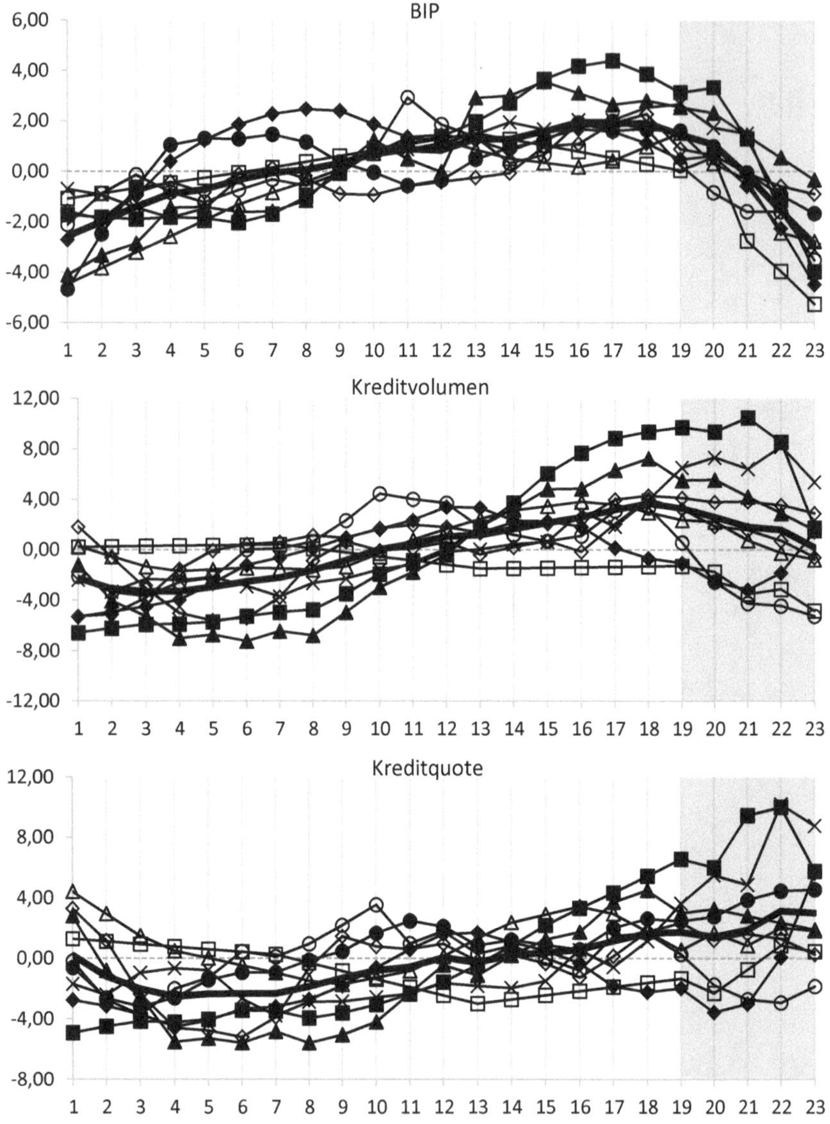

Fortsetzung Abbildung A.1

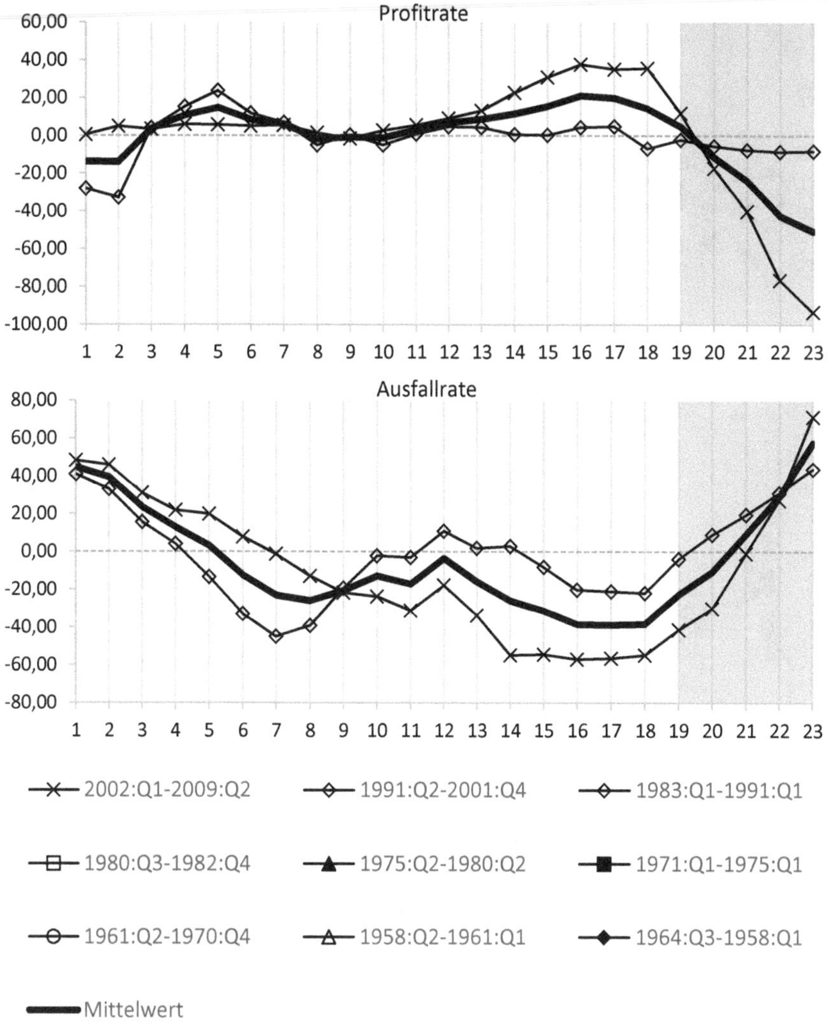

Abbildung A.2: Absolute Anpassung über den repräsentativen Konjunkturzyklus

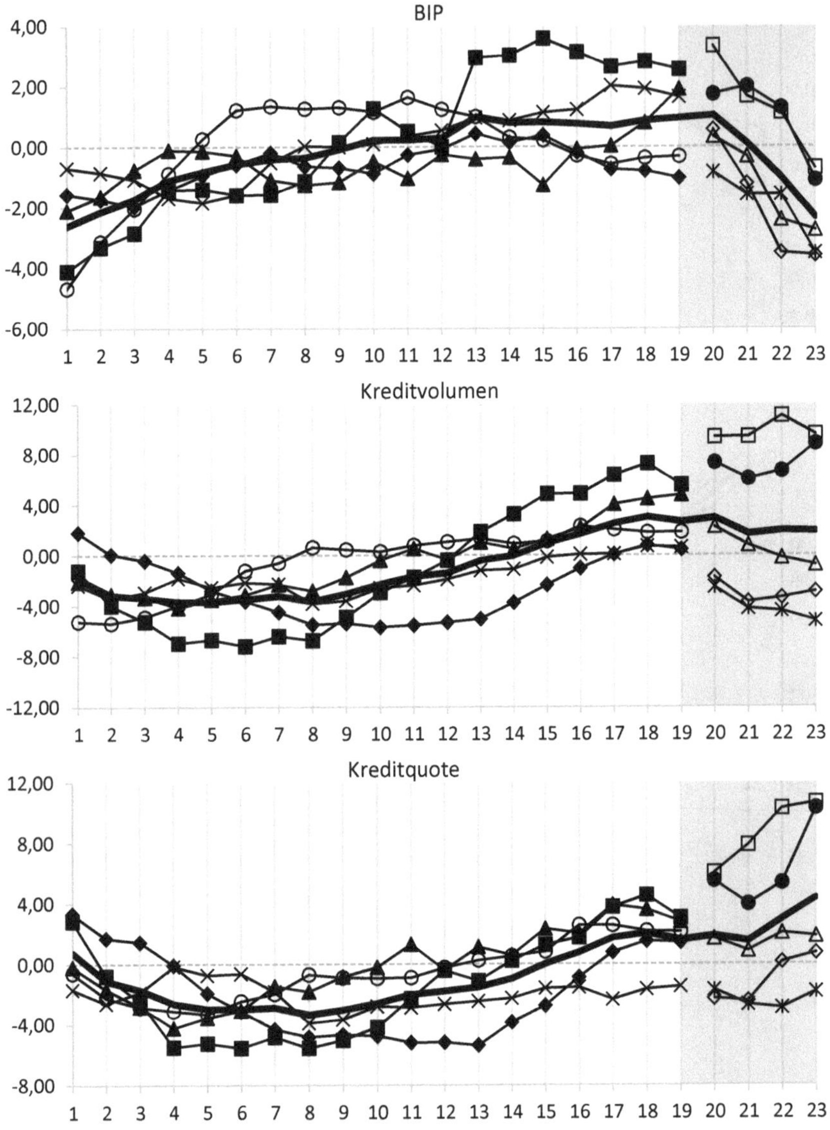

Fortsetzung Abbildung A.2

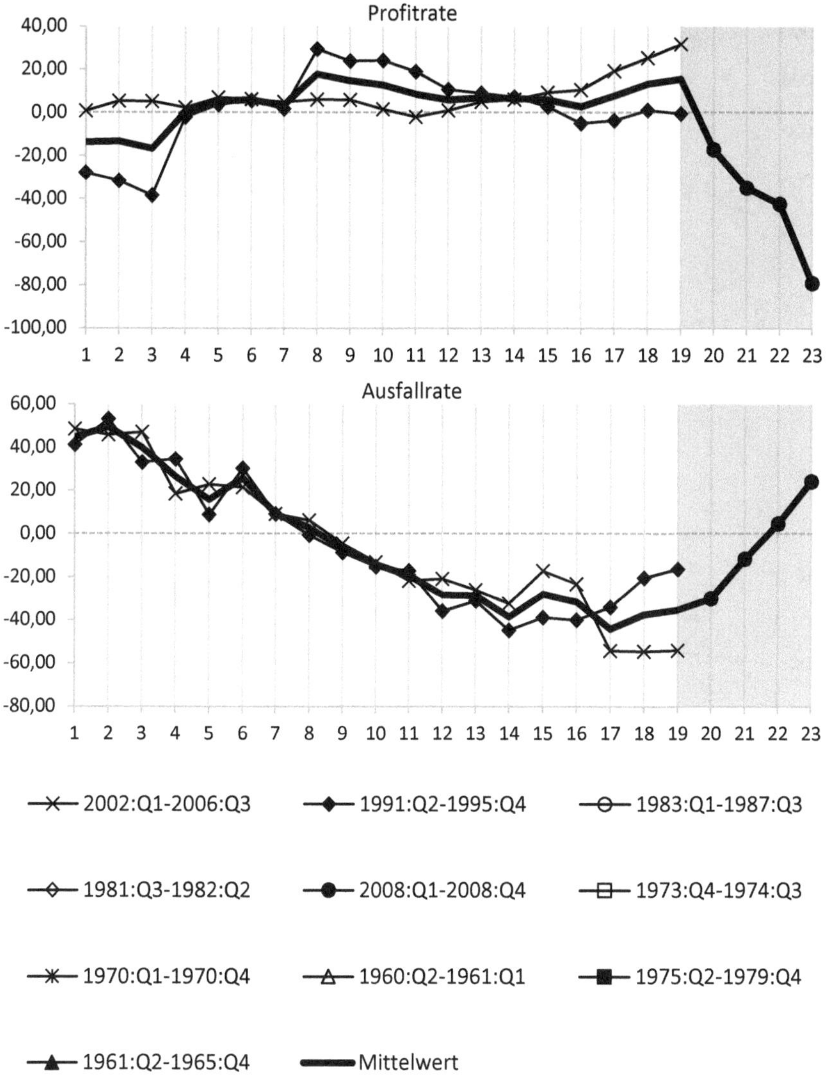

Abbildung A.3: Kreditvolumen

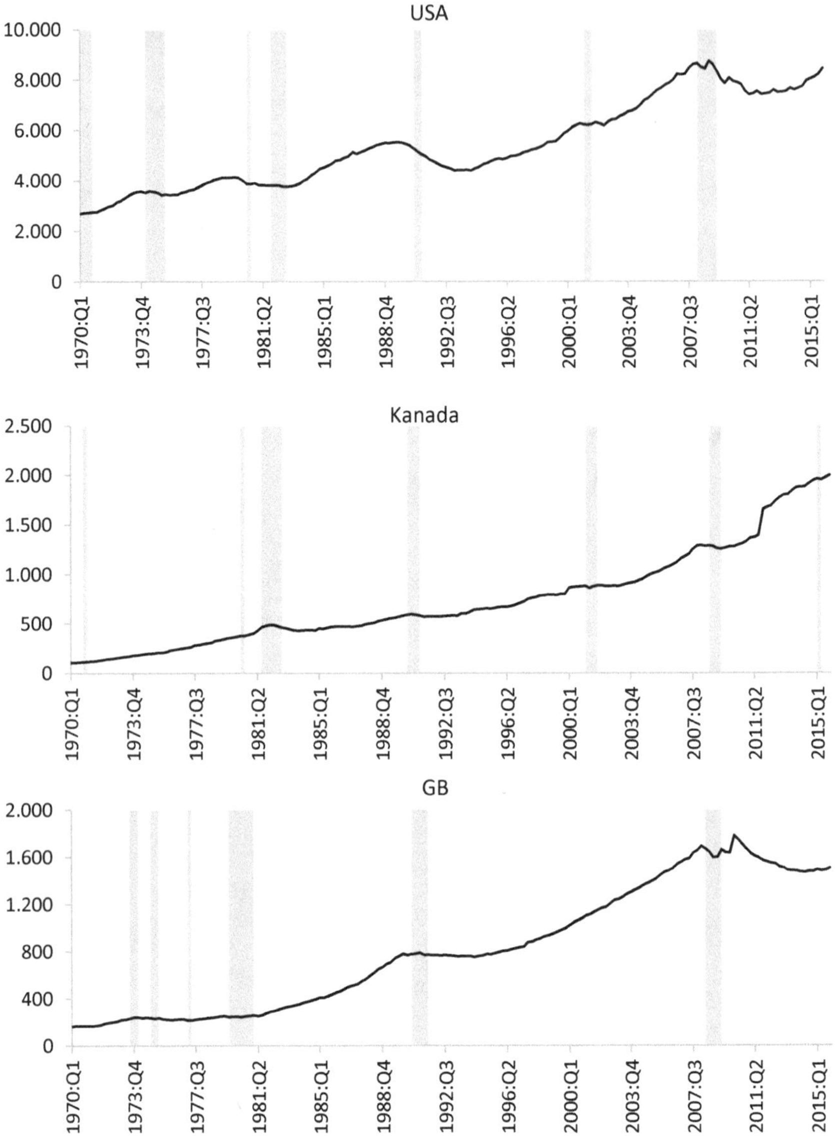

Fortsetzung Abbildung A.3

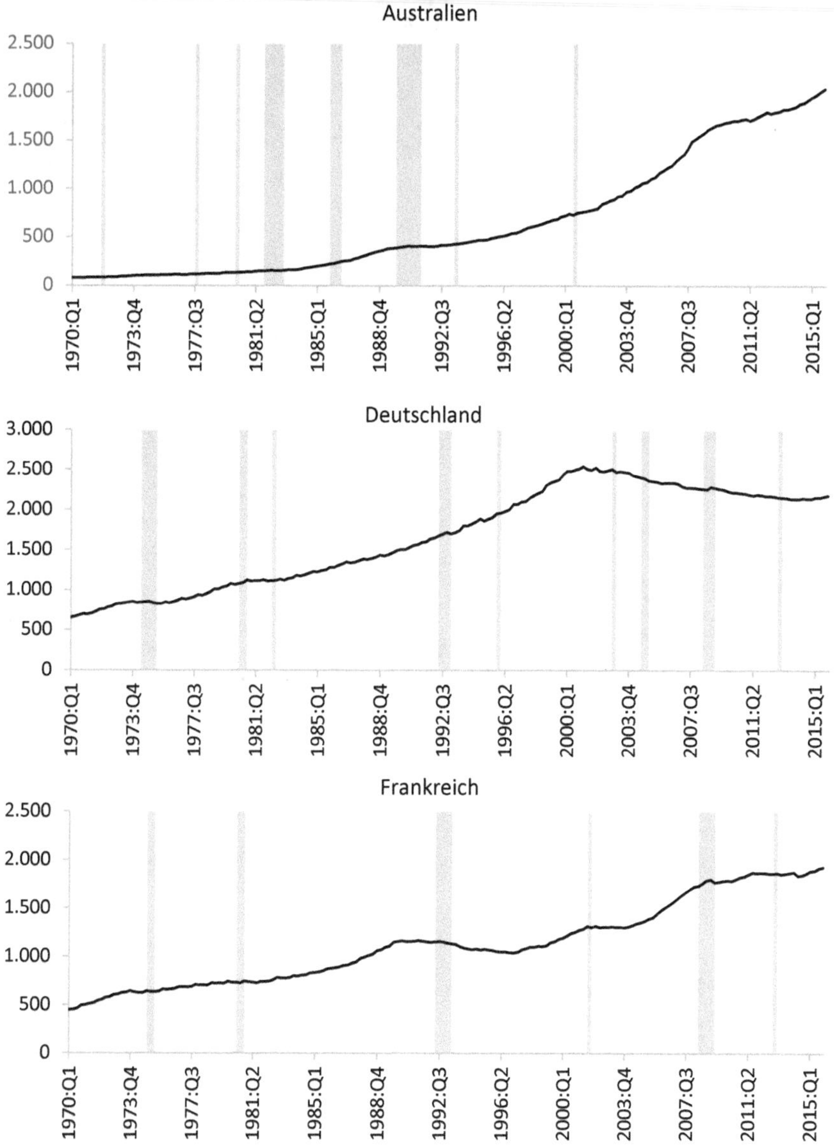

Anmerkungen: Zeitraum 1970:Q1-2015:Q4; alle Angaben in nationalen Währungseinheiten; graue Bereiche stellen Abschwungquartale dar.

Abbildung A.4: Kreditquote

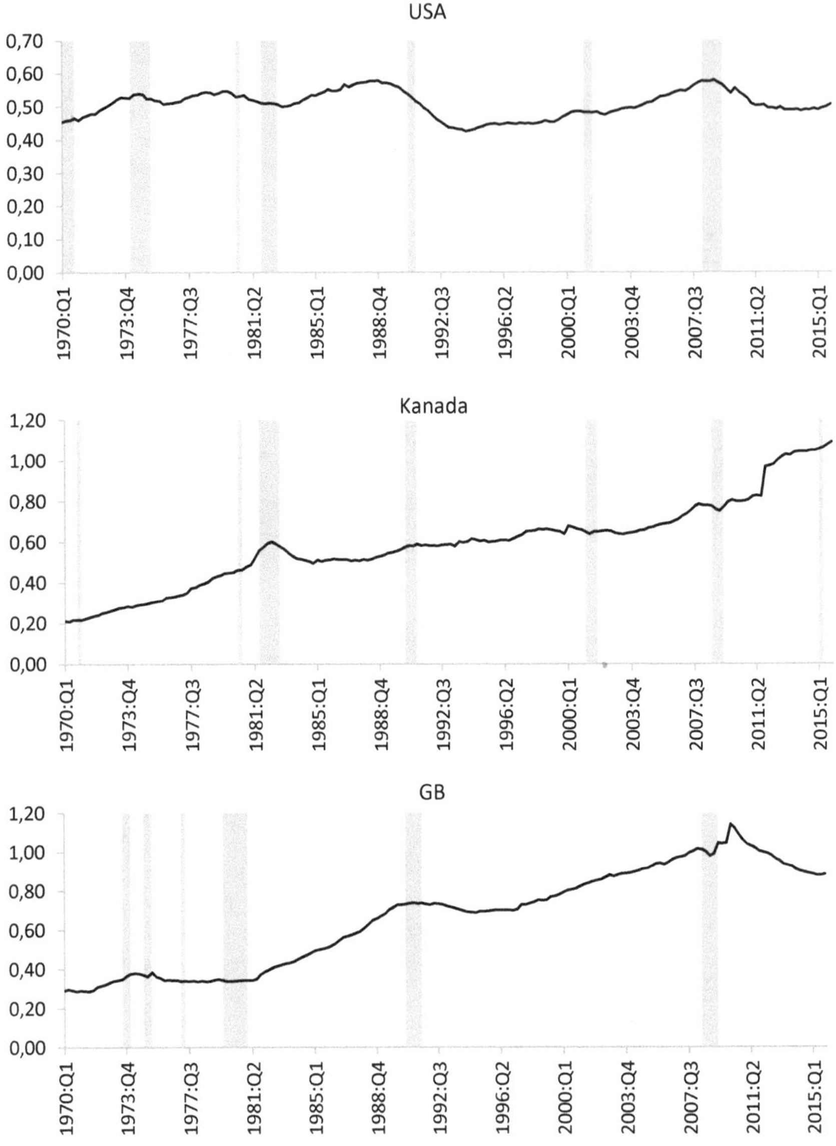

Fortsetzung Abbildung A.4

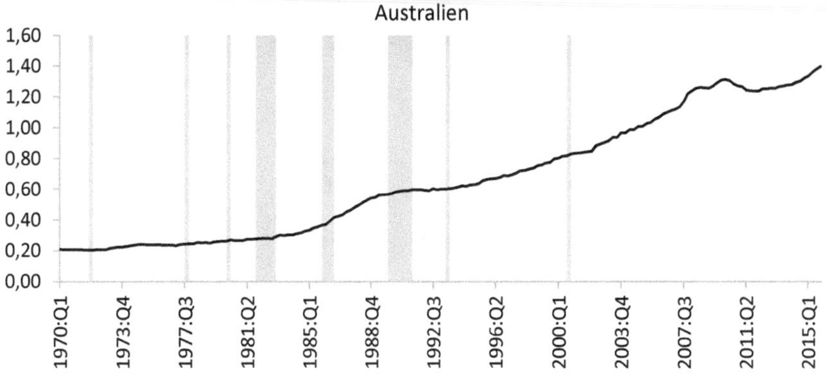

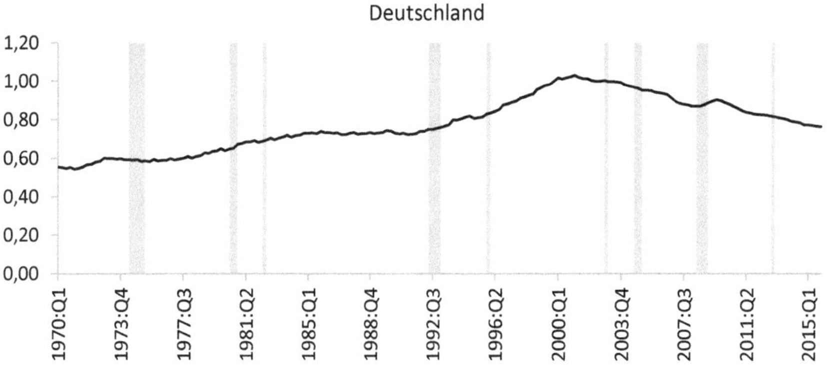

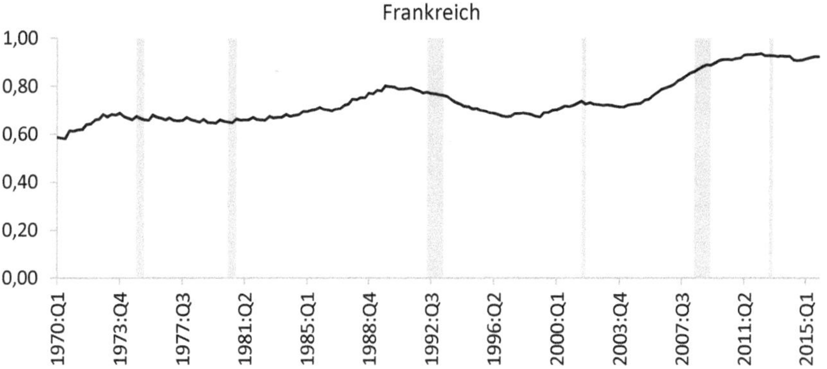

Anmerkungen: Zeitraum 1970:Q1-2015:Q4; graue Bereiche stellen Abschwungquartale dar.

Anhang A.5: Zusätzliche Tabellen

Tabelle A.4: Konjunkturdatierung

Zeitraum	Maximum/ Minimum	USA	Kanada	GB	Australien	Deutschland	Frankreich
1970-1979	Max		1970:Q4	1973:Q3	1971:Q4		
	Min	1970:Q4	1971:Q1	1974:Q1	1972:Q1		
	Max	1974:Q1		1974:Q4		1974:Q2	1974:Q4
	Min	1975:Q2		1975:Q2		1975:Q2	1974:Q2
	Max			1977:Q1	1977.Q3		
	Min			1977:Q2	1977:Q4		
	Max			1979:Q3			
	Min						
1980-1989	Max	1980:Q2	1980:Q2		1980:Q1	1980:Q2	1980:Q2
	Min	1980:Q3	1980:Q3	1981:Q1	1980:Q2	1980:Q4	1980:Q4
	Max	1981:Q4	1981:Q3		1981:Q4	1982:Q2	
	Min	1982:Q4	1982:Q4		1983:Q1	1982:Q3	
	Max				1985:Q4		
	Min				1986:Q3		
	Max				1989:Q4		
	Min						

Fortsetzung Tabelle A.4

Zeitraum	Maximum/ Minimum	USA	Kanada	GB	Australien	Deutschland	Frankreich
1990-1999	Max	1990:Q3	1990:Q2	1990:Q3		1992:Q2	1992:Q2
	Min	1991:Q1	1991:Q1	1991:Q3	1991:Q2	1993:Q1	1993:Q2
	Max				1993:Q2	1995:Q4	
	Min				1993:Q3	1996:Q1	
2000-2009	Max	2001:Q1	2001:Q1		2000:Q3	2002:Q4	2001:Q3
	Min	2001:Q3	2001:Q4		2000:Q4	2003:Q1	2001:Q4
	Max	2008:Q1	2008:Q3	2008:Q2		2004:Q3	2008:Q2
	Min	2009:Q2	2009:Q2	2009:Q2		2005:Q1	2009:Q2
	Max					2008:Q2	
	Min					2009:Q1	
2010-2015	Max		2015:Q1			2012:Q4	2012:Q4
	Min		2015:Q2			2013:Q1	2013:Q1

Anmerkung: Konjunkturdatierung erfolgt durch denn BBQ Algorithmus von Harding und Pagan (2002, 2005).

Tabelle A.5: Test auf Stationarität des Kreditzinssatzes

Land	Ursprüngliche Angaben		Abweichungen	
	t-Statistik	p-Wert	t-Statistik	p-Wert
USA	−1,971	0,299	−5,719	0,000
Kanada	−1,787	0,386	−5,511	0,000
GB	−1,413	0,575	−5,075	0,000
Australien	−1,885	0,339	−4,036	0,002
Deutschland	−3,360	0,014	−5,006	0,000
Frankreich	−1,527	0,517	−5,182	0,000

Anmerkungen: ADF-Test erfolgt unter Berücksichtigung einer Konstanten; Auswahl der Lags erfolgt durch das Akaike-Informationskriterium.

Anhang A.6: Beispiel Time-Scaling

Im Folgenden Anhang wird das Verfahren des *Time-Scalings* beispielhaft für den Verlauf der prozentualen Abweichungen des BIPs über den Abschwung von 1973:Q4-1975:Q1 dargestellt. Der Abschwung weist eine Länge von sechs Quartalen auf, während die Dauer des Abschwungs für den repräsentativen Konjunkturzyklus vier Perioden beträgt. Somit muss der Verlauf der prozentualen Abweichungen durch eine Kombination von *Up*- und *Downscaling* verkürzt werden. Abbildung A.5 stellt die ursprüngliche Zeitreihe für das Abschwungquartal von 1973:Q4-1975:Q1 dar, wobei die Zeitachse bereits so angepasst wurde, dass der Wert des ersten Quartals (1973:Q4) bei null beginnt, während das letzte Quartal (1975:Q1) Periode fünf entspricht.

Abbildung A.5: Ursprüngliche Abweichungen

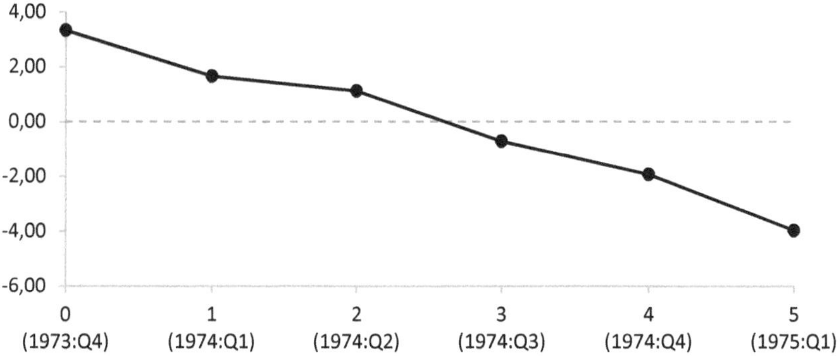

Der ursprüngliche Verlauf der prozentualen Abweichungen des BIPs wird im ersten Schritt durch *Upscaling* um den Faktor drei gestreckt. Der Skalierungsparameter ergibt sich aus der Länge des Abschwungs für den repräsentativen Zyklus abzüglich des Wertes eins und wird für das *Upscaling* aller Abschwungphasen unabhängig von deren Länge verwendet. Ausgehend von der Darstellung aus Abbildung A.5 ergibt sich eine neue Zeitreihe mit dem Endwert in Periode 15, die in Abbildung A.6 dargestellt ist. Dabei ist neben dem Wert der prozentualen Abweichung bei null nur in jeder dritten Periode eine Angabe vorhanden, wobei die Werte durch gestrichelte Linien miteinander verbunden sind.

Abbildung A.6: Upscaling der Abweichungen

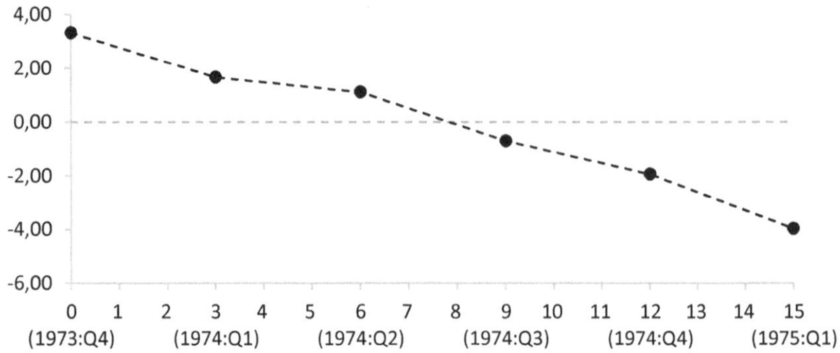

Im nächsten Schritt werden die Lücken zwischen den ursprünglichen Angaben für die prozentualen Abweichungen des BIPs durch lineare Interpolation geschlossen. Dabei ergibt sich der Wert in einer Periode aus dem Wert der Vorperiode und den beiden benachbarten Angaben für die prozentualen Abweichungen aus der ursprünglichen Zeitreihe. So resultiert der Wert in Periode eins aus $y_1^c = y_0^c + \frac{y_3^c - y_0^c}{3-0} = 2{,}77$, während sich der Wert in Periode zwei aus $y_2^c = y_1^c + \frac{y_3^c - y_0^c}{3-0} = 2{,}21$ ergibt, mit y_t^c für die prozentuale Abweichung in Periode t.[126] Die ermittelten Werte sind in Abbildung A.7 dargestellt, wobei die interpolierten Werte auf der gestrichelten Verbindungsgeraden zwischen den ursprünglichen Angaben liegen. Die ursprünglichen Werte sind weiterhin durch Kreise angegeben, während prozentuale Abweichungen, die durch lineare Interpolation ermittelt wurden, durch Vierecke dargestellt sind.

126 Die allgemeine Formel für die lineare Interpolation zwischen zwei ursprünglich benachbarten Beobachtungen x_a und x_b lautet $x_t = x_{t-1} + (x_b - x_a)/(b - a)$, wobei $a < t < b$.

Abbildung A.7: Lineare Interpolation der Abweichungen

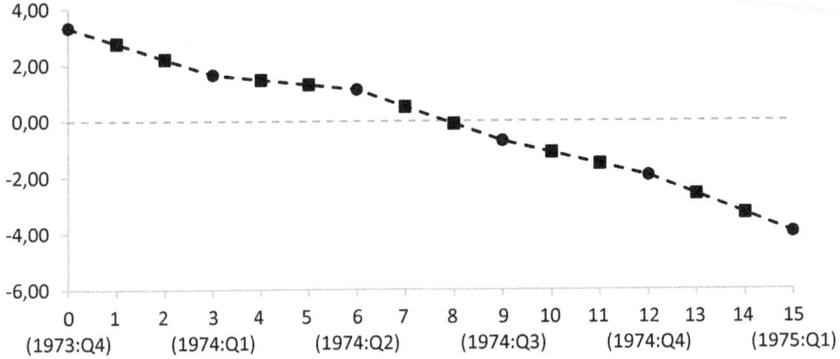

Im letzten Schritt wird die Zeitreihe aus Abbildung A.7 durch *Downscaling* um 5 verringert, womit ausgehend von dem Startwert in Periode null nur noch jeder fünfte Wert betrachtet wird. Der Skalierungsparameter für das *Downscaling* ergibt sich immer aus der ursprünglichen Länge des Abschwungs abzüglich des Wertes eins. Abbildung A.8 gibt den angepassten Verlauf der prozentualen Abweichungen des BIPs über den Abschwung von 1973:Q4-1975:Q1 an eine Länge von vier Quartalen an. Dabei stellen die gepunkteten Angaben die prozentualen Abweichungen aus der ursprünglichen Zeitreihe dar, während die viereckigen Angaben den interpolierten Werten entsprechen.

Abbildung A.8: Downscaling der Abweichungen

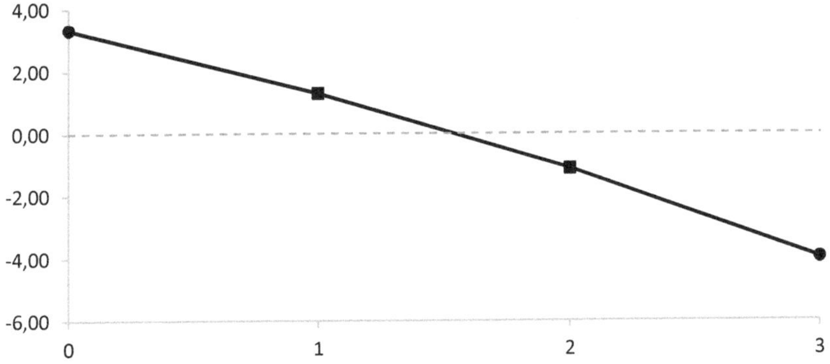

Abbildung A.9 vergleicht den Verlauf der prozentualen Abweichungen des BIPs über den Abschwung von 1973:Q4-1975:Q1 mit einer Länge von sechs Quartalen und die angepasste Entwicklung über den repräsentativen Zyklus mit einem Abschwung von vier Quartalen. Dabei bezieht sich die untere Abszisse auf den anfänglichen und die obere Abszisse auf den angepassten Verlauf. Tabelle A.6 gibt die Angaben der prozentualen Abweichungen für den Verlauf über den ursprünglichen Abschwung und den Abschwung des repräsentativen Zyklus an.

Abbildung A.9: Vergleich der ursprünglichen und der angepassten Abweichungen

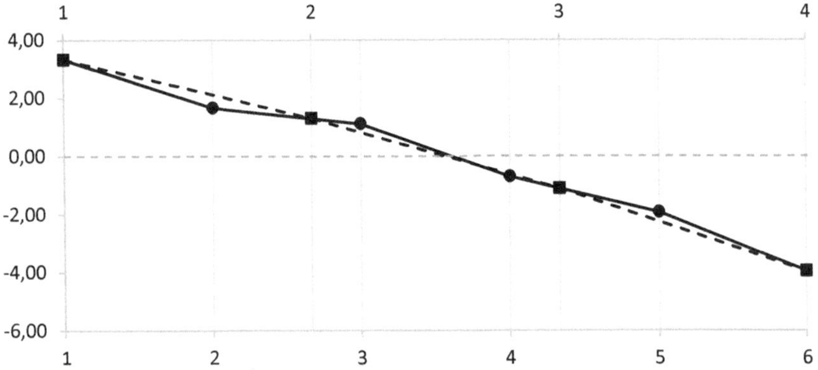

Ausgehend von dem beispielhaften Vorgehen für die prozentualen Abweichungen des BIPs über den Abschwung von 1973:Q4-1975:Q1 lässt sich das Vorgehen zur Anpassung des Verlaufs über alle Auf- und Abschwungphasen verallgemeinern. Dabei werden im ersten Schritt die Zeitreihen über einen Aufschwung bzw. Abschwung um einen Skalierungsparameter von 18 bzw. 3 erweitert (*Upscaling*). Die Lücken werden durch lineare Interpolation aufgefüllt. Anschließend erfolgt das *Downscaling*. Dabei ergibt sich der Skalierungsparameter aus der ursprünglichen Länge des Auf- bzw. Abschwungs abzüglich des Wertes eins. So wird beispielsweise der Verlauf der prozentualen Abweichungen des BIPs über den Aufschwung von 1983:Q1-1990:Q2 mit einer ursprünglichen Länge von 30 Quartalen um den Skalierungsparameter 18 erweitert und anschließend um 29 verringert.

Tabelle A.6: Vergleich der ursprünglichen und der angepassten Abweichungen

Ursprüngliche Angaben (Abbildung A.5)		Interpolierte Angaben (Abbildung A.7)		Angepasste Angaben (Abbildung A.8)	
t	Abweichungen	t	Abweichungen	t	Abweichungen
0	3,33	0	3,33	0	3,33
1	1,66	1	2,77	1	1,30
2	1,11	2	2,21	2	−1,12
3	−0,71	3	1,66	3	−3,97
4	−1,94	4	1,48		
5	−3,97	5	1,30		
		6	1,11		
		7	0,51		
		8	-0,10		
		9	−0,71		
		10	−1,12		
		11	−1,53		
		12	−1,94		
		13	−2,61		
		14	−3,29		
		15	−3,97		

Anmerkungen: *t* gibt die entsprechende Periode an; Abweichungen in Prozent.

Anhang A.7: Bai-Perron-Methode

Dieser Anhang gibt eine kurze Beschreibung der Methode von Bai und Perron (1998) zur Ermittlung von Strukturbrüchen; für zusätzliche Details vgl. Bai und Perron (2003a, 2003b) sowie Rapach und Wohar (2005). Für den Nominalzins r_t wird folgende Regression berücksichtigt:

$$r_t = \beta_j + \varepsilon_t, \text{mit } t = T_{j-1} + 1, \dots, T_j. \qquad \text{(A.20)}$$

Dabei gibt β_j $(j = 1, \dots, m + 1)$ den durchschnittlichen Zinssatz in Phase j an. Die Strukturbrüche $(T_1, \dots, T_m)$ zur Unterteilung der verschiedenen Phasen werden durch m repräsentiert. Die Schätzung der Strukturbrüche erfolgt durch die Methode der kleinsten Quadrate, wobei für jede Phase j der Schätzer für β_j so ermittelt wird, dass folgende Funktion minimiert wird:

$$S_T(T_1, \dots, T_m) = \sum_{i=1}^{m+1} \sum_{t=T_{i-1}+1}^{T_i} \left(r_t - \beta_j\right)^2. \qquad \text{(A.21)}$$

Bezeichnen des geschätzten phasenspezifischen Mittelwertes für die verschiedenen Strukturbrüche durch $\hat{\beta}(\{T_1, \dots, T_m\})$ und substituieren in Gleichung (A.21) liefert:

$$\left(\hat{T}_1, \dots, \hat{T}_m\right) = \arg\min_{T_1, \dots, T_m} S_T(T_1, \dots, T_m), \qquad \text{(A.22)}$$

wobei die Bestimmung und die maximale Menge der zulässigen Strukturbrüche verschiedenen Restriktionen unterliegen. Zur Ermittlung des globalen Minimums für Gleichung (A.22) entwickeln Bai und Perron (1998) einen effizienten dynamischen Programmieransatz, der lediglich eine begrenzte Anzahl an verschiedene Kombinationen für $\hat{\beta}(\{T_1, \dots, T_m\})$ berücksichtigt.

Bai und Perron (1998) konstruieren verschiedene Teststatistiken zur Überprüfung von Gleichung (A. 22) auf Strukturbrüche. Dabei wird als Nullhypothese die Abwesenheit von Strukturbrüchen angenommen, während die Alternativhypothese von einer maximalen Anzahl an Strukturbrüchen mit $m = \gamma$ ausgeht. Es sei

$(T_1, \dots, T_\gamma)$ eine Partition der Form $T_i = [T\lambda_i]$ mit $i = 1, \dots, \gamma$ und definieren einer Variablen R, sodass gilt: $(R\beta)' = (\beta_1 - \beta_2, \dots, \beta_\gamma - \beta_{\gamma+1})$. Ausgehend davon wird folgende Teststatistik spezifiziert:

$$F_T(\lambda_1, \dots, \lambda_\gamma) = \frac{1}{T}\left(\frac{T-(\gamma+1)2}{2\gamma}\right)\hat{\beta}'R'\left[R\hat{V}(\hat{\beta})R'\right]^{-1}R\hat{\beta}. \qquad (A.23)$$

Dabei gibt $\hat{\beta} = (\hat{\beta}_1, \dots, \beta_{\gamma+1})'$ den Vektor der geschätzten Regressionskoeffizienten an und $\hat{V}(\hat{\beta})$ ist ein Schätzer der Varianz-Kovarianz-Matrix von $\hat{\beta}$, welcher robust gegenüber Autokorrelation und Heteroskedastizität ist. Bei F_T handelt es sich eine konventionelle F-Statistik zur Überprüfung von $\beta_1 = \dots = \beta_\gamma$ gegen $\beta_i \neq \beta_{i+1}$.

Ausgehend von Gleichung (A.23) lassen sich sogenannte $supF$-Teststatistiken definieren:

$$supF_T(\lambda_1, \dots, \lambda_\gamma) = \sup_{(\lambda_1,\dots,\lambda_\gamma)\in\Lambda_\xi} F_T(\lambda_1, \dots, \lambda_\gamma), \qquad (A.24)$$

wobei

$$\Lambda_\xi = \{(\lambda_1, \dots, \lambda_\gamma); |\lambda_{i+1} - \lambda_i| \geq \xi, \lambda_1 \geq \xi, \lambda_\gamma \leq 1 - \xi\}.$$

Dabei minimiert $\hat{\lambda}_1, \dots, \hat{\lambda}_\gamma$ die Summe der quadrierten Residuen $S_T(T\lambda_1, \dots, T\lambda_\gamma)$ unter Berücksichtigung der auferlegten Restriktionen, wobei ξ als Trimmingparameter bezeichnet wird. Durch Gleichung (A.24) lassen sich die beiden Teststatistiken UD_{max} und WD_{max} zur Überprüfung der Nullhypothese auf Abwesenheit von Strukturbrüchen und der Alternativhypothese einer unbekannten Anzahl an Strukturbrüchen ermitteln:

$$UD_{max} = \max_{1\leq m\leq\gamma} supF_T(m) \qquad (A.25)$$

und

$$WD_{max} = \max_{1\leq m\leq\gamma} \vartheta\, supF_T(m), \qquad (A.26)$$

wobei ϑ einen Faktor darstellt, der unterschiedliche Gewichtungen für die individuellen $supF_T$-Statistiken berücksichtigt, wodurch sich einheitliche marginale p-Werte ergeben. UD_{max} stellt demnach die Teststatistik für eine einheitliche Gewichtung der verschiedenen $supF_T$ dar, während WD_{max} unterschiedliche Gewichtungen berücksichtigt. Die beiden Teststatistiken geben lediglich Auskunft darüber, ob die Zeitreihen Strukturbrüche aufweisen. Zur Ermittlung der Anzahl an Strukturbrüchen führen Bai und Perron (1998) zusätzliche $supF_T(l+1|l)$-Teststatistiken ein, welche die Nullhypothese auf l Strukturbrüchen gegen die Alternativhypothese auf $l+1$ Niveauverschiebungen testen. Über die $supF_T(l+1|l)$-Teststatistiken wird kontrolliert, ob die Berücksichtigung eines zusätzlichen Strukturbruchs zu einer signifikanten Reduzierung der Summe der quadrierten Residuen führt. Die kritischen Werte für die verschiedenen Teststatistiken stammen aus Bai und Perron (2003b).

Die Ermittlung der Strukturbrüche für die Zinsreihen erfolgt mithilfe des GAUSS Algorithmus von Bai und Perron (1998). In Anlehnung an Rapach und Wohar (2005) wird dabei folgende allgemeine Spezifikation berücksichtigt: Für den Trimmingparameter wird ein Wert von $\xi = 0{,}15$ verwendet, die maximale Anzahl der Strukturbrüche wird auf 5 festgelegt und es wird Heteroskedastizität sowie Autokorrelation berücksichtigt, während kein pre-whitening vorgenommen wird.

FSC
www.fsc.org
MIX
Papier | Fördert gute Waldnutzung
FSC® C083411

Kolibri 360 GmbH
Ferdinand-Jühlke-Straße 7
99095 Erfurt, Deutschland
produktsicherheit@kolibri360.de